자기주도학습과 음악치료

통합 프로그램의
이해와 적용

윤현화 정판동 공저

자기주도 학습과 음악치료
통합 프로그램의 이해와 적용

초판 1쇄 발행   2021년 01월 22일

지은이_ 윤현화, 정판동 공동 저서
펴낸이_ 김동명
펴낸곳_ 도서출판 창조와 지식
디자인_ 저자
인쇄처_ (주)북모아

출판등록번호_ 제2015-000037호
주소_ 서울특별시 강북구 덕릉로 144
전화_ 1644-1814
팩스_ 02-2275-8577

ISBN   979-11-6003-292-5 [03370]

정가 22,000원

머리말

　좋은 인성과 스스로 공부하는 능력은 오늘과 미래를 살아갈 우리 아동들의 가장 중요한 덕목이며 부모님들의 한결같은 바람이기도 하다. 한국교육개발원이 발표한 「교육여론조사」 결과에서 우리 국민의 절반 이상이 초·중·고교 교육 전반의 성적을 〈보통〉 수준으로 평가했다. 더 중요시해야 할 교육으로는 초·중학교는 인성교육, 고등학교는 진로교육을 강화해야 한다는 의견이 상대적으로 많았다. 대부분의 응답자는 학생들이 좋은 인성을 갖도록 지도해야 할 1차적 책임은 가정에 있다고 답했으며 성적에 가장 큰 영향을 미치는 사람도 학부모라는 의견이 교사나 친구보다 높게 나타났다. 이처럼 아동교육은 가정교육이 차지하는 비중이 크고 무겁다.

　최근 교사와 학부모 사이에선 〈중2병이 아니라 초4병을 조심해야 한다.〉는 말이 유행처럼 번지고 있다. 중2병은 중학교 2학년 무렵 자아 형성 과정에서 오는 혼란이나 불만으로 반항과 일탈 행위를 하는 사춘기 병쯤으로 알고 있다. 하지만 중2병보다 무서운 초4병은 과연 왜 생기며 어떻게 대처하고 교육해야 극복할 수 있을까? 초등학교 4학년이 되면 또래 의식이 커지고 과제와 학업의 양이 늘어나면서 학업에 대해 도피하고 싶은 본능이 생기게 되며 공격성과 폭력성을 나타내기도 한다. 이는 4학년 때 학교폭력 피해 경험이 있다는 응답률이 가장 많은 것과 무관하지 않을 것이다. 질풍노도의 시기가 앞당겨진 셈이다.

　아동이 분노를 느끼고 표현하는 것은 극히 자연스러운 일이다. 그렇지만 공격성과 폭력성을 자제할 수 없다면 교육적 치료가 필요하다. 교육과 치료, 마음은 두뇌의 작용이며 아동의 주변 환경과 체험으로 느끼는 현실과 매우 밀접하게 연결되어 있다. 이와 같은 대표적인 교육적 치료방법으로는 심리치료,

예술치료, 미술치료, 음악치료, 독서치료 등이 있다. 교육적 치료를 통해서 사랑과 존중을 배우고 더불어 함께하는 방법을 배운다. 또한 좋은 인성과 스스로 공부하는 능력을 아동 자신도 모르게 배우게 된다. 사랑스러운 우리 아동들이 사랑과 존중, 남을 배려하는 인성, 그리고 자기주도 학습능력을 갖출 수 있도록 돕는 것은 아동의 부모는 물론 학교교육과 사회교육에서 해야 할 가장 중요한 책무이다. 이는 무엇보다 선행되어야 할 교육이기도 하다. 결국, 이러한 교육적 바람과 치료 방법들은 우리 아이들이 즐거움과 만족을 느끼며 사회의 일원으로서 행복한 자기 삶을 살아갈 수 있도록 하는 안내이다.

그렇다면 좋은 인성을 갖고 스스로 공부하는 아동이 되기 위한 노력과 방법은 무엇일까? 아동교육에 관심이 있는 부모라도 구체적인 방법이나 정확한 내용은 모르고 있는 것이 현실이다. 따라서 필자는 실제로 연구하고 경험한 과정과 결과를 토대로 아동들의 학습동기를 유발하고 학습효과를 높이는 교수방법과 정서지능을 함양하는 음악 활동을 접목시키는 방안을 제시하고자 한다. 학부모는 아동들을 지지해 주고 많은 분야를 경험할 수 있도록 안내하여 아동의 꿈 세우기와 동기유발의 가장 강력한 후원자 역할을 담당해야 한다. 또한 학교교육에서 교사는 전문성을 지닌 조력자, 촉진자, 안내자, 정보를 주고받는 양방향 동료 학습자의 역할을 담당해야 한다. 특히, 아동들이 코로나19에 대응한 비대면 수업환경이나 포스트 코로나에 있을 다양한 수업환경 변화에도 능동적이고 자율적으로 적응할 수 있도록 해야 한다. 그러기 위해서는 아동들의 건강한 인성과 스스로 공부하는 능력을 부여할 수 있는 가장 좋은 방법을 학부모나 교사가 먼저 알아두어야 할 것이다.

제1부는 아동들이 뭐든 자기 스스로 할 수 있도록 하는 능

력을 기르기 위한 '자기주도 학습에 대한 이해'

제2부는 정서지능을 함양할 수 있도록 하는 '음악치료에 대한 이해'

제3부에서는 자기주도 학습과 음악치료의 이해를 바탕으로 실제 통합 프로그램을 적용해서 자기주도 학습은 물론 정서지능 함양을 위한 '음악치료를 통합한 자기주도 학습 프로그램' 구성과 효과검증

제4부는 음악치료를 통합한 자기주도 학습 프로그램의 실제 운영·활동을 위한 전체 프로그램의 강사교안과 자료를 제공하여 실제 교육현장에서 적용할 수 있도록 하였다.

이 한 권의 책으로 자기주도 학습과 음악치료의 학문적 지식과 이해는 물론 통합 프로그램을 아동들에게 바로 적용할 수 있는 방법과 기회를 얻을 수 있을 것이다. 음악치료와 자기주도 학습 통합 프로그램은 기존의 자기주도 프로그램보다 음악 활동이 포함되어 있어 학습대상자인 아동들이 즐겁고 흥미롭게 참여할 수 있을 것이다. 또한 본문에서 제시된 실험연구 검증결과와 효과는 통합 프로그램 강사의 보다 적극적인 프로그램 활동의지와 학습자의 참여의지를 높여줄 것으로 기대한다.

2021년 1월
엘리제 융합학습 솔루션 연구실에서
지은이 씀

차 례

포스트 코로나19시대, 넷세대를 위한 교육 이대로 좋은가?

세상은 빛의 속도로 변화·발전하고 있지만 신세대들은 조금의 울렁증도 없이 바로 적응한다. 아이폰도 태블릿 PC도 장난감처럼 쉬운 존재들이다. 기성세대들은 변화를 싫어하거나 둔감하지만 신세대들은 변화를 좋아하고 민감하다. 그래서 기성세대들은 청소년을 포함한 신세대들에게 그때그때 시대 상황에 맞는 이름을 붙여서 기성세대와 구별하기를 좋아한다. 그렇지 않고서는 제대로 설명되지 않기 때문이다.

일상에서 자주 접하는 신세대를 표현하는 용어를 보면, 먼저 요즘 들어 보편적으로 쓰는 디지털 네이티브인 N세대와 90년대 중반까지 대표적으로 썼던 X세대가 있다. 그리고 Y세대라는 말이 있는가 하면 Z세대라는 단어까지 등장했다. 이밖에 베이비붐세대, 에코세대, 밀레니엄세대, C세대, E세대, G세대, M세대 등 헷갈릴 정도로 숱한 명칭이 젊은 세대들에게 붙여져 왔지만 현재를 넓게 대표할 수 있는 세대는 가상공간을 무대로 자유분방하게 살아가는 인터넷 세대 즉 N세대라 할 수 있다. 넷세대는 인터넷 제너레이션(Internet Generation)을 줄인 말로 미국의 사회학자 돈 탭스콧의 저서 디지털의 성장이라는 책에서 처음 사용했다. N세대가 중심이 되는 미래사회인 포스트 코로나19은 국경도 의미 없는 자유로운 네트워크 사회가 될 것이라는 전망과 함께 N세대는 인류 역사상 처음으로 부모보다 더 똑똑한「신인류」로 지칭되기도 한다.

워낙 디지털문화에 탐닉하다 보니 전자방이라는 디지털감옥에 갇혀 있다는 우려의 목소리도 높지만 넷 세대의 특성을 보면 미래사회의 주역으로서 충분한 자질과 변화의 충격을 흡수하고 견인할 수 있는 환경을 가지고 있다. 자유와 개성을 중시하고, 철저하게 조사·분석하며, 약속과 성실함을 강조하고, 협업은 물론 일을 놀이처럼 즐기며, 속도와 혁신을 사랑한다고 했다. 이들은 책보다는 인터넷, 편지보다는 E메일, TV보다는 컴퓨터에 익숙한 사이버세대이다. 특히 강한 독립심과 자율성·능동성, 뚜렷한 관점을 갖고 자기개발과 혁신을 추구한다. 현실세계와 다른 새로운 가상공동체의 주인공으로 호기심과 상상력이 풍부하고 자유분방한 직업을 선호하는 미래의 소비자이자 주역이다. 물론 가상세계와 현실세계와의 혼돈, 사생활 보호의 함정, 게임중독, 부모에게 의지하는 의타심, 학업성취도 저하 등 넷세대 환경의 부정적 시각도 만만치 않다.

그렇지만 어른들이 말하는 '우리 때'하고는 전혀 다른, 디지털 환경에서 자라난 N세대들을 이해하고 수용하는 그들의 특성을 온전히 담을 수 있는 교육제도와 방법, 기업문화, 시장환경, 리더십과 정치 환경의 혁신을 시도해야 한다. 아쉬운 것은 기업과 시장은 N세대를 적극적으로 수용하려고 하지만 정치와 교육은 변화에 수동적이기만 하다
기업들이 파트타임제, 업무공유제 등을 적극 논의하고 어떤 기업은 풀장, 비치발리볼 경기장, 일광욕 테이블, 인공 암벽등반 연습장, 골프연습장 등 즐기면서 일하는 환경 만들기에 적극적이기도 하다. 또한 소비자인 고객의 의견을 생산에 반영함으로써 생산에 직접 참여시키기도 한다.

N세대 특성을 키우고 다듬는 역할, N세대의 부정적 환경을 긍정적으로 변화시키는 역할, 세상과 소통하고 변화에 능동적으로 대처하는 능력향상은 역시 교육방법개선에서 찾아야

한다. 협업이 강조되는 컨버전스 기술시대에 경청과 배려가 짙게 배어있는 까칠하지 않는 인성 그리고 열띤 토론과 수용자세, 청년정신이라 할 수 있는 도전, 개방, 포용 그리고 창의력을 키울 수 있는 교육제도와 방법을 찾아야 한다. 랜선이나 비대면 학습 환경 적응을 위해 스스로 연구하고 학습할 수 있는 자기주도 학습능력을 길러줘야 한다. 최소한 기존의 일방향식 강의를 벗어나 서로 질문하고 답변하는 대화와 토론의 상호작용이 일어나는 수업이 진행되도록 해야 한다. 자료수집에서부터 문제해결능력까지 현장실무를 익힐 수 있는 프로젝트형 수업과 평생학습사회에 잘 적응할 수 있도록 즐기는 공부습관을 익히도록 교육해야 한다. 왜냐하면 그들은 끊임없이 변화하는 21세기를 이끌어 갈 주역들이기 때문이다.

 언제부터인가 국내 학생들의 학업성취도가 떨어지고 있다는 것이 일반적인 의견이다. 물론 학업성취도가 오히려 향상되었다는 의견도 있다. 학업성취도 상위계층은 향상되었다는 의견은 인정되지만 하위계층과 평균치는 더 나빠졌다는 의견은 부인할 수 없는 사실이다. 이는 가정환경을 포함한 사회적 교육환경 차이라는 것이 지배적이어서 더욱 안타까운 현실이다. 교육환경이 크게 달라진 것이 있다면 학습자 자율이 강조되고 신장되었다. 이에 따라 교수기법도 많은 연구와 방법이 모색되었지만 큰 변화는 주지 못했다. 자율적 학습 분위기는 학습자의 스스로 공부할 수 있는 능력여부가 대단히 중요하다. 포스트 코로나 시대, 랜선과 비대면 교육으로 자율적 학습 환경이 보편화된 사회적 환경에서 '스스로 학습능력'은 학습자의 학업성취도 향상에 필수조건이 되었다. 우리 아동들에게 스스로 학습할 수 있는 자기주도 학습 능력을 키울 수 있는 교육적 기회를 부여해야 한다.

창작활동도 경험을 바탕으로 한다. 스스로 학습도 경험이 필요하다. 동기화 과정을 통제하는 동기조절 능력, 인지과정을 자각하고 조절하는 인지조절능력, 환경에 적응하고 행동을 통제하는 행동조절 능력을 교육적 경험을 하도록 도와주어야 한다. 산업사회 기술변화 주기의 사이클이 짧아질수록 기존 직업의 소멸과 새로운 직업의 생성 또한 변화가 심할 것이다. 이와 같은 변화가 심한 현재와 미래세대에는 스스로 학습하는 능력, 다양한 전문가와 협업할 수 있는 공감능력이 필요·충분 조건이 될 것이다.

이번에 출간되는 소책자는 음악치료와 자기주도 학습 프로그램에서 각각 얻어지는 정서지능 향상과 스스로 학습능력 향상을 학습자가 지루하지 않게 즐겁고 재미있게 그것도 한꺼번에 경험할 수 있도록 욕심을 부렸다. 이러한 학습경험을 통해서 아동들이 스스로 학습능력을 키워나갈 수 있도록 희망하며 본 원고 교정과 표지 디자인에 도움을 준 지민학생과 소현에게 감사의 말을 전하고 싶다.

2021년 1월
일산에서   지은이

제 I 부
자기주도 학습에 대한 이해

1. 자기주도 학습이란 무엇인가?

2. 동기조절

3. 인지조절

4. 행동조절

스스로 학습 능력은
아동의 꿈을 이루는
자양분이 될 것입니다.

꿈

엘리저 융합학습 솔루션

1. 자기주도 학습이란 무엇인가?

1.1 자기주도 학습의 정의

자기주도 학습이란 '학습자가 자신이 처한 학습상황에서 자발적으로 학습에 임하는 것'을 말하며, 어느 날 갑자기 등장한 새로운 개념은 아니다. 학습에 자주적으로 임한다는 것은 학습의 목적과 내용 그리고 방법을 정하면서 타인이 정해 놓은 것을 무조건 수용하는 것이 아니라, 학습자 스스로가 자신에게 가장 적합한 것을 합리적으로 모색해 나가는 전략적 과정이라 할 수 있다. 주제별 활동을 통해 동기를 부여하고, 학습방법과 인지전략선택에 대한 인지조절, 행동조절을 통한 학습실천을 익히는 교육적 경험을 통해 스스로 학습능력을 향상시킨다.

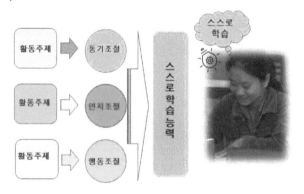

자기주도 학습의 개념과 정의

자기주도 학습에 대한 정의 가운데 널리 인용되고 있는 노울즈(Knowles)에 의하면 「개별학습자가 스스로 자신의 학습에 있어서 주도권을 갖고 자신의 학습 요구를 진단하고 학습목표를 설정하여 학습에 필요한 인적·물적 자원을 확보하고 적합한 학습전략을 선택, 실행하여 자신이 성취한 학습결과를 스스로 평가하는 과정과 활동」이라고 정의하였다. 롱 (Long)은 심리적 자유와 통제가 자기주도 학습을 규정하는 기준이라 보면서 자기주도 학습을 「개별적으로 주도하는 유목적적, 지적 과정으로 필요한 정보를 밝혀내고 찾는 인지행동이 수반되는 과정」으로 정의하고 있다.

자기주도 학습과 자기조절학습은 서로 다른 학문적 배경에서 발전되어 왔지만 개념적으로 큰 차이가 없다. 즉, 자기주도 학습이나 자기조절학습 모두 학습자를 능동적이고 자율적인 존재로 본다는 점이나 두 개념이 인지전략, 동기전략, 행동전략을 중요한 요인으로 포함시키고 있는 점 등에서도 일치하고 있다. 다만 자기주도 학습은 학습자의 자유의지를 강조한 반면, 자기조절학습은 학습자의 통제권을 강조한다. 일반적으로 적용되는 학교 현장에서는 이 둘을 엄격하게 구분하지 않고 사용한다. 자기주도 학습은 거시적 측면에서 교수-학습과정을 바라보며 자기조절 학습은 미시적 측면에서 교수-학습과정을 바라본다. 동일한 개념이지만 자기주도 학습을 보다 광의로 보면서 자기조절 학습을 통합한 개념으로 사용하기도 한다. 따라서 본서에서는 자기주도 학습에 자기조절학습의 개념을 포함한 광의의 개념으로 자기주도 학습을 정의한다.

1.2 자기주도 학습의 역사

역사를 배우는 목적은 역사를 앎으로써 현실을 바라보는 눈, 통찰력을 갖게 하는 것이라 말한다. 자기주도 학습이 짧은 역사지만 현재와 미래를 살아가는 우리 아동들에게 어떤 영향을 미칠 수 있을까?

자기주도 학습에 대한 학문적 관심이 집중되기 시작한 것은 1920년대 성인교육에 대한 필요성이 인식되면서부터이다.

성인교육의 주요한 학습 원리인 〈스스로 학습〉하는 자기주도 학습에 관심을 둔 학자로는 호올(Houle)을 들 수 있다. 그는 자신의 저서에서 사회교육 연구에 관한 관심을 교사나 교육 내용이 아닌 학습자에게 두었으며, 성인학습자들이 학습을 계속하는 데에 영향을 주는 요인들에 대해서도 탐구했다. 자기주도 학습이 본격적으로 체계화된 것은 노올즈에 이르러서이다. 노올즈는 성인교육학이라는 용어를 북미에 확산시켰고, 1975년에 출판된 자기주도 학습은 그 이후 진행된 많은 연구들의 기초적 정의와 가설을 제공하였다. 1987년 롱 등이 개최한 자기주도 학습과 관련된 국제적인 심포지엄은 성인교육에서 자기주도 학습이 차지하는 비중을 크게 증대시켰다. 이 심포지엄이 개최된 이후 전 세계적으로 자기주도 학습과 관련된 많은 책들이 출판되고, 많은 연구프로젝트도 수행되었다. 우리나라에서는 1986년에 배천웅이 평생교육의 발전을 위한 방법으로 자기주도 학습을 소개한 이후, 이에 대한 관심이 제기되었다. 그러다가 1990년대에 이르러 본격적인 연구가 시작되었으며, 1995년에는 아시아·태평양지역 자기주도 학습에 관한 세미나가 한국에서 개최되었다. 이후 연구의 방법이나 그 대상이 성인교육에서 아동과 청소년교육, 특수교육 그리고 기업교육 등으로 다양해지고 있다. 특히 학교교육에서 자기주도 학습을 교육과정 운영에 접목시키려는 움직임이 활발하다. 필자의 희망사항으로는 자기주도 학습을 초·중·고등 교육과정에 하나의 과목이나 단원으로 채택하여 학습대상자의 학습 눈높이에 맞는 자기주도 학습능력을 키워주도록 했으면 한다. 더 나아가서 교사와 교육매체 같은 교육환경이 자기주도 학습을 적용할 수 있는 성숙한 단계가 되면 교사나 학습운영자가 학습주제별 강의방법과 학습운영을 자기주도 학습을 적용하여 진행할 수 있을 것이다. 특히, 현재와 같은 코로나19에 의한 비대면 방법인 온라인 수업과 포스트 코로나19 시대의 변화될 수업환경에서는 학습자 스스로 능동적으로 학습하는 자기주도 학습능력이 더욱 중요하고 절실하게 요구된다. 따라서 교육을 담당하는 교육주체뿐만이 아니라 자녀를 둔 학부모께서도 자녀들의 자기주도 학습능력을 키울 수 있는 실질적인 방법, 즉 아동들에게 자기주도 학습의 교육적 경험의 기회를 부여해야 할 것이다.

교육환경의 변화와 랜선 콘서트

1.3 자기주도 학습의 이론적 배경

자기주도 학습의 이론적 배경으로는 인본주의 학습이론, 진보주의 학습이론, 구성주의 학습이론에서 찾아볼 수 있다.

첫째, 자기주도 학습은 인본주의 학습이론을 배경으로 하고 있다. 인본주의 학습이론의 관점에서 보면 인본주의는 개인의 자유, 책임, 그리고 경험이 중시되며, 특히 개인의 지각도 강조된다. 이러한 관점에서 학습을 이해하고자 했던 학자가 바로 매슬로우(Maslow)와 로저스(Rogers)이다. 매슬로우는 특별한 순서나 형태에 따라 나타나는 인간욕구의 다섯 가지 체계를 탐구하면서, 학습에 대한 욕구는 내재적이며 그것은 학습자로부터 나온다고 하였다. 또한 인간의 기본적 욕구로서 학습욕구란 다양한 욕구의 한 형태로서 알고자 하는 욕구, 즉 배우고자 하는 욕구를 의미하며, 학습의 목표는 욕구위계의 최상에 있는 「자아실현」에 있다고 하였다. 로거는 치료와 교육을 유사한 과정으로 보면서 「내담자 중심치료」라는 개념을 통해 학습자 중심 학습을 말하고 있다. 즉, 그는 〈내담자의 성장과 발달을 이루는 것이야말로 의미 있는 학습〉이며, 이러한 학습은 내담자의 자기주도성이 향상될 때 가능하다고 하였다. 여기서 자기주도성이란 「개인이 선택해서 경험하고 그 결과를 통해 배우는 것」을 의미한다. 로저스는 학습이 학습자 개인에게 적절해야 하며, 그럴 때 학습은 교수 없이도 잘 일어날 수 있다고 본다. 이러한 학습의 특성은 개인이 주도적으로 학습에 참여할 때 유의미한 학습경험이 나타나며, 그 학습경험에 대한 진정한 평가는 학습자 외부에서 주어지는 것이 아니라 그 내부로부터 나온다는 점이다. 따라서 여기서는 학습자 외부에서 제공하는 가르침, 즉 교사의 교수는 중요하지 않다. 인본주의 심리학에서 중요한 것은 가르쳐질 수 있는 것이 아니라 학습된 것이며, 학습자의 행동에 의미 있게 영향을 미치는 유일한 학습은 자기 발견적이고 자신에게 적절한 학습인 것이다. 인본주의적 자기주도 학습능력은 선천적으로 타고난 능력이기보다는 후천적으로 발달되는 능력으로 간주하고 있으며 이는 아동이나 청소년들의 자기주도 학습능력은 학교교육이나 학습경험을 통해 형성되는 것으로 이해하는 것이 더 적절하다.

개인의 자유, 책임, 경험 중시
인본주의 학습이론

둘째, 자기주도 학습은 진보주의 학습이론을 배경으로 하고 있다. 진보주의는 20세기 초반 미국에서 전통적 형식주의와 성인 중심적 교육관에 반발하여 아동의 흥미와 관심, 욕구, 적성 그리고 능력 등을 교육의 중요한 원리로 삼아 전통적 교육의 폐해를 극복하려는 시도에서 비롯된 운동 사조를 일컫는다. 그들의 교육원리는 다음과 같다.

> - 교육은 생활을 위한 준비가 아니라 생활 그 자체이다.
> - 학습은 아동의 흥미와 직접 관련되어야 한다.
> - 교육방법은 교과내용의 주입보다는 문제해결식 학습 이어야 한다.
> - 교사의 역할은 지시하고 통제하는 것보다 조언해 주는 일이다.
> - 학교는 경쟁보다는 협력을 장려해야 한다.
> - 민주주의만이 참다운 인간성장에 필요한 사상과 인격의 상호작용을 허용하고 촉진한다.

진보주의적 교육원리는 학교교육 안에서 개인 학습자들이 갖게 되는 자기주도 학습에 대한 이론적 기반이 된다. 우선 진보주의는 아동의 흥미와 관심을 존중했으며 아동이 경험할 실제 생활과 밀접하게 관련된 교육을 지향한다. 이것은 자기주도 학습이 가지는 가장 큰 특징인 학습자가 자신의 학습에서 주도권을 발휘하는 것과 밀접한 관련이 있다. 학습자는 학습에 대한 동기가 주어졌을 때나 학습에 대한 필요성을 인지했을 때 학습에 관심을 갖게 되고 자기 주도적으로 임하게 되기 때문이다. 즉 학습에 대한 학습자의 흥미, 관심, 그리고 필요성은 자기주도 학습의 전제조건이 된다고 하겠다. 또한 진보주의는 지식이란 늘 새롭게 전개되며, 능동적 활동에 의해 얻어지기 때문에, 지식자체를 학습하기보다는 문제해결 방법을 배우는 것이 더 중요하다는 주장을 펼치고 있다. 이것은 자기주도 학습의 중요한 특징이며, 자기주도 학습개념화의 한 축이라고도 볼 수 있다. 자기주도 학습이란 타인이 주도하든 자신이 주도하든 상관없이 학습자가 어떠한 학습상황에서 학습에 집중하며, 학습 내용에 의문점을 가지고 비교, 대조하는 일을 하는 것과 같은 메타 인지적 행동의 과정이기도 하다. 따라서 과학주의와 실험주의에 기초한 문제해결방법은 자기주도 학습의 전반에 걸친 초인지적 행동과정이라고 볼 수 있다. 마지막으로 진보주의는 경험을 중시하지만, 경험의 의미는 사회 속에서 찾는다. 진보주의의 대표적 철학자인 듀이(Dewey)는 〈인간은 생명을 가진 유기체로서 환경과의 상호작용을 통하여 자기를 갱신한다.〉라고 하면서, 갱신의 과정이 곧 경험이고 성장임을 강조했다. 그에게 있어서 경험의 과정은 삶의 과정이고 사회적 과정인 것이다.

듀이의 경험학습

즉, 사회적 과정으로서의 교육은 교육이 사회와의 상호작용을 통해 성립함을 의미한다. 진보주의의 이러한 점은 자기주도 학습의 전반에 흐르고 있는 학습자 스스로의 선택과 그것에 따른 책임을 학습자가 감수하는 것과 일맥상통한다. 자기주도 학습의 주요한 이론적 기반이었던 인본주의는 개인의 경험과 선택을 지나치게 강조한 나머지 경험의 사회적 의미와 사회적 맥락 속에서의 교육, 그리고 그 속에서의 개인적 책임을 간과했다. 그러나 진보주의는 경험의 사회적 의미를 존중하기 때문에 자기주도 학습에서 중요한 학습자 선택과 그에 따른 책임 감수에 큰 의미를 부여한다고 하겠다.

셋째, 자기주도 학습은 구성주의 학습이론을 배경으로 하고 있다. 구성주의는 우리가 어떻게 지식을 획득하는지에 관한 인식론으로서, 학습자 중심의 교육을 지지하는 이론적 토대로 주목받고 있다. 구성주의에 의하면, 자기주도 학습이란 개인의 학습과 교사가 상호작용하는 것이며 이때 자기주도 학습능력이 적절하게 신장되므로 진보주의와 마찬가지로 자기주도 학습을 학교교육에 적용하고자 할 때 적절한 이론적 배경이 될 수 있다. 구성주의는 지식의 형성과 습득에 관한 상대주의적 인식론을 기반으로 하여 절대적이고 보편적인 원리나 지식은 존재하지 않으며, 모든 지식은 인식의 주체인 개인들이 자신들의 경험을 토대로 능동적이고 주관적으로 구성하는 것이라고 말한다. 구성주의 시각에서 학교교육을 살펴보면, 학습자는 자신의 경험을 통해 스스로 지식과 그것에 대한 의미를 구축해 나가는 존재라 하겠다. 따라서 학습이라는 것은 학습자 외부에 있는 객관적 지식을 습득하는 과정이 아니라, 개인이 구체적인 학습경험에 자율적으로 참여해서 스스로의 개별적 인지작용의 결과로 이루어지는 것이다. 이러한 점에서 구성주의학습에서의 학습자 역할은 자기주도 학습에서의 학습자 역할과 유사하다 하겠다. 구성주의에서 교사는 학습자가 필요로 할 때 학습에 대한 도움을 주는 조언자의 역할을 한다. 즉, 일련의 질문을 통해 학습자의 인지적 활동을 자극한다든지, 학습자가 풀어야할 과제의 전 과정을 먼저 시연해줌으로써 학습자에게 자신이 배워야할 문제의 전반적인 틀을 제공하거나 혹은 학습자가 문제해결을 해나가는데 필요한 자료들을 제시하는 역할을 한다. 학습자는 자기학습의 주인이므로 자율적이고 책임감 있게 자신의 학습을 관리하고 학습의 목표와 방향을 설정해야 한다. 구성주의 학습이론은 이렇게 전통적인 교수자와 학습자의 역할 변화를 가져왔다.

구성주의 학습 원리

1.4 자기주도 학습의 필요성

인간의 수명은 점점 길어지고 있는 반면, 현대 산업사화의 변화는 하루가 다르게 변하고 있다. 지식과 정보가 빠르게 변하고 서로 다른 학문의 융합이 이루어지고 있기 때문에 과거에 배웠던 지식만으로는 현재와 미래를 대처하는 데 한계가 있다. 과거에는 20대까지 배운 지식을 활용하여 직업을 선택하고 일생을 그 지식으로 살았다 해도 과언이 아니었다. 그러나 지금은 어림없는 일이 되었다. 하루가 멀다 하고 바뀌는 기술과 그로 인해 새로 탄생하는 지식과 용어는 주체하기조차 힘들 정도다. 기술변화는 직업의 소멸과 생성으로 이어지고 어쩔 수 없이 사람들은 두세 번의 직업을 바꿔가며 자기 삶을 살아가야 될 것이다.

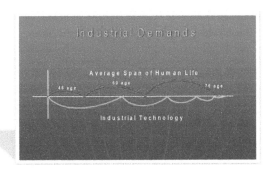

인간의 수명과 산업기술의 변화

 따라서 누구를 막론하고 새로운 정보에 귀를 열고 늘 배워야 한다. 이런 의미에서도 일생 동안 스스로 배우는 자기주도 학습의 필요성이 강조된다. 일반적이고 근본적인 자기주도 학습의 필요성은 다음과 같이 크게 네 가지로 설명할 수 있다. 첫째 학습에 있어서 자기주도권을 가진 사람들은 가만히 앉아서 가르쳐 주기를 기대하는 사람들보다 더 많은 것을 훨씬 잘 학습하게 된다. 둘째 자기주도 학습은 학습자의 자연적, 심리적 발달 과정을 돕는다. 셋째 변화하는 새로운 교육과 학습 환경이 앞으로 자기주도 탐구 기술을 더 필요로 한다. 넷째 급속한 사회 변화에 따라 교육의 목표도 새로운 지식을 쉽고 효율적으로 습득할 수 있는 능력을 갖추는 데 초점을 둔다는 점 등이다.

자기주도 학습의 모형(예 : 말콤 놀즈)
 효과적인 자기주도 학습의 모형의 예시로 미국의 평생교육 학자인 말콤 놀즈에 의해 구체화한 말콤 놀즈의 모형을 보다 구체적으로 소개하기로 한다.
 1단계 : 학습 욕구를 진단한다. 학습자들은 다양한 이유들을 가지고 학습 활동에 참가한다. 따라서 교사는 학습자들이 느끼는 현재의 상태와 학습의 결과로 원하는 바람직한 상태 사이의 차이를 확인시켜주는 다양한 방법과 절차들을 사용할 수 있어야 한다.

2단계 : 학습 목표를 설정한다. 학습목표는 학습의 실행결과 학습자가 보여줄 수 있는 행동을 구체적으로 기술한 것이다. 이 목표는 자신의 요구 분석을 통해 도출되는 것이다. 따라서 교사는 학습초기에는 학습문제를 명확히 인식하도록 하는 것이 중요하다.

3단계 : 학습을 위한 인적 및 물적 자원을 파악한다. 자기주도 학습 과제를 계획하고 수행하는 데 도움이 되는 유용한 자원을 찾아내는 일은 스스로 학습하는 데 있어서 매우 중요하다.

4단계 : 적절한 학습 전략을 선정하고 이행한다. 학습에 참여하는 학습자는 흥미, 취미, 사회적 경험, 사회 경제적 배경 등이 서로 다를 수밖에 없다. 이와 같은 학습자의 이질적인 성격은 학습 요구에 반영되고 이러한 요구에 따라 다양한 학습 방법이 채택되어 학습 활동에 활용되어야 한다. 이 단계에서는 목표 달성을 위한 학습 시간의 배당, 학습 순서의 계획, 학습자원에 대한 접근 절차와 이용할 자료의 선정 등이 결정된다.

5단계 : 학습 결과를 평가한다. 자기주도 학습은 학습자 자신이 학습 전체를 기획하고 실행하여 얻은 결과에 대해 일차적인 책임을 지는 것이 특징이다. 따라서 학습 결과에 대한 학습자의 자기 평가가 중시된다. 그러나 자기주도 학습의 성공, 질 및 효율성에 대한 자기 보고적 평가에만 의존하는 것은 객관성 확보에 문제가 있다. 학습자들은 그들의 학습 노력에 대해서 외부적인 평가보다 높은 효율성과 질적 정도를 주장할 것이기 때문이다. 따라서 학습 결과의 효율성과 질적 정도를 중시하면서도 평가의 객관성을 확보할 다양한 방안들이 계획 단계에서 논의되어야 한다.

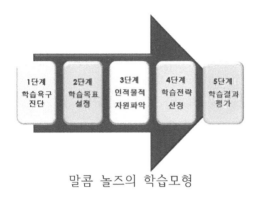

말콤 놀즈의 학습모형

1.5 자기주도 학습의 원리

자기주도 학습을 가능하게 하기 위한 원리는 크게 여섯 가지이며 개별화의 원리, 지적 호기심 유발의 원리, 기초 기본학습능력의 원리, 상호작용의 원리, 주도성의 원리, 즐거움의 원리이다.

자기주도 학습의 원리

첫째, 개별화의 원리이다. 개인 학습과 소집단 학습을 포함하는 포괄적인 의미로, 전통적인 교육에 길들여진 학생에게 자기주도 학습을 유도하기 위하여 우선적인 개별화 교육이 실시되어야 한다.

둘째, 지적 호기심 유발의 원리이다. 학습하고 싶은 욕망이 일어나도록 강한 호기심을 유발하는 것이 자기주도 학습을 지속하게 하는 방법이다.

셋째, 기초·기본학습능력의 원리이다. 학습자가 자기주도 학습을 수행하려면 기초·기본 학습능력이 필수적이다. 기초학습능력은 읽기, 쓰기, 셈 능력이고 기본학습능력은 교과나 단원의 핵심목표이다. 이러한 기초, 기본학습능력은 자발성, 주체성, 탐구력, 계획능력, 자기평가능력의 근간이 되기 때문에 하나의 원리로 보아야 한다.

넷째, 상호작용의 원리이다. 학습자와 교사, 학습자와 학습자, 학습자와 교재, 학습자와 자료, 학습자와 환경, 학습자와 학습자 자신 사이에서 상호작용이 원만하게 일어나야 한다. 상호작용을 하되 학습자를 고려하고 의식한 상호작용이어야 하고 더 나아가 학습자가 주체가 된 상호작용이 되어야 한다.

다섯째, 주도성의 원리이다. 교수학습 활동에서 학습자가 주체가 되어 이루어지는 것을 주도성의 원리라고 하며 학습활동의 과정에서 주도적인 내용, 방법, 자료, 환경, 평가 등에서 학습자가 주체가 된 학습활동이고, 학습활동의 결과도 개개인의 주도성을 인정하는즉 주체적인 일반화도 인정하여야 진정한 의미의 주도성이라고 할 수 있다.

여섯째, 즐거움의 원리이다. 미숙한 학습자를 대상으로 할 때 학습하는 것이 재미있다는 관점이 필요하다. 이러한 즐거운 학습은 학습자의 수준에 적정한 학습 과제로서 성공적으로 처리하게 되었을 경우이나 학습 활동 자체가 쾌락을 유발할 때 보다 강화된다고 할 수 있다.

1.6 자기주도 학습에서 교사의 역할

　자기주도 학습의 성과를 높이기 위해서, 교사는 학습의 안내자와 촉진자 역할을 해야 한다. 학습을 진단하여 그들에게 맞는 수업과 정보를 제공하고, 학습에 대한 행동에 스스로 책임지게 하고, 학습동기를 촉진하여 즐거운 학습 환경을 조성해 주어야 한다. 상호작용의 촉매자로 학습하는 방법 자체에 대한 학습을 유도해야 한다. 또한 반성적 실행자로서 학습자의 역동성에 대응하여 필요에 따라 융통성 있게 지속적으로 계획을 변화, 개선해 나가야 한다. 정보의 관리자로서 학습자가 필요한 정보를 효과적, 효율적으로 수집하는 방법을 제공하고 다양한 자료원을 통해 얻을 수 있는 정보 중에서 유용한 정보여부를 판단할 통찰력을 길러 주어야 한다. 항상 학습의 동반자로 학습과정에서 학습자의 진정한 상담자와 조언자가 되어야 한다. 따라서 자기주도 학습에서의 교사는 다양한 역할을 수행할 수 있도록 다양한 경험과 열린 마음으로 학습자와 함께할 수 있도록 노력해야 할 것이다.

교사의 다양한 역할

1.7 자기주도 학습의 구성요소

자기주도 학습 프로그램 구성요소와 효과변인에 대해서는 연구자의 관점에 따라 다양하다. 반두라(Bandura)는 자기주도 학습의 구성요소로 극복전략, 문제해결과 의사결정 기술, 목표설정, 계획, 자기평가, 자기조절, 자기강화에 대한 능력을 포함한다고 하였고, 코노(Corno)는 주의통제, 정보처리 통제, 동기 통제, 환경 통제와 같은 상위인지 요인을 강조하였다. 여기서 상위인지란 학습자가 자신의 학습을 계획, 점검, 조절하는 것을 의미하고 상위 동기는 자신의 동기과정을 인식하는 것으로서 그 결과 학습자들이 계속적인 동기를 가지고 학습하게 되는 보다 높은 수준의 기술을 말한다. 또한 의지 통제란 학습 중에 학습을 방해하는 많은 내적·외적 주의 산만 요소를 통제하면서 본래의 의도를 지속적으로 유지시켜 학습목적을 달성하게 하는 심리적 기제를 의미한다.

핀트리히(Pintrich)는 자기주도 학습의 중심요소로 인지적 요소, 자원관리 요소, 동기적 요소로 구분하였는데 인지적 요소로는 주어진 과제의 암송, 과제의 정교화, 과제의 조직화를 포함하고 자원관리 요소로는 할당된 시간의 관리, 주어진 상황의 환경적 조건관리, 과제를 수행하기 위한 노력의 분배관리, 필요한 도움의 요청 등을 포함하며, 동기적 요소로는 내적 지향, 과제의 중요성, 신념, 성공에 대한 기대를 포함한다고 하였다. 싱크(Sink) 등은 여러 학자들의 연구를 종합하여 자기주도 학습의 프로그램을 인지적인 면과 정의적인 면으로 파악하였다. 인지적인 면은 특수적인 지식과 전략, 일반적 학습전략, 학습과 수행에 대한 상위 인지적 통제가 포함되며 정의적인 면은 일반적인 자기 효능감 영역, 특수적인 자기 효능감 영역, 통제부위, 내적동기, 자아 존중감, 완성 경향성이 포함된다고 말하고 있다. 학자들의 관심에 따라 강조점이 다소 차이가 있으며, 구성요인 또한 다르게 제시되어 있다. 그러나 유사한 개념들을 통합해서 공통적인 개념을 추출해 보면 자기주도 학습의 구성은 동기조절, 인지조절, 행동조절의 세 가지 영역의 구성요소로 구성되어 있다.

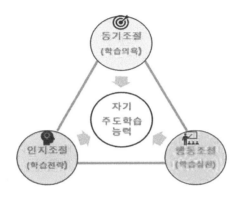

자기주도 학습의 구성요소

동기조절은 학습에 참여하는 이유와 목적에 대한 동기적 특성을 설명하는 개념으로 숙달목표지향성, 자아효능감, 성취가치와 같은 요인으로 구성되어 있다. 숙달목표 지향성은 학습에 대한 내재적 가치와 노력을 강조하며, 숙달 목적을 지향하는 학습자는 새로운 지식과 기능의 습득과제를 이해하려고 노력하고 향상과 숙달의 느낌을 획득하고자 한다. 자아효능감은 특정 목적을 획득하는데 필요한 자신의 인지능력에 대한 판단으로 쉽게 말해 자신의 능력에 대한 믿음으로서 자아효능감이 높은 학습자들은 어려움에 직면했을 때 더 노력하고 지속하며 성취한다. 성취가치란 학습이 가치 있다고 지각하는 정도를 말하며, 과제성취에 대한 주관적인 중요성과 목표 달성하는 수단으로서 과제에 대한 유용성 그리고 과제 자체가 제공해 주는 즐거움인 내재적 가치를 포함한다. 이와 같은 동기조절은 학습자의 학습의욕을 극대화한다.

인지조절은 학습자가 학습하는 방법 및 기억하는 방법뿐만 아니라 이에 대한 반성적 사고를 함께 발달시키는 전략, 즉 학습전략을 말한다. 인지조절은 학습자가 자료를 기억하고 이해하는데 사용하는 인지전략과 학습자가 학습하면서 자신의 인지과정에 대한 개념을 형성하여 자신의 인지를 통제하고 조절하는데 사용하는 메타인지전략으로 구성된다. 인지전략은 학습자가 자료를 기억하고 이해하는데 사용하는 실제적인 전략으로서 학습내용을 외우거나 소리 내어 읽는 시연, 요약하기, 질문하기 등을 통해서 새로운 정보를 이전 정보와 관련시켜 기억하는 정교화, 중요개념을 중심으로 내용분석을 통해 학습요소 간의 관계를 논리적으로 구성해 보는 조직화 전략을 포함한다. 메타인지전략은 자신의 인지를 통제하고 조절하는데 관련된 전략으로 시작 전 목차 살펴보기, 어떤 내용에 관한 것인지를 대강 훑어보기와 같은 계획, 자신의 이해정도를 스스로 평가해 보기, 시험 보는 동안 문제 푸는 속도 체크하기와 같은 주의집중을 추적하면서 이해정도를 확인하는 점검, 자신의 학습행동을 교정하고 잘못 이해된 부분을 고치는 조절전략을 포함한다.

행동조절은 효율적이고 자발적인 학습활동이라는 점에서 행동적 요소를 포함한다. 행동조절은 학습자가 학습과제를 수행할 때 행동을 제한하고 구체적으로 구성해 나가는 것으로 행동통제, 학업시간의 관리, 도움 구하기와 같은 활동으로 구성된다. 행동통제는 공부를 시작한 후 TV의 유혹과 같은 방해물에도 불구하고 이를 지속하는 의지로서 여러 어려움에 부딪쳐도 포기하지 않고 학습을 계속해 나가는 의지를 말한다.

학업시간 관리란 학습자가 자신에게 주어진 제한된 시간을 잘 인식하고 있기 때문에 과제에 필요한 시간을 고려하고 이를 잘 활용하여 학업시간을 효율적으로 운용하는 것을 말한다. 도움 구하기란 학습자 자신보다 학습내용을 잘 알고 있는 주변 친구나 선생님께 학습내용을 보다 효율적으로 이해하기 위해서 질문하는 것으로서 자신의 힘으로 해결하기 어려운 과제에 직면하였을 때 자신보다 더 잘 알고 있는 사람들에게 도움을 요청하는 전략이다. 이와 같은 행동조절은 학습실천으로 이어진다.

본서에서는 자기주도 학습과 음악치료를 통합한 최적의 통합 프로그램을 개발하고 소개하기 위해, 이미 기술한 자기주도 학습의 이론적 바탕과 국내에서 수행된 자기주도 학습 관련 선행연구의 프로그램 구성요소를 비교·분석하여 스스로 공부하는 학습능력과 학업성취를 극대화할 수 있는 동기조절, 인지조절, 행동조절을 구성요소로 하고 그에 따른 프로그램 학습주제를 선정하였다. 즉, 자기주도 학습을 위한 핵심전략으로 동기전략, 인지전략, 행동전략이 활용된다. 다음의 <표1-1>는 통합 프로그램에서 인용될 자기주도 학습 프로그램의 구성요소별 학습주제이다.

<표1-1> 자기주도 학습 프로그램 구성요소별 학습주제

구성요소	프로그램 학습주제
동기조절	- 자기조절학습과 학습방법 이해 - 내 자신 탐색하기 - 내가 꿈꾸는 미래 - 꿈 세우기 - 공부의 의미 알기

	- 학습습관 진단하기
인지조절	- 기억력 향상 - 집중력 향상 전략 - 내가 생각하는 공부 - 공부 시동 걸기 - 시연 및 기억 - 조직화와 변형 - 효율적인 공부계획 세우기 - 나의 학습전략 - 학습계획
행동조절	- 효과적인 노트필기 - 효과적인 책 읽기 기술 - 시험 불안 조절 - 효율적인 시험 준비 - 예습·복습 - 사회적 도움 구하기 - 시간관리 방법 - 시간관리 및 시간표 작성 - 학습 환경 바꾸기

1.8 자기주도 학습관련 자격증과 진로탐색

자기주도 학습관련 자격으로는 자기주도 학습지도사1,2급이 있으며 자기주도 학습지도사는 학습자 스스로 목표를 설정하고 실천하는 주도적 학습활동을 할 수 있도록 자기주도 학습 프로세스에 대한 전문지식과 전문적 대화법을 바탕으로 자기주도 학습에 관한 모든 사항을 상담하고, 실천할 수 있게 이끌어 주는 교육전문가이다. 4차 산업혁명 시대로 진입한 사회환경과 시대적 변화에 따라 교육의 새로운 패러다임으로써 평생학습 교육의 중요성이 강조되고 있다.

평생학습은 학습자 스스로 학습하는 능력이 가장 중요한 선결문제이기도 하다. 이와 같은 이유로 자기주도 학습은 시대가 요구하는 학습법이며 전문가인 자기주도 학습지도사의 중요성이 사회적으로 인정받고 있으나 자기주도 학습지도사의 전업직업으로는 안정적 직업군으로 분류하기엔 어려움이 있다. 다만, 교육에 종사하는 직업인들이 필수적으로 가지고 있어야 할 역량으로 자기주도 학습 적용능력이 필요하다는 인식 정도는 크다. 전문가로서의 자기주도 학습지도사 활동은 교육 관련 기관이나 부서에서 단기간 혹은 계약제로 이루어지고 있는 실정이다. 주요 활용부서는 초등학교 방과 후 교실, 교습소 및 홈스쿨 교사, 건강가정지원센터, 이혼가정 돌봄 센터, 부모교육 강사, 다문화가족지원센터, 아동청소년상담센터, 진로·진학상담시설, 공부방 및 교습소, 대학·평생교육기관, 유치원 및 초·중·고등학교, 자율학기제, 학습지교사, 학습전문컨설턴트, 문화센터 및 도서관, 한 부모가정지원센터, 학원·학습클리닉센터, 아동복지센터, 지역아동센터, 사회복지센터 등이다.

자기주도 학습 지도사 활동

2. 동기조절

모티베이션(Motivation)은 동기부여, 동기유발, 동기조절, 동기화 등으로 표현하며, 개인이 구체적인 목표를 지향하도록 행동을 유발하는 심리적 과정이다. 동기는 그것을 유발한 원인 혹은 힘이 개인의 내부냐 외부냐에 따라서 내재적 동기와 외재적 동기로 나눌 수 있다. 외재적 또는 외적 동기는 학습내용 그 자체가 아니라 공부하는 데에 따라오는 부수적인 결과 즉, 높은 시험점수, 점수에 대한 칭찬이나 비난, 상벌, 사회적 지위 등에 의하여 유발된 동기이다. 이와는 달리, 내재적 또는 내적 동기는 학습내용 그 자체에 대한 지적 호기심, 공부하는 것 그 자체에서 오는 기쁨, 또는 과제수행의 결과에 관계없이 활동과 과제수행의 성취감에서 오는 즐거움에 의하여 유발된 동기를 말한다. 강한 내재적 동기를 유발하는 것이 바람직하나 적절한 외재적 동기 유발 방법의 적용 없이 내재적 동기 유발은 어렵다. 따라서 외적 동기 유발을 통해 내적 동기를 자극할 필요가 있다.

동기부여는 각 개인이 목표를 달성할 수 있도록 스스로 움직이게 하는 원동력이 되는 힘이다. 조직구성원의 입장에서는 동기유발, 조직의 입장에서는 동기부여가 되며 개인의 능동적인 측면으로는 동기조절이 된다. 따라서 동기유발은 조직 구성원이 자발적으로 자신의 과업을 이행하도록 의욕을 불러일으키는 과정이라 할 수 있다. 또한 이러한 목표 달성을 위한 의욕을 불러일으킬 수 있도록 동기를 유발하는 방법이나 책략을 동기전략이라 하며 자기주도 학습전략의 핵심전략 중 하나이다. 일반적으로 자기주도 학습의 동기전략을 집단학습을 대상으로만 검토·선정할 수 있으나 개별학습을 위한 맞춤형 동기전략도 검토해볼 필요가 있다. 일반적인 동기유발 방법으로 외적동기 유발은 보상과 압력, 내적동기 유발은 흥미, 열정, 도전의식 고취 등을 활용한다. 다음은 동기부여에 대한 이론적 배경으로 내용이론과 과정이론을 소개한다.

2.1 동기부여 내용이론

내용 이론은 무엇이 행동에 대한 동기를 유발하는가에 관심을 둔 이론으로, 인간은 내적 욕구를 충족하기 위하여 동기유발이 된다는 가정을 전제로 한다. 대표적인 이론에는 매슬로우의 욕구 5단계 이론, 허즈버그의 2요인 이론, 맥그리거의 XY 이론, 매클렐런드의 성취동기 이론 등이 있다.

매슬로우의 욕구 5단계 이론

매슬로우는 인간은 모두 다섯 가지의 욕구 계층을 가지고 있으며, 하위 단계의 욕구가 달성되면 상위 단계의 욕구를 채우려고 한다고 주장하였다. 즉 일정 단계의 욕구가 충족되면 그 단계에서 더 이상 동기 유발이 되지 못하기 때문에 더 높은 단계의 욕구를 충족시켜간다는 것이다. 따라서 경영자나 교사는 조직 구성원이나 학습자의 욕구를 파악하여 그 욕구를 만족시킴으로써 동기를 부여할 수 있다.

인간의 다섯 가지 욕구 계층
1단계, 생리적 욕구: 인간의 육체적·생리적 유지와 관련된
　　　　욕구
2단계, 안전의 욕구: 위험으로부터 자신을 보호하고 안전하게
　　　　하려는 욕구
3단계, 소속과 애정의 욕구: 집단에 소속하여 사랑을 주고
　　　　받으며 소속감과 자신의 위치를 확인하려는 욕구
4단계, 자기 존중의 욕구: 타인으로부터 인정과 존경을 받고

명예를 추구하려는 욕구

5단계, 자아실현의 욕구: 자신의 재능, 능력, 잠재력을 발휘
　　하고자 하는 욕구 후에 매슬로우는 자아실현의 단계를
　　넘어선 자기초월의 욕구를 주장하였다.

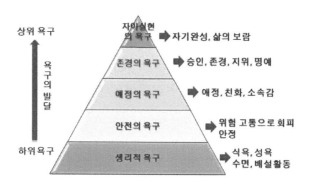

매슬로우의 5단계 욕구

허즈버그의 2요인 이론

　허즈버그는 직무와 관련된 설문 조사를 통해 직무에 만족을
주는 요인이라 할 수 있는 동기 요인, 불만을 주는 불만족 요
인이라 할 수 있는 위생 요인으로 구분하였다. 동기 요인은
직무 만족감과 동기 유발의 정도를 높일 수 있는 요인이다.
위생 요인의 충족은 불만을 줄일 수는 있으나 만족에는 직접
적인 영향을 주지 않는다.

　허즈버그 2요인 이론에 따르면 직무에 불만이 있는 종업원
은 직무 환경에 관심을 가지지만, 직무에 만족하는 종업원은
직무 자체에 관심을 가진다. 따라서 경영자는 동기 유발을 위
해서 동기 요인에 더 관심을 가져야 한다. 위생 요인은 불만
족 영역을 충족하는 기능을 할 뿐, 만족 영역에 직접적 영향
을 미치지는 않는다. 조직에서의 동기 부여는 경영자가 조직

구성원의 욕구를 자극하여 주어진 임무를 수행하도록 유도하는 것이다. 따라서 조직 구성원의 낮은 만족도는 고객에 대한 무관심, 생산성의 하락, 부정적 태도 등을 불러일으킨다.

허즈버그의 2요인은 다음과 같다.

동기 요인 : 성취감, 성장감, 안정감, 인정, 칭찬, 자율, 발전, 책임 부여, 도전감, 책임감, 보람 있는 직무, 자아실현의 기회로서 일 자체와 직결된 요인에서 찾을 수 있다.

위생 요인 : 감독, 기술, 임금, 회사 정책, 작업 조건, 안정된 직업, 회사정책과 방침, 상사와의 관계, 대인관계, 제도, 신분안전 등으로서 상황요인과 주변요인으로 일과는 직접 관련이 없는 주변적 요인에서 찾을 수 있다.

위생요인과 동기요인은 근본적으로 성격이 다르므로 서로 대체할 수 있는 방법이 없다. 일반적으로 위생요인을 충족시켜서 불만을 최소화하고 동기요인을 위한 노력이 효과적이다. 동기부여를 위해서는 상황요인과 주변요인인 임금과 노동시간 등의 위생요인을 일정 부분 충족시키고 조직구성원들에게 성취감과 개인적 성장을 느낄 수 있도록 일의 자율성과 그에 따른 책임감을 부여하는 것이 바람직하다.

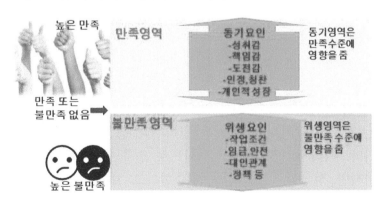

허즈버그의 2요인

맥그리거의 XY 이론

X이론은 보통의 인간은 수동적이어서 일하기를 싫어하고 가능한 일을 피하며 야심이 없고 책임지는 것을 싫어하고 오히려 지시받기를 좋아하며 무엇보다도 안전을 추구한다고 보는 이론이다. 따라서 X이론에서 생리적 욕구나 안전욕구에 의해서 동기부여가 가능하다고 본다. 이와 같은 X이론에 의하면 조직성원들을 엄격하게 통제하고 보다 철저하게 감독하며 권한과 책임을 피하고 조직의 목표를 달성하기 위해서는 강제로 명령하고 통솔해야 한다는 것이다.

X이론은 사람들이 다음과 같은 속성을 가지고 있다는 가정을 전제로 하는 이론이다. ①원래 사람들은 일하기를 싫어하며 가능하면 일하는 것을 피하려고 한다. ②사람들은 일하는 것을 싫어함으로 바람직한 목표를 달성하기 위해서는 통제되고 위협되어야 한다. ③사람들은 책임을 회피하고 가능하면 공식적인 지시를 바란다. ④대부분의 사람들은 업무와 관련된 모든 요소에 대하여 안전을 추구하며, 야심이 거의 없다.

이에 반하여 Y이론은 사람들이 다음과 같은 속성이 있다고 가정한 이론이다.

①사람들은 일하는 것을 놀이나 휴식과 동일한 것으로 볼 수 있다. ②사람들은 조직의 목표에 관여하는 경우에 자기지향과 자기통제를 행한다. ③보통 인간들은 책임을 수용하고 심지어는 구하는 것을 배울 수 있다. ④훌륭한 의사결정의 능력은 모든 사람들이 가지고 있으며, 관리자나 경영자들만의 영역은 아니다. 따라서 인간은 긍정적이므로 일을 즐기며 조건만 갖추어지면 적극적으로 책임을 완수한다고 보는 이론이 Y이론이다. 동기부여에 관한 맥그리거의 분석은 매슬로우에 의해 제시된 욕구5단계 이론에 잘 표현돼 있다. X 이론은 저차원

욕구가 개인을 지배하며, Y이론은 고차원 욕구가 개인을 지배한다고 가정을 한다. 맥그리거 자신은 Y이론의 가정이 X이론의 가정보다 타당하다고 믿는다. 따라서 그는 의사결정, 책임, 도전적인 직무에 종업원들을 참여시키는 것은 직무 동기를 극대화한다고 주장했다.

 이와 같이 맥그리거의 XY이론은 인간의 상반된 성향에 따라 동기전략도 상반될 수 있다. 집단학습의 경우에는 학습자의 성향에 따라 다르게 동기부여 전략을 세울 수 없으나 개별학습의 경우에는 학습자의 성향에 적합한 맞춤형 동기전략을 세울 수 있다.

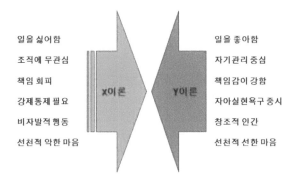

일을 싫어함 　일을 좋아함
조직에 무관심 　자기관리 중심
책임 회피 　책임감이 강함
강제통제 필요 　자아실현욕구 중시
비자발적 행동 　창조적 인간
선천적 악한 마음 　선천적 선한 마음

X이론　Y이론

맥그리버 XY이론 비교

매클렐런드(David C. McClelland)의 성취동기 이론

 성취동기란 장애를 극복하고 자신의 능력을 발휘하여 곤란한 일을 해결해 목표를 달성하려는 욕구 또는 도전적이고 어려운 과업을 훌륭히 성취하고 싶어하며 성취결과보다 성취과정에서 만족을 얻으려는 내적 동기이다.

성취동기이론은 매슬로우의 욕구 5단계 중 상위 3단계가 인간 행동의 80% 이상 설명이 가능하며 과정이론보다는 내용이론에 속한다. 성취동기이론은 특정인에게 목표달성을 향해 행동하도록 자극하며 동기를 유발하게 하고 구체적인 행동을 유도하게 하여 그 행동을 지속하게 한다는 이론이다.

성취동기 욕구 3단계

욕구는 개성에 바탕을 두어 환경과 상호작용하면서 개발되며 인간의 욕구는 선천적이기 보다 사회분화로부터 학습된다.

성취욕구: 높은 기준을 설정하고 이를 달성하고자 하는 욕구 성취욕구가 강한 사람은 목표를 정하고 이를 달성하는 데 최선을 다한다. 타인에 비해 월등한 성과를 냄으로써 자신의 존재의미와 가치를 확인하고자 한다.

지나치게 가능성이 낮은 업무나 아주 쉽게 달성할 수 있는 목표에는 거의 관심이 없다. 능력과 운이 거의 동일하게 작용할 수 있는 일에 참여할 때 강한 동기부여가 되며 자신의 능력을 드러내고자 한다. 스스로 자신의 능력을 확인할 수 있는 상황을 즐기며 성공에 대한 보상보다는 일 자체의 성공에 더 가치를 두는 경향이 있다.

권력욕구: 타인에게 영향을 미치고 통제하려는 욕구 권력욕구가 강한 사람은 책임을 선호하고 경쟁적이고 신분 지향적 성향이 높다고 평가할 수 있다. 이들은 타인에 대해 영향력을 행사하며 통제할 수 있는 일에 자극을 받는다. 책임 맡는 것을 즐기며 쟁탈전이 심한 상황에 기꺼이 참여한다. 실질적 업무성과보다는 높은 지위에 올라서 타인에 영향을 미치는 것에 관심을 가지며 자신을 추종하는 사람들에게 지위와 보상을 제공하는데 관심이 많다.

친화욕구: 대인관계에서 밀접하고 친밀한 관계를 맺고자 하는 욕구 친화욕구가 강한 사람은 타인의 인정을 받고 친밀하게 지내기를 희망한다. 타인의 감정에 많은 관심을 보이며 강력하게 결

연하고 교제를 원하는 사람들의 소망에 쉽게 동조한다. 우정을 중요시하며 협력적 상황을 선호하며 상호이해 깊은 관계를 지속하고자 한다. 타인에게 인정받고 좋은 관계유지를 최우선으로 한다. 경쟁적 상황보다는 협동적인 분위기를 좋아하고 상호 협력적이길 바란다. 이는 집단적 과업에 유리하다.

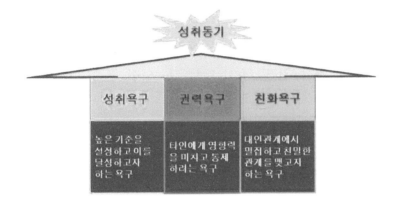

성취동기 이론

성취욕구가 강한 사람의 특징으로는 ①자신의 노력에 의해서 도전적인 목표 선호, ②독립적으로 일하는 것을 선호, ③중간 정도의 어려운 과업을 선호, ④업무 성과를 냈을 때 인정받고 싶어 하는 것 등이다.

2.2 동기 부여 과정 이론
과정 이론은 개인이 어떠한 과정을 통해서 동기 유발이 되는가에 관심을 둔 이론이다. 과정이론은 행동이 어떻게 동기화되고 어떤 과정을 통해 이루어지는가에 관심이 있다. 또한 개인의 행위나 환경과의 상호작용을 이해해야 하는 점에서 내용이론에 비해 복잡하고 동태적이다. 인간은 자신이 원하는 보상을 얻기 위하여 동기가 유발된다는 가정을 전제로 한다.

대표적인 이론에는 아담스의 공정성 이론, 브룸의 기대 이론, 로크의 목표설정 이론, 데시의 인지적 평가 이론 등이 있다.

아담스(Adams)의 공정성 이론

직무에 대한 동기 유발은 개인이 받는 보상을 같은 상황에 있는 다른 사람과 비교하여 공정한지에 달려 있다는 이론이다. 종업원은 기업에 시간, 노력, 기업에 대한 충성심 등을 투입하고, 그 결과 월급, 승진, 성취감, 인정 등을 얻게 된다. 종업원은 작업상의 투입과 산출 사이의 비율을 다른 사람과 비교하여 공정한 대우를 받고 있는지를 판단한다.

개인이 느끼는 공정성에 따른 행위 변화를 보면 다음과 같은 3가지 유형으로 나타난다.

- 자신과 다른 사람의 보상 비율이 같다고 느낄 때: 공정한 상태로 인식하여 현재 상태를 유지하려 한다.

- 보상을 더 적게 받는다고 느낄 때: 부정적인 불공정성을 인식하고 노력의 수준을 낮추거나 이직을 계획한다.

- 보상을 더 많이 받는다고 느낄 때: 긍정적인 불공정성을 인식하고 더욱 노력하여 직무를 열심히 수행할 것이다.

이와 같이 개인이 불공정성을 인식하면, 직무에 대한 노력을 변화시키거나, 자신 또는 타인에 대한 인식을 변화시켜 재능, 행운, 연줄 등의 탓으로 돌리고, 상황을 이탈하여 부서 또는 회사 이동을 통해 불공정성에 대한 감정을 없애려고 노력하게 된다. 따라서 공정성 유지는 결근, 이직, 부정적 행위에는 효과적이다. 즉 성과 향상보다는 성과 저하를 방지하거나 이직, 결근의 방지 차원에 효과적이다.

결국 기업이 종업원의 노력이나 성과에 공정하게 보상을 하여야 동기 유발이 이루어진다.

	본인		비교대상
공정한 상태 ◀	$\dfrac{보상}{투입}$	$=$	$\dfrac{보상}{투입}$
긍정적 불공정 ◀	$\dfrac{보상}{투입}$	$>$	$\dfrac{보상}{투입}$
부정적 불공정 ◀	$\dfrac{보상}{투입}$	$<$	$\dfrac{보상}{투입}$

아담스의 공정성 이론

브룸(V.Vroom)의 기대 이론

동기 유발은 자신의 노력이 어떤 성과를 가져오리라는 '기대감'과 성과가 달성되었을 때 보상을 받을 것이라는 '수단'에 대한 기대감에 의해 결정된다는 이론이다. 즉 동기를 유발하는 요인이 기대감, 수단, 유의성이라는 것으로, 조직 내에서 어떠한 행위 또는 일을 수행할 것인가의 여부를 결정하는 데에는 그 일이 가져다줄 가치, 그 일을 함으로써 기대하는 가치가 달성될 가능성, 일 처리 능력에 대한 평가가 복합적으로 작용한다는 것이다.

개인은 자신이 바라는 목표에 도달할 수 있다고 믿을 때 비로소 성과 지향적 행동을 하며, 유의성이나 기대에 충분히 만족하지 않을 때에는 동기 유발이 일어나지 않는다. 따라서 경영자는 조직 구성원이 성과에 대한 결과를 기대할 수 있도록 동기를 부여해야 하며, 조직 구성원이 원하는 보상의 종류와 중요성을 이해하여야 효과적인 동기 유발을 할 수 있다.

동기 유발 요인

- 기대감: 어떤 활동이 특정 결과를 가져오리라고 믿는 가능성, 즉 열심히 노력하면 성과를 달성할 수 있다고 개인이

지각한 정도
- 수단: 특정한 수준의 성과를 달성하면 바람직한 보상이 주어지리라고 믿는 정도
- 유의성: 성과 달성 결과로 얻게 되는 보상에 부여하는 가치. 즉 보상에 대해 개인이 갖는 좋고 싫음의 강도

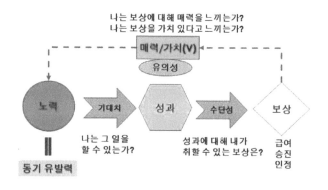

브룸의 기대 이론

로크(Locke)의 목표설정이론

목표설정이론은 목표가 실제행위나 성과를 결정하는 요인으로 보는 이론이다. 즉, 아무리 어려운 목표라 하더라도 목표를 수립하는데 개인이나 조직의 구성원의 직접적인 참여는 과업의 성취정도와 긍정적 상관관계가 있다. 로크는 목표가 인간 활동을 직접 조절하는 기능을 가지며 설정된 목표는 관심과 행동의 지표를 제공한다고 했다. 또한 목표는 개인이 목표달성을 위해 노력하게 하고 지속하게 하며 목표달성을 위한 전략을 개발하도록 동기유발을 시킨다 하였다. 로크는 인간의 행동이 본능과 욕구에 의해 가장 쾌락적인 방향으로 추구한다고 가정하는 기존의 동기이론을 비판하고 인지적과정이 인간의 행동에 근원적인 영향을 미친다고 하였다. 목표설정이론은

목표의 원인, 목표의 유효성에 영향을 주는 요인 및 목표를 달성하기 위한 전략 등을 포괄적으로 고려한다. 그러므로 기존의 동기 및 욕구이론이 구체적인 의식적 요소의 개입을 고려하지 않는다는 점과 크게 다르다.
목표설정이론의 논리적 모델은 그림과 같다.

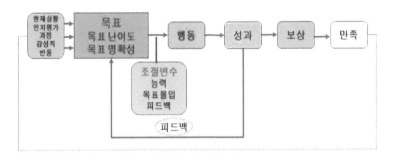

목표설정이론의 논리적 모델

현재 상황: 상황이나 변화를 인식하는 과정
인지평가과정: 자신의 가치관과 대비하여 평가하는 과정
감성적 반응: 만족 또는 불만족한 느낌을 받는 과정
목표설정: 개선의지를 가지게 되는 과정
행동: 목표를 추구하는 과정

또한 로크는 구체적이고 도전적인 목표가 설정된 경우는 목표가 쉽거나 애매하거나, 없는 경우보다 높은 수행을 한다는 연구결과를 제시하였다. 설정된 목표를 효과적으로 관리함에 있어 강조되는 요소는 목표몰입, 능력, 내적동기이다. 목표몰입은 목표달성을 위해 노력하는 결정과 그것을 추구하기 위해 지속적으로 노력을 유지하는 강도와 정도를 나타낸다. 능력은 과업을 수행하는 개인이나 조직의 과업 참여자의 과업 수행능력이며, 내적 동기부여는 과업을 수행하면서 얻는 성취감, 도전감 등으로 얻을 수 있는 내적보상에 이루어지는 동기부여를

뜻한다. 내적보상은 주로 감정적인 요소에 기초하는데 첫째, 가치 있는 길을 가고 있다는 중요한 느낌 둘째, 목표달성방법에 대한 개인의 선택권 셋째, 자신이 선택한 일을 기술적으로 잘 해내고 있다는 성취감 넷째, 과제 목표달성에서 비롯되는 성취감을 포함한다. 이로 인해 진지한 노력이 발동되고 발휘되는 것이 바로 내적동기이다.

목표설정이론의 실제적용단계에서의 유의점은 다음과 같다.

첫째, 목표는 측정가능하고 계량적이어야 한다.

둘째, 목표는 구체적이어야 한다.

셋째, 목표는 기대되는 결과를 확인할 수 있어야 한다.

넷째, 목표는 과업 단의 관리자, 개인, 조직단위의 능력범위 내에 있어야 한다.

다섯째, 목표는 현실적이고 달성 가능해야 한다.

여섯째, 목표는 달성에 필요한 시간의 제한을 명확하게 나타내 주어야 한다.

인지적 평가이론

데시(Deci)가 주장하는 이론으로 내재적으로 동기화된 행동에 외적보상이 주어졌을 때 내재적 동기가 삭감되는 과잉정당화 효과가 생긴다고 주장한다. 즉, 외적보상으로 외적동기를 유발해 조직몰입을 높이고자 하는 것은 타인에 의해 통제된다는 느낌을 발생시켜 과업에 대한 흥미를 감소시킨다는 이론이다.

다시 말하면 인지적 평가이론은 어떤 사람이 어떤 활동을 수행하기를 좋아하는데, 그러한 행동에 보상이 주어지면 과잉정당화가 발생할 수 있다는 것이다. 이때 그 사람은 자신의 자유의지에 따라서 수행하는지에 의문을 갖게 되며, 내적동기 수준이 감소할 수 있다는 것이다. 그러나 만약에 이제까지 받아왔던 보상이 제공되지 않음에도 행동수행이 일어나면, 내적 동기는 증가될 수 있다는 것이다. 이는 인지부조화 이론에 의해 설명될 수 있는 측면이다.

인지적 평가이론

인간은 두 가지의 기본적이고 생존 지향적 욕구를 가지고 있다. 그것은 유능성에 대한 욕구와 자기결정에 대한 욕구이다. 인간은 어느 정도의 도전적인 상황을 추구하며, 그러한 도전을 극복하기 위해 노력한다. 내적으로 동기화된 행동이란 유능감과 자기 결정감을 느끼기 위해 선택한 행동이라고 정의했다. 그런데 기아나 갈증 같은 일차적인 욕구들이 이러한 행동적 사이클을 방해할 수 있다. 내적으로 동기화된 행동에 금전적 보상이 수반되면, 내외 인과성이 바뀔 수 있다고 한다. 그 사람은 그 행동의 원인을 더 이상 자신에게 두지 않고 외적인 것에 원인을 두게 된다. 따라서 내적동기 수준은 감소하게 된다는 것이다. 또한 모든 성과들이 각기 두 가지의 요소를 가지는데, 그 하나는 통제적인 요소이고 또 하나는 정보적 요소이다. 앞의 경우 통제적인 요소는 금전적 보상에 내포되어 있어서 그 금전적 보상이 원하는 수준인지 아닌지에 관심을 두게 만들고 결과적으로 행동을 통제한다. 두 번째인 정보적 요소는 언어적 보상 같은 경우로서 유능성에 피드백을 제공해주게 되며, 이것이 내적동기를 증가시켜 준다.

인지적 평가이론은 그 가설 때문에 주목을 받아왔다. 여러 가설중의 하나는 금전적 보상이 수반되면 내적동기 수준이 감소한다는 것이다. 보룸의 기대이론에 따르면, 외적성과와 내적성과는 모두 부가적으로 작용해서 행동을 증진시켜 준다했고 스키너의 조작적 조건형성 이론에서도 긍정적 상호작용 효과가 발생해서 행동을 모두 더 강화한다고 했다. 그러나 인지적 평가이론에서는 이와 반대로 내적동기를 감소시킨다고 주장한다.

2.3 학습동기 전략

학습자들에게 음악치료를 통합한 자기주도 학습의 최종 목표달성을 위한 학습의욕을 불러일으킬 수 있는 동기조절로 선정된 학습주제는 다음과 같으며 학습주제 별 의미와 내용 그리고 학습동기전략을 간략하게 기술한다.

1) 자기조절학습과 학습방법 이해

1회기 첫째 시간은 전반적인 학습방법을 설명하며 사전검사를 통해서 프로그램 강사와 교육대상자 간의 신뢰형성(라포)이 가장 우선되는 중요한 과제이다. 라포 형성이란 상담이나 교육을 위한 전제로 신뢰와 친근감으로 이루어진 인간관계 형성이며, 상담, 치료, 교육은 특성상 상호협조가 중요한데, 라포는 이를 충족시켜준다. 라포를 형성하기 위해서는 타인의 감정, 사고, 경험을 이해할 수 있는 공감대 형성을 위하여 노력하여야 한다. 따라서 효과적인 교육이나 상담을 위해서는 라포의 형성이 무엇보다 중요하다.

2) 내 자신 탐색하기

나는 어떤 사람일까? 사람마다 생김새가 다르듯 타고난 소질과 특기도 다르다. 남과 다른 나의 특성을 객관적으로 파악하는 것은 진로를 탐색하고 설계하는 데 있어 매우 중요하다. 나의 장점과 잘할 수 있는 일, 좋아하는 일 등을 꼼꼼히 살펴보면, 나에게 적합한 일과 직업을 좀 더 구체적으로 파악할 수 있다. 나 스스로 내가 무엇을 잘하는지, 좋아하는 것은 무엇인지 생각해보고, 친구들에게 나에 대해 물어보는 방법도 있으며, 부모님이나 선생님께 여쭈어보는 것도 좋은 방법이다. 모둠 활동을 할 때 서로 별칭을 정하도록 하고 자기가 듣고 싶은 별칭과 짝꿍이 지어진 별칭을 정한 이유를 말해 주고 서로를 소개하는 시간을 갖도록 하는 것도 자기를 바라볼 수 있는 시간이 된다. 표준화되어 있는 진로심리검사를 통해서 자신에 대해 좀 더 객관적으로 알아볼 수 있도록 하며 다음 회기에 있을 내 미래설계를 할 수 있도록 준비한다.

3) 내가 꿈꾸는 미래

나는 어떻게 살아갈 것인가? 그리고 무슨 일을 하면서 살 것인가? 내가 원하는 직업에 대해서 생각해 본다. 직업분류표를 보고 구체적으로 내 직업에 대해 생각해 본다. 직업인으로 살아가는 미래의 내 모습을 상상해 본다. 내가 원하는 직업을 찾고 갖기 위해 어떤 노력을 해야 하고 어떤 과정을 거쳐야 하는지 생각해 본다. 학습자의 학령에 따라 다르겠지만 내가 꿈꾸는 미래의 내 모습이 되기 위해서는 어떻게 해야 하는지 현재의 나와 비교했을 때 무엇이 어떻게 부족한지를 생각해 보면 보다 구체적인 나를 바라볼 수 있다. 또한 '나'를 비평하는 것도 좋은 방법이 될 수 있다. 꿈을 이루기 위해서는 어떤 것들이 필요한지? 나의 꿈은 사회로부터 인정받을 수 있는 건지? 내 꿈에는 다른 사람들과 더불어 사는 삶을 포함하고 있는지? 를 스스로 묻는 기회를 갖는다.

'나'비평하기

- 꿈을 이루기 위해 필요한 것들-

꿈을 이루기 위해서는 어떤 것들이 필요한가?

나의 꿈은 사회로부터 인정 받을 수 있는가?

과거의 경험과 미래의 계획에 다른 사람과 더불어 사는
삶이 포함되어 있는가?

'나' 비평하기

4) 꿈 세우기

꿈꾸고 있는 미래의 나를 만들어 가기 위한 꿈 세우기는 장래에 자신이 하고 싶은 일을 잘할 수 있도록 계획을 세우고 실천하는 과정을 의미한다. 합리적으로 진로를 설계하기 위해서는 먼저 자신의 꿈을 이루기 위해 무엇을 어떻게 할 것인지 목표를 세운다. 그 다음 부모님, 선생님 등 주변 사람들과 충분히 상담하여 조언을 듣고, 필요한 정보를 수집하여 목표를 이루기 위한 다양한 방법을 탐색한다. 이와 같은 과정을 거쳐 최선의 방법을 선택하고, 구체적인 계획을 세워서 실천한다. 원하는 직업을 갖기 위해 어떠한 노력을 해야 하는지 활동에 참가한 참가자들끼리 서로 발표하고 꿈을 이루기 위한 비전 선언문을 작성해 보는 것도 좋다. 구체적인 꿈은 동기유발 효과가 대단히 크다. 아주 어린 시절에 너는 커서 무엇이 될래? 라는 질문에 대한 대답은 막연한 꿈이었을지 모르나 이 꿈은 보다 구체적으로 변한다. 보다 구체적인 꿈 세우기일수록 꿈을 현실로 만들 수 있는 가능성은 더욱 높아진다.

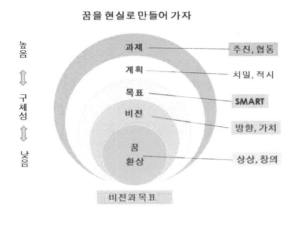

꿈 세우기

5) 공부의 의미 알기

공부는 왜 해야 하는지 내가 공부해야 할 목적과 이유를 찾고 보다 다양한 이유를 생각해 볼 수 있도록 기회를 갖는다. 방법으로는 참석자들이 공부의 목적과 의미에 대한 토론을 통해서 자기 스스로 공부의 필요성을 구체화시킨다. 자신이 생각하는 공부란 무엇인지? 공부는 왜 하는지? 공부라는 단어를 들으면 어떤 생각이 드는지? 공부하면 뭐가 좋은지? 등을 자유롭게 적어보고 발표를 통해서 공부의 필요성을 구체화시킬 수 있다. 자신의 미래 프로필을 만들어서 발표하는 것도 스스로에게 약속하고 다짐하는 효과가 있다.

6) 학습습관 진단하기

'학습습관진단검사'를 통해 자신의 학습습관의 유형을 알아본다. 학습습관진단은 학습을 하는 과정에서 선호하는 사고유형, 학습 성격, 행동방식을 중심으로 학습자의 특성을 유형화한 검사로 자신의 학습특성을 이해하고 보다 효과적인 학습습관을 수립하기 위한 검사이다. 학습자에게는 다양한 학습습관의 유형이 있으며 각 유형마다 장·단점이 있다. 자신의 학습습관의 강점과 보완해야 할 점등에 대해서 생각해 보고 그 내용을 발표하고 다른 사람들의 의견과 비교·검토하는 시간을 갖고 자신의 학습습관 문제점을 찾는다. 또한 다른 사람들의 좋은 습관을 내 것으로 만들 수 있는지도 검토하고 좋은 학습습관을 가질 수 있도록 한다.

나의 학습습관 체크하기

1. 나의 나쁜 습관 찾기
2. 학습 습관 발표하기
3. 학습 습관 진단하기
4. 우수 학습습관 코칭 하기
5. 나쁜 학습습관 고치기

엘리제 융합학습 솔루션

나의 학습습관 체크하고 문제점 찾기

3. 인지조절

3.1 인지조절 정의

인지조절은 지적 기능 특히, 문제해결 기능의 한 특수한 영역으로서 개인의 사고, 학습, 기억 등의 행동을 지배하는 내적 행동방식을 말한다. 인지조절 능력은 인지전략과 초인지 전략으로 구분되지만 두 전략을 명확하게 구분하기 어려우며 개념적으로만 구분한다. 인지전략이 학습한 내용을 효율적으로 기억하는 데 도움이 되는 학습방법에 관한 것이라면 초인지 전략은 학습자가 학습하면서 자신의 인지과정을 모니터링하여 효율적인 인지전략을 선택하고 통제하는 것을 말한다.

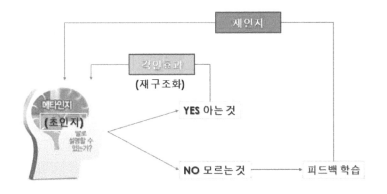

최상위 학습자에게 발달해 있는 메타인지능력 구조도

효율적인 인지전략

인지전략은 사고전략이고 학습방법이며 기억전략이다. 각자의 사고전략, 학습전략이 다르듯이 학습자가 문제의 해결방법을 모색하는 과정인 인지전략은 각자에게 독특하게 나타난다. 인지전략의 학습은 학교학습에서 창의적인 문제해결력의 개발과 관련하여 대단히 중요한 의미를 갖는데 이러한 인지전략은 하루아침에 형성되는 것이 아니고 오랜 기간 동안의 연구와 학습, 사고과정을 거치는 동안 형성되고 개선되며 수정·보완된다.

학습을 바라보는 시각은 그 사회가 요구하는 능력에 따라 달라질 수 있다. 21세기 정보화 사회가 요구하는 평생학습의 핵심인 스스로 학습하는 능력을 기르기 위해서는 학교 현장에서의 새로운 변혁과 학습에 있어서의 패러다임의 전환이 요구되며 자기주도적인 학습 역량 신장에 대한 목소리가 커지고 있다.

교사 중심의 교육에서 학습자 중심의 교육이 이루어지고, 교사는 단순한 지식 정보 전달자가 아니라 학습의 안내자, 촉진자, 조력자, 코치로서 그 역할을 다해야 한다. 학습자 역시 능동적으로 자신의 학습목표와 학습방법을 통해 자신의 지식을 구성해나갈 수 있어야 한다.

자기주도 학습에서의 인지영역은 동기 영역에 이어 학습자가 자신의 목표 달성을 위하여 학습 과제에 대한 노력과 관리 및 통제 그리고, 학습하고, 기억하며, 이해하기 위한 인지학습전략인 것이다.

3.2 인지학습전략

인지학습전략이란 학습자가 습득한 학습정보를 처리하고, 기억을 위해 저장하는 방법, 효과적으로 인출하는 인지과정에 관한 전략을 일컫는다. 늘 효과적인 전략은 거의 없으며 효과가 전혀 없는 전략도 없다. 학습전략의 가치는 그들이 사용되는 상황에 달려있다. 대표적인 인지학습전략으로는 청킹 전략, 시연전략, 심상 전략, 정교화 전력, 맥락을 이용한 인출전략, 조직화 전력, 인출연습 전략 등이 있다.

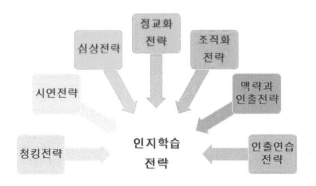

인지학습전략

청킹 전략은 묶음으로 정보를 처리하는 방법은 작업 기억의 용량한계를 극복하는 매우 효과적이다. 이러한 전략을 묶기 혹은 청킹이라 하고 청킹은 훈련을 통해 향상될 수 있는 능력이므로 꾸준히 연습하면 어려운 문제도 묶을 수 있으며 묶음의 수 또한 줄일 수 있다. 이와 같이 묶음으로 기억의 한계를 극복하는 학습 전략을 청킹 학습전략이라 한다.

시연전략에는 유지시연과 정교화시연이 있다. 단기기억에서 정보를 보존하려면 활성화된 상태를 유지해야 하고 마음속으로 되뇌어야 한다. 유지시연은 마음속의 정보를 무한히 반복하는 것이고, 정교화 시연은 이미 알고 있는 정보, 즉 장기기억으로부터의 정보와 연합시키는 것이다. 활성화된 정보를 장기기억으로 영구히 보존하는 가장 효과적인 방법은 장기기억 속에 저장되어 있는 정보와 통합하는 것으로 정교화와 조직화가 중요한 역할을 한다.

심상전략은 새로운 정보를 심상화함으로써 정보를 오래 기억할 수 있도록 하는 전략으로 장소법과 핵심단어법이 있다. 장소법은 기억해야 할 항목을 잘 아는 장소의 심상과 연결시켜 기억하는 방법으로 마트에서 생선과 밀가루, 라면을 사야 한다면 바다 낚시꾼이 낚은 생선을 밀가루에 튀겨 라면을 먹는 모습을 연상하는 것 등이다. 핵심 단어법은 암송해야 할 단어의 운과 심상을 연결하여 기억하는 방법으로 거대한의 뜻이 있는 huge를 암송할 때 huge의 발음을 이용하여 '거대한 휴지'를 연상하며 암기한 학습전략이다.

정교화 전략은 새로운 정보에 의미를 붙임으로써 그 정보를 오래 기억할 수 있다. 새로운 정보를 기존의 지식과 연결함으로써 의미를 부가하고 정보를 부호화, 조직화하여 정보를 질서 있고 논리적인 관계의 망으로 저장한다. 노트 필기를 자신의 말로 바꾸어 하는 것도 정교화 전략을 활용하는 방법으로 교사가 말한 그대로를 받아 적는 것보다 훨씬 효과적이다. 이와 같은 선택적 주의, 유지시연, 정교화 시연, 조직화, 정교화 등에 대한 집행통제과정을 조절하기 위해 상위인지를 적용하게 된다.

조직화 전략은 관련 있는 내용을 공통범주나 유형으로 묶는 부호화 전략이다. 잘 조직화된 내용은 요소 사이의 관계를 서술하기 때문에 인지적 부하가 줄어들고 부호화가 더 효과적으로 일어난다.

읽기, 기억, 교실수업에서 학습을 촉진하기 위한 조직화의 중요성을 확인한 바에 의하면 장기기억에 있는 지식이 더 잘 조직화되어 있어서 그 지식에 쉽게 접근하고 새로운 정보와 기존의 지식을 빨리 연결하기 때문에 초보자들 보다 더 효율적으로 학습할 수 있다. 주변에서 찾아볼 수 있는 조직화의 유형으로는 그래프, 표, 순서도, 지도, 모형 등을 들 수 있으며 학습자들이 개인적으로 공부할 때 정보를 유의미하게 만들기 위해 이와 같은 조직화 방법을 이용할 수도 있다. 개념도는 개념 간의 관계를 보여 주고 주제와의 관계성을 나타내기 위해 개념 간의 관계를 도형화하는 것으로 핵심 아이디어 간의 관계를 기억하도록 돕는 강력한 시각적 도구가 된다. 아동들이 눈에 보이는 것 이상을 볼 수 있도록 하고 추론할 수 있도록 하며 새로운 지식을 발견하게 한다. 다음 그림은 사이버 가정학습 개념도이다.

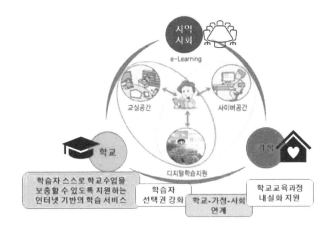

사이버 가정학습 개념도

맥락과 인출전략은 저장된 정보의 인출은 정보가 부호화된 맥락의 영향을 크게 받기 때문에 정보를 인출할 때 맥락이 이루어진 곳에서 정보인출이 용이하다는 것을 학습에 활용한 전략이다. 예를 들어 직장에서 만났던 사람을 대학가에서 만났을 때 그의 이름이 얼른 떠오르지 않는다. 이는 그의 이름이 직장이라는 맥락에서 부호화되었으나 대학가라는 맥락에서 인출하려 하였기 때문에 나타나는 현상이다. 따라서 정보를 인출하려 할 때 그 정보가 잘 기억나지 않으면 그 정보가 저장된 상황을 떠올리는 전략을 사용하는 것이 좋다.

인출연습 전략은 정보를 인출하는 연습뿐만 아니라 정보의 조직화, 정교화, 분산학습과 같은 여러 효과적인 전략을 포함하기 때문에 학습자들에게 유용한 학습전략으로 평가받는다. 다음은 PQ4R의 각 단계에 대한 설명이다.

- 사전검토(Preview): 제목, 소제목, 전체적인 구조를 빠르게 훑어본다. 소제목을 이용하여 개요를 작성해 본다.
- 질문(Question): 본격적으로 읽기 전에 내용에 대한 질문을 스스로에게 던져본다. 자신이 알고 있는 내용과 관련지어 질문을 만들어 보는 것은 정교화 전략을 활용하는 방법이기도 하다. 육하원칙이나 제목, 소제목 자체를 이용해서 질문을 만들어 본다.
- 읽기(Read): 질문들을 생각하면서 읽는다. 내용의 난이도나 책을 읽는 목적에 따라 속도를 조절한다. 질문과 관련된 요점이나 중심개념에 별도의 표시를 하면서 읽는다.
- 숙고(Reflect): 질문과 관련된 중요 내용을 정리한다. 개념도를 그려서 책 내용을 정리하는 것도 좋은 방법이며 선행학습 지식과의 관련성을 염두에 두고 정리한다. 이는 조직화 전략과 심상전략을 활용한 방법이다.
- 암송(Recite): 책을 보지 말고 스스로에게 질문을 던진 후 답을 말해 본다. 망각에 대한 강한 대처방법은 암송이며 소리 내서 중얼거려도 좋다.
- 복습(Review): 시연의 정확도를 높이기 위한 전략으로 암송할 때 헷갈렸던 부분을 찾아 다시 읽는 마지막 단계이다.

3.3 초인지 전략

메타인지 또는 상위인지라고도 불리는 초인지 전략은 '인지 과정에 관한 지식'으로 정의된다. 초인지는 학습자 자신의 행위와 인지 과정에 대해 아는 동시에 자신의 학습 과정을 조정하고 통제하는 능력이다. 초인지는 자신의 인지과정에 한한 인지 또는 그와 관련된 것으로 인지적 영역에 매우 넓게 존재하며, 기억, 이해, 주의집중, 의사소통, 문제해결 등의 인지 과정에 중요한 기능을 한다.

여러 학자들의 초인지에 관한 정의를 종합해보면, 초인지는 자신의 인지과정을 인식하고 그것을 이해하며 자신의 사고 과정을 점검하고 조절해 가는 능력이라 할 수 있다.

플라벨(Flavell)은 초인지의 구성요소를 초인지적 지식과 초인지적 경험으로 구분하였으며, 브라운(Brown)은 초인지를 인지에 대한 지식과 인지에 대한 조정으로 구분하였다. 초인지적 지식은 인지에 관한 지식을 말하며 개인 변인, 과제 변인, 전략 변인으로 나누어질 수 있다. 개인 변인은 개인의 내부적 특성, 개인 간의 특성, 보편적 특성으로 구분된다. 과제 변인은 과제수행에 영향을 미치는 과제의 속성을 인지하는 것으로 과제의 형태, 난이도, 과제 제시 형태 등을 말한다. 전략 변인은 효과적으로 과제를 수행하기 위한 전략들에 대한 지식이다. 초인지적 경험은 자기통제 또는 자기규제와 유사하게 사용되며, 적절한 전략과 지식을 자신의 인지과정에 대해 조정하고 통제할 수 있는 집행적 기능이라 할 수 있다. 초인지적 조정은 과제 시작 전 전략을 검토하고 계획하며, 전략을 수정하기도 하고 과제 해결 후 평가하는 등 효율적으로 과제를 수행하기 위해 자신의 전략사용과정을 통제하는 것이다.

즉, 초인지적 지식은 적절한 전략을 어떻게 선택할 것인가에 대한 지식이며, 초인지적 조정은 과제를 수행하는 과정에서 필요한 전략적인 행동과 실행과정을 포함한다.

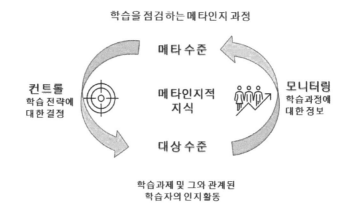

학습을 인지하는 메타인지 과정

3.4 초인지 전략의 개념 및 구성요소

앞에서 설명했듯이 학습전략은 인지 전략과 초인지 전략으로 구분되며, 인지 전략은 인지적 목표를 달성하기 위해 학습 정보를 시연하고 정교화, 조직화하는 등의 활동을 말한다. 초인지 전략은 이러한 인지 전략들을 선택하고 실행하며 점검 및 통제하는 활동을 통해 자신의 사고 과정에 대한 이해를 촉진시키는 역할을 한다. 즉, 인지 전략은 인지적 목표를 달성하기 위한 시연, 정교화, 조직화 등을 말하며, 초인지 전략은 이러한 인지전략을 스스로 계획하고 점검하며 실천하여 통제하며 자신의 사고과정을 촉진시키는 전략이다. 초인지 전략은 학습자가 스스로 학습의 과정을 계획하고, 그 계획의 효과적인 실행을 위하여 학습의 과정을 점검하고 조절해가는 체계적인 전략을 말한다.

코노(Corno)는 초인지 전략을 계획, 점검, 인지 활동의 조정

단계로 구분하였으며, 이를 바탕으로 노태희는 초인지 전략을 계획, 점검, 조절 단계로 구성하여 초등학생의 수업에 적용하였다. 계획 단계는 학습자가 목표를 설정하고 목표에 도달하기 위한 인지 전략을 세우는 단계이다. 점검 단계는 자신의 학습 과정이 적절한지, 도움이 되는지 지속적으로 평가해보는 단계이며, 조절 또는 교정 단계는 학습 상황에 변화를 주거나 전략을 수정하고, 학습의 방해요소를 극복하는 단계이다.

계획수립: 목표를 설정하고, 전략 실행을 위해 필요한 정보가 무엇인지 파악하며, 학습목표에 도달하기 위해 어떤 과정을 거쳐 어떤 평가를 내릴 것인지 결정하는 것이다.

자기점검: 학습자가 과제 수행에 필요한 일련의 과정들을 지속적으로 평가하는 것이다. 학습목표를 달성하기 위해 거치는 과정이 적절한지, 효과적인지, 자신에게 도움을 주고 있는지 계속적으로 점검한다.

교정: 학습 상황에 문제가 발생했을 때 또는 사용하고 있는 전략이 자신에게 적합하지 않다는 것을 깨달았을 때, 전략을 수정하여 다른 전략을 선택하는 것을 말한다. 또한 문제를 일으킨 원인을 파악하여 그 방해요소를 극복하는 것도 포함한다.

3.5 인지학습 전략의 주제

학습자들에게 자기주도 학습의 최종 목표를 효율적으로 달성하고 오래 기억할 수 있도록 하는 학습전략으로서 선정된 학습주제이다. 학습전략의 주제별 의미와 내용을 간략하게 기술한다.

1) 기억력 향상

기억력 향상 전략은 자신의 기억 방법에 대한 검토, 기억력 향상을 위한 실천 계획 및 다양한 기억 전략 훈련을 통해 학습의 근간이 되는 기억력을 향상시키는 것을 목표로 한다. 공부하는 내용을 빠른 시간 내에 보다 효과적으로 이해할 수 있고, 시간이 지난 뒤에 더 잘 기억할 수 있다면 학습에서 상당한 경쟁력을 갖추게 될 것이다. 기억 전략에 대해 이야기해보고 단어 암기능력 등을 확인해 본다. 학습 미라미드에서와 같이 강의중심의 수동적 학습보다는 토론하고 말로 설명하기 실제로 해보기 등과 같이 학생중심의 학생참여 수업이 효과적이다.

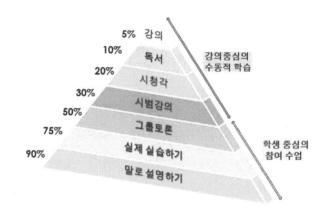

학습효과 피라미드

2) 집중력 향상 전략

주의집중력 향상 전략은 주의집중 문제의 평가, 집중의 곤란을 야기하는 내·외적인 요인들의 탐색, 주의집중력 향상을 위한 실천 계획 및 전략 훈련을 통해 집중능력을 향상시키는 것을 목표로 한다. 주의집중력은 시각적 주의력 향상, 청각적 주의력 향상, 인지·행동을 통한 문제해결능력 향상 전략 등이 있다.

기본적인 집중력 향상 훈련으로 1분 집중력 훈련, 시각 고정 훈련, 명상훈련 등을 들 수 있다. 집중력을 높이기 위한 생활 습관으로는 충분한 수면, 규칙적인 운동, 정상적인 식사하기, 집중력에 도움이 되는 음식물 섭취하기 등을 들 수 있다. 집중력은 훈련을 통해 나아질 수 있는 능력이고 집중력을 증진 시킨 아동들은 학습태도와 학업성취에 많은 개선점을 보인다. 또한 집중력의 발달은 생활이 규칙적일 때 효과적이라는 것이 여러 연구에서 발표된 결과이다.

아동들이 공부에 집중하지 못하는 이유는 주위 사람들의 지나친 기대로 인한 스트레스가 첫 번째 원인으로 알려져 있다. 일반적인 사항으로는 뚜렷한 목표가 없거나 흥미가 없는 경우, 잡생각이나 고민으로 마음의 안정을 찾지 못하는 경우, 한꺼번에 많은 분량이나 너무 긴 시간을 공부할 경우, 어떤 생리적 욕구가 충족되지 않을 경우에 공부에 집중하지 못하게 된다.

3) 내가 생각하는 공부

내가 생각하는 공부는 무엇인가? 목적과 의미, 이유 등을 생각해 본다. 인터넷에서 '내가 생각하는 공부'에 대해서 글을 남긴 두 가지 예를 비교해 보자.

예시1) 참된 공부가 인생의 목적이라는 것이다. 즉 인생 공부, 마음공부, 영성 공부가 우리의 삶을 이끌어야 한다. 외고나 인 서울 같은 좋은 학교에 들어가거나 대기업이나 공기업 같은 좋은 직장에 들어가는 외형적 성공은 부산물일 뿐이다. 결국 새로운 존재 형성이 목적이어야 하는 것이다.

예시2) 난 공부는 살아가는데 필요한 지식을 쌓고 교양을 쌓고, 나중에 대학 진학하고 직업을 얻었을 때 거기에 필요한 지식을 얻기 위해서 공부를 해야 한다고 생각해. 물론 지금 배우는 것들이 다 살아가는데 꼭 필요한 거는 아니지만.. 그래도 세상 돌아가는 법을 알고 나중에는 다 도움이 될 거라고 생각해. 어떤 사람은 자기 신분 상승을 위해서 공부를 한다고 하는데 난 개인적으로 그건 좀 너무 속물적이지 않나 생각하는데. 그대들은 왜 공부를 한다고 생각해요?

4) 공부 시동 걸기

 국내외 여행을 하려면 먼저 여행 갈 곳을 찾아보고 가는 교통 편과 숙소 등을 확인하는 준비단계를 거쳐 예약과 가방 챙기기 등이 여행 시동 걸기에 해당된다. 물론 자동차 출발 전에 제일 먼저 해야 하는 일이 자동차 시동 걸기이다. 이와 같이 공부 시작하기 전에 적극적 공부준비 자세를 어떻게 할 것인가? 공부하기 전 주변 공부환경정리, 마음자세, 구체적인 공부주제와 자료준비 등이 공부 시동 걸기이다. 구체적인 학습목표 세우는 것도 중요한 공부 시동걸기이이다. 학습목표 설정 원칙의 몇 가지를 보도록 한다. 학습목표는 구체적이어야 하고 명확해야 한다. 막연하게 수학 잘 하기보다는 중간고사에서 몇 점 이상 받는다가 구체적인 목표가 된다. 측정 가능해야 한다. 현실적으로 목표 달성 가능성이 있어야 하고 시간계획이 반드시 있어야 한다.

 목표를 설정했다고 해서 바로 실행으로 옮길 수 없다. 목표를 달성하기 위해서는 실행계획을 보다 세심하고 구체적으로 세워야 한다. 실행계획 수립을 위한 가이드라인은 다음과 같다. 자신의 현재 상황을 정확하게 파악한다. 자신의 능력을 과대평가해서 터무니없는 실행계획도 문제지만 너무 과소평가해서 능력을 제대로 발휘하지 못하게 할 수도 있다. 먼저 자신을 정확하게 아는 것부터 하자. 실현가능한 목표를 구체적으로 세워서 보다 큰 성취감을 맛볼 수 있도록 하자. 학습계획을 분량 단위로 세운다. 시간단위 계획보다는 분량단위로 학습계획을 세우는 것이 더 효과적이고 공부를 빨리 끝내겠다는 동기유발이 일어나지만 시간단위 계획은 자칫 시간 때우기로 시간을 낭비할 수 있다. 취약과목과 중요과목 중심으로 우선순위 정하기와 계획과 평가를 점검하는 습관들이기 등이 실행계획 수립 시 검토해야 할 내용이다.

5) 시연 및 기억

기억이란 외부로부터의 입력정보를 내부의 자료 형태인 부호화로 변환하여 저장에 두었다가 필요할 때 인출하는 과정이다. 이러한 기억은 학습에서 중요한 역할을 담당한다. 학습자의 인지적 특성인 지능, 적성 등이 학업성취의 40-50%를 담당한다. 인지능력의 바탕이 기억이기 때문에 학업성취에 미치는 기억능력의 중요성을 짐작할 수 있다. 기억능력을 향상시키는 전략으로 시연, 정교화, 조직화 등을 활용하고 시연은 연극이나 무용, 음악 등을 대중에게 공개하기에 앞서 시험적으로 상연하는 것을 말하며 학교 교육에서 교사들의 강의능력 향상을 위한 연구수업이라고 하는 시범강의도 시연의 범주에 속한다. 중얼거림, 소리 내어 암송하기 등도 시연이라 할 수 있다.

6) 조직화와 변형

조직화는 서로 연관 있는 내용을 공통범주나 유형으로 묶는 부호화 전략이다. 잘 조직화된 내용은 요소 사이의 관계를 서술하기 때문에 인지적 부하가 줄어들고 부호화가 더 효과적으로 일어나기 때문에 장기 기억에 효과적이다. 개념도도 조직화에 속하며 이를 변형하여 기억하는 것은 인지적 부화를 최소화하며 소기의 목적을 달성할 수 있는 전략이다. 조직화를 이용한 기억술로는 청킹, 위계법, 약어법, 첫 글자 구성법, 이야기 구성법 등을 활용한다. 몇 개의 소단위들을 보다 더 큰 단위로 조합하는 것을 청킹이라 하며 정보를 의미 있고 집단화시키면 훨씬 더 많은 자료를 기억해 낼 수 있다. 위계법은 정보배열을 계층구조로 배열하는 방법이다. 첫 글자 구성법은 조선왕조 역사를 배울 때 임금이름을 '태정태세문단세.....' 1대부터 27대까지 외우는 방법이나 무지개 일곱 색깔을 외울 때 '빨주노초파남보'라고 외우는 방법 등이다.

7) 효율적인 공부계획 세우기

나만의 맞춤 공부계획을 세우는 것이 가장 효율적인 공부계획 세우기가 된다. 그러기 위해서는 나의 공부위치를 정확하게 되돌아볼 수 있어야 한다. 첫째, 명확한 공부목표설정과 목표에 알맞은 학습 진도계획 둘째, 내게 알맞은 공부계획 셋째, 실천 가능한 것을 보다 구체적으로 계획을 세운다. 공부계획을 세우기 위해서 계획하는 것이 아니라 공부하기 위한 계획을 세워 실천하는 것이 가장 중요하고 우선되어야 한다.

하루일과를 너무 지나치게 꼼꼼하게 시간대별로 세우거나 연간이나 분기별로 목표가 너무 거대하게 세우는 것은 좋지 않다. 1일 계획표부터 시간 위주보다는 각 과목 단원중심으로 계획을 세우고 특히 부족한 과목 복습계획을 세우는 것이 바람직하다.

8) 나의 학습전략

다양한 학습전략 중에서 학습주제에 따라 효율적인 것도 전략도 있겠지만 학습자 개인의 성향에 따라 효과적이거나 실천하기 용이한 전략이 있을 수 있다. 학습자 개인의 성향과 장단점 그리고 성적 등을 정확하게 파악하는 일, 효율적인 공부계획 세우기와 함께 나에게 적합한 학습전략을 세우는 것이 바람직하다. 부족한 과목과 과목별 목표에 달성하는데 걸리는 시간도 염두에 두어야 한다.

9) 학습계획

효율적인 공부계획 세우기와 학습계획은 거의 유사한 내용이다. 학습계획의 필요성은 학습계획표를 만들다보면 자신이 부족한 과목이 무엇인지 확실히 알게 되고 잘못된 학습 습관도 되돌아보고 수정할 기회를 갖는다. 첫째, 과목별로 내가 잘하고 못 하는 부분이 무엇인지 찾아내야 하며 이 과정은 최대한 객관적인 시각으로 자신을 평가하여, 자신의 단점을 찾아내는 것에서부터 시작해야 한다. 둘째, 학습계획은 학습계획표를 만드는 것이며 학습계획표에 반드시 명기해야 할 내용으로는 시간과 장소이다. 학교 보충시간, 학원 수업시간, 자율학습시간, 학습 장소, 요일별 학습내용, 교재, 학습 진도 내용 등이며 자신이 세운 계획대로 실천했는지를 확인하고 평가해 기록할 수 있도록 약간의 메모 공간도 필요하다. 셋째 단계는 학습량과 그에 따른 학습 시간을 정하는 것이다. 자신이 공부하려는 과목들의 학습 분량을 체크해 보고 월 단위- 주 단위로 분량과 시간을 나누어 본다. 누구나 학습계획대로 실천하는 것은 어려운 일이지만 반복하다보면 좋은 습관으로 자리매김할 수 있다. 이와 같은 학습계획표가 결국은 생활계획표가 되고 인생계획표와 인생설계로 확장되어 행복한 삶의 기회를 가져다주는 원동력이 될 것이다.

4. 행동조절

 살다보면 누구나 불안하거나 우울하거나 화가 나게 되는 상황을 맞이하게 된다. 이럴 땐 불편한 감정에서 벗어나고 싶어 하지만, 본능과 정서의 영역에 속하는 감정을 이성의 힘으로 직접적으로 조절하기란 매우 어려운 일이다. 인간의 경험은 생각, 행동, 신체감각, 감정 이 네 가지 요소들이 서로 영향을 주고 받으며 이루어진다. 서로 영향을 주고받는 요소 중에 '감정'이나 '신체감각'은 우리가 직접 조절하기 어렵기 때문에 '생각'과 '행동'을 변화시켜서 감정이나 신체감각도 편안한 쪽으로 변화시키는 것이다. 이 중에서 '생각'을 변화시키는 것을 인지조절, '행동'을 변화 시키는 것을 행동조절이라고 한다.

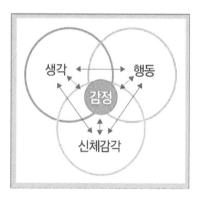

인간 행동의 구성

 행동은 심리학 내지 행동과학의 기본개념의 하나이며 인간 및 동물을 외부에서 관찰할 수 있는 총체적인 반응이라 할 수 있다. 심리학에서는 신체적 행동뿐만 아니라 정신활동·언어표현·표정·동작등도 포함해서 거론된다. 현재의 심리학에서는 인간의 행동을 관찰하고 측정해서 행동과 주어진 환경이나 조건과의 연관성, 그곳에 있는 법칙성 등을 명백히 하려는 시도가 이루어지고 있다.

행동조절은 정상행동과 이상행동을 포함하는 유기체의 모든 행동은 학습에 그 근원이 있다고 전제한다. 이러한 학습은 아동과 성인의 모든 부적응행동의 수정에 유효한 방법으로 가정·학교·시설 등에서 효과적으로 활용되고 있다. 스키너의 강화이론을 근거로 하여 궁극적으로 바라는 행동을 학습시키기 위하여 강화를 조절함으로써 행동을 형성하는 기법으로 가상적인 정서적 요인을 행동을 규정한다.

행동조절을 통하여 감정을 변화시킬 수 있다. 기분이 울적할 때 귀찮아도 산책하고 친구를 만나면 기분이 좋아지는 것은 행동이 감정에 직접적으로 영향을 미치는 것을 알 수 있다. 행동조절로 행동을 바꾸면 감정이 달라지는 현상은 행동주의 심리학자 조셉 볼피가 발견한 '상호 억제' 원리로 설명할 수 있다. 상호 억제란, 사람의 생각이나 감정, 신체 반응이 두 가지 상태로 공존하게 되면, 일관성을 유지하기 위해 두 가지 상태 중 하나가 나머지 한 쪽 상태에 맞춰 변하는 현상을 의미한다.

예를 들어, 마음이 불안하면 근육이 긴장되고 호흡이 빨라진다. 불안한 마음과 긴장된 근육, 빠른 호흡수는 동시에 공존할 수 있는데, 의도적으로 근육을 이완시키거나 호흡수를 느리게 만들면, 상호 억제 현상에 의해서 마음이 불안한 쪽에서 보다 편안한 쪽으로 변화하게 된다. 이러한 원리로 우울증에는 '행동 활성화기법', 불안장애에서는 '이완 훈련' 등의 행동 치료를 활용한다. 즉, 우울증으로 몸의 의욕이 저하되었을 때, 운동 등을 통해 의도적으로 많이 움직이는 행동 활성화 기법으로 의욕을 되살리고, 불안장애가 있으면 의도적으로 근육을 이완시키거나 호흡을 느리게 하는 이완 훈련으로 마음을 편안하게 해서 감정 상태를 개선하는 방식이다. 이와 같은 감정과 행동의 직접적인 연관성을 활용한 행동조절로 시험불안을 해소하는 것과 같은 두려움을 이기고 습관을 바꾸어 학습실천에 활용한다.

4.1 행동조절의 효과

행동조절이나 감정조절을 이용한 치료는 정신과 치료에서 행동치료 영역으로 많이 활용하고 있으며 교육학습에서는 학습효과를 향상시키기 위한 방법으로 이용하고 있다. 특히 자기주도 학습의 행동조절 구성요소에서 시간, 노력, 학습행동과 연관되어 학습을 실천할 수 있도록 생각, 신체감각 그리고 행동에 영향을 준다.

- 두려움을 이기게 한다.

행동조절로 행동치료의 효과가 가장 잘 발휘되는 영역이 두려움이다. 시험불안, 발표불안, 대인공포 등의 사회불안이나 고소공포증, 폐쇄공포증, 동물공포증 등의 특정 공포증, 공황장애, 강박증 등 두려움과 관련된 증상을 극복하는데 행동치료가 많이 활용된다. 두려움은 어떤 특정한 상황과 두려움이라는 감정 사이에 연결 고리가 생겨서 나타나는 증상으로 이 연결 고리를 끊으면 두려움이나 불안이 줄어든다. 행동치료 기법 중 노출기법이 바로 이를 활용한 것이다. 두려움이나 불안이 유발되는 상황들을 난이도에 따라 순위를 매긴 뒤 가장 만만한 상황부터 직면해보는 방법이다. 이렇게 체계적으로 낮은 단계부터 직면하게 되면 상황에 점점 무뎌져서 더 이상 같은 상황에 처해 있어도 별다른 두려움이 일어나지 않게 된다. 처음에는 한 사람과 대화하는 것도 힘들어하던 사람이 점차 상황에 익숙해지면서 대중 앞에서도 연설을 할 수 있게 되는 것도 같은 원리라 할 수 있다.

- 습관을 바꾼다.

행동조절은 학습자의 습관을 바꾸기 위해 활용한다. 어떤 행동을 한 후에 긍정적인 반응이나 보상을 받으면 그 행동을 더 하게 되고, 부정적인 반응을 받으면 덜 하게 된다. 어린아이가 어른에게 인사를 잘 할 때마다 칭찬을 해주면 인사를 잘 하게 되는 것이 이런 이유다. 나쁜 학습습관을 바꾸기 위한 방편으로 위와 같은 행동치료 원리를 사용하면 효과적이다. 과격하고 부적절한 행동을 자주 하는 아이가 폭력적인 행동을 하면 미리 정해진 장소에서 일정 시간 동안 혼자 생각할 시간을 주는 '타임-아웃'을 준다. 타임-아웃이 끝난 후에는 적절한 행동을 할 수 있는 기회를 주어, 적절한 행동에 대해서 보상을 주는 방법을 통해 행동을 교정하는 것으로 이와 같은 원리를 활용하여 학습시간, 노력, 올바른 학습행동을 할 수 있도록 한다. 위 그림에서 본 바와 같이 사람은 생각, 신체감각, 행동이 감정에 깊숙이 연관되어 있어 이들을 자극하는 융합적인 학습이 가장 효과적인 학습방법이 아닐까 생각되어 '인지 행동 코칭'을 소개한다.

4.2 인지 행동 코칭

인지 행동 코칭은 학습자가 설정한 현실적인 목표를 성취하기 위해서 인지 행동적 모델 내에서 인지적, 행동적, 상상적 문제 해결 기법 및 전략을 결합한 통합적 접근방법이다. 이 코칭 접근은 수행을 늘리고, 심리적 복원력을 회복하고, 심리적 안녕을 증가시키고, 스트레스를 줄이며, 변화의 장벽을 극복하는 데 도움을 준다. 이 접근은 문제 해결 접근과 인지 행동 방법론을 사용하는 이중 체계로, 수행과 목표를 성취하는 데 방해가 되는 정서적, 심리적, 행동적 장애를 다루고 실제적인 문제를 극복하도록 돕는다. 인지 행동 코칭은 영국에서는 개인적 일, 생활, 비즈니스, 임원의 스트레스 관리, 건강 코칭 영역에서 활용되었고, 미국에서는 1985년 코스타와 감스톤이 개발하여 교육에서 수월성을 추구하는 데 초점을 두었다. 높은 수준에서 사고하는 교사는 학생들에게 더 나은 문제 해결, 더 높은 성취와 더 많은 협력을 하도록 했다. 인지 행동 코칭에는 두 가지 기본 전제가 있다. 즉, 사람에게는 문제 해결 기술이 덜 개발되어 있고, 스트레스나 압박 하에서는 과거에 성공적으로 대처했던 기술을 적용하지 못한다는 것이다. 이 모델은 사람이 느끼고 행동하는 방식이 특정 상황이나 문제에 대한 평가와 자신이 갖고 있는 신념에 의해 결정된다고 본다. 불안과 같은 부정적인 정서는 수행을 방해한다. 이 접근은 문제 해결을 도와주기 위해 수행을 방해하고 스트레스를 만들고 목표 달성을 방해하는 신념을 수정하도록 돕는다. 인지 행동 코칭은 학습자가 미래의 계획을 설계하도록 지지한다.

인지 행동 코칭 모델: SPACE

사람은 신체, 행동, 인지, 정서의 네 가지 양상이 상호 작용한다. 인지 행동 코칭은 학습자가 목표를 성취하도록 다섯 가지 영역에서 돕는다.

- S (society: 사회적 맥락)
- P (physiology, 생물학적인 것)
- A (action, 행동 지향)
- C (cognition: 인지)
- E (emotion: 정서)

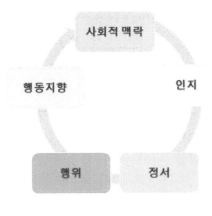

인지 행동 코칭 모델

SPACE 모델은 진단이나 코칭 프로그램 개발을 위해 모델들을 연결하는 교육 도구로 사용되었다. 예컨대 직무 인터뷰(사회적 맥락)를 하는 사람이 그 상황이 어렵다고 지각(인지/평가)할 것이다. 이러한 부정적인 평가는 불안(정서)을 일으키고 불안에 대한 신체적 반응으로 땀이 흐르고 긴장한다(행위/행동). 그리고 그는 대기실로 들어가 자기 페이스를 조절한다(행동 지향). 이러한 과정은 SPACE 모델을 사용하여 칠판 또는 종이에 진단용 형식에 기록된다.

인지 행동 코칭에서 중요한 특징은 첫 회기에 실시하는 진단과 사례 개념화이고, 코칭 과정을 통해 수정될 수 있다. 기본적으로 학습자의 전기적 자료는 코칭을 받는 이유와 목표에 대한 정보와 함께 수집되고, 인지적 틀 내에서 개념화되고 코치와 함께 나눈다. SPACE는 그 자체로 간단한 사례 개념화가 되며, 인지 행동 코칭의 사례 개념화는 이론과 실제를 연결하고 체계적인 방식으로 기법과 전략을 적절하게 사용하는 가이드를 제공한다.

문제 해결 중심 모델: PRACTICE

목표 및 해결을 중심으로 한 인지 행동 코칭은 심도 있는 인지 진단과 개입을 하지 않는다. PRACTICE 모델은 해결 중심 모델이며, 심리적인 것과 실제적인 것을 둘 다 다루면서 목표를 성취하도록 돕는다. 그 내용은 다음과 같다.

• P(problem identification, 문제 확인): 문제 또는 이슈가 무엇인가? 어떤 변화를 원하는가? 그것이 문제가 아닐 때가 있었는가?

• R(realistic relevant goal, 목표 설정): 당신은 무엇을 원하는가?

• A(alternative solution, 대안 탐색): 선택 안은 무엇인가?

• C(consideration of consequence, 결과 고려): 어떤 일이 일어날 것인가?   해결책이 얼마나 유용한가?

• T(target, 가장 좋은 해결책): 가장 현실 가능한 해결책은 무엇인가?

• I(implementation of chosen solution, 선택된 해결책 실행하기): 가서 당장 하라.

• E(evaluation, 평가): 그것이 어떻게 성공했다고 보는가? 무엇을 배울 수 있었는가? 지금 코칭을 마칠 수 있는가?

인지 행동 모델의 효과성

인지 행동 모델의 효과성은 치료에서 우울과 불안과 같은 임상적 장애에 확고하게 입증되었다. 이와는 반대로 해결 중심 인지 행동 코칭의 효과성에 대한 증거는 최근에 증가하고 있긴 하지만, 아직은 새로운 분야이다. 인지 코칭은 정신 건강, 자기 조절, 자기 개념을 개선하며, 행동 코칭은 학업 수행을 개선한다고 했다. 하지만 인지 코칭 하나만으로는 바람직한 행동 결과를 도출하지 못한다고 했다. 간단히 말해 기술

훈련이나 연습 없이 바람직한 행동 결과를 얻기는 힘들다는 것이다.

4.3 행동조절 전략의 주제

이와 같이 행동조절은 생각과 감정, 인지와 연관되어 학습자의 학습행동, 시간, 노력 등의 학습실천으로 나타난다. 행동조절은 학습자들에게 자기주도 학습의 최종 목표달성을 위한 의욕을 불러일으킬 수 있는 행동전략, 즉 학습실천으로서 학습실천을 위한 주제는 다음과 같다. 음악치료를 통합한 자기주도 학습 프로그램에서 학습실천을 위한 학습주제별 의미와 내용 그리고 학습방법을 간략하게 기술한다.

ㅣ) 효과적인 노트필기

효과적인 노트필기는 아무래도 자기가 사용하는 노트에 빠르고 정확하게 알아볼 수 있도록 필기해야 하겠지만 국어 과목은 교과서 필기를 권장한다. 교과서 노트필기는 먼저 내용을 읽어본 다음에 중요 부분 밑줄을 긋기, 특별한 어휘나 전환 용어에는 동그라미를 치기, 중요한 개념이나 용어의 뜻 설명은 무조건 밑줄 긋기, 중요한 주제 설명이나 인용문 또한 밑줄 긋기, 교과서 여백에 궁금한 점이나 내용을 요약해 두기 등 표시할 때는 색깔 있는 펜으로 한 가지 색만 사용하는 것이 좋다.

오답노트를 만든다. 오답노트는 중간고사 시험, 기말고사 시험, 모의고사 시험 등 기타 시험을 치르고 나서 노트에 시험 친 날과 시험 범위를 적은 다음에 틀린 문제를 기록한 후 문제 아래에 정답을 적고 왜 틀렸는지를 간단하게 메모해 두는 노트를 말한다. 문제풀이를 적고 자신이 생각하기에 문제풀이의 난이도를 상, 중, 하로 구분해서 표시해 둔다. 효율적인 노트필기의 기준은 깔끔하고 글씨를 잘 쓰는 것이 아니라 자신이 잘 알아볼 수 있고 핵심이 잘 드러날 수 있도록 하는 것이며 필기 하는 목적이 일종의 요점 정리임을 명심한다.

2) 효과적인 책 읽기 기술

학습전략의 인출연습전략에 소개한 PQ4R에서 설명한 것처럼 SQ3R의 알파벳 첫 글자를 딴 것으로 훑어보기, 질문하기, 읽기, 암기하기, 다시보기의 총 5단계를 거쳐 독서하는 방법으로 독서 목적에 따라 훑어 보기로 끝날 수도 있지만 대부분의 교과서나 참고서적은 5단계의 독서법을 권장한다.

훑어보기: 책을 읽기 전에 목차를 통해서 읽을 범위의 제목과 소제목 등을 살펴보는 과정으로 이 과정을 통해서 책의 내용을 전반적인 흐름과 내용을 파악할 수 있다.

질문하기: 훑어보기를 하면서 살펴본 제목과 소제목들을 육하원칙에 따라 의문형식으로 바꾸어본다. 누가, 언제, 어디서, 무엇을, 어떻게, 왜라는 질문을 통해 중점적으로 읽어야 할 부분을 확인할 수 있기 때문에 효율적인 읽기를 할 수 있다.

읽기: 질문하기에서 생각했던 질문의 답을 찾아가면서 자세히 읽는 일이다. 만약 어려운 말로 써있다면 자신의 말로 다시 해석하는 등 능동적인 읽기를 하는 것이 중요하며 책읽기의 주체는 학습자이기 때문에 학습자가 이해할 수 있는 방법으로 한다.

암기하기: 한 단락이나 장이 끝날 때마다 자신이 본 책을 보지 않고 다시 요약해 보는 단계이다. 암기하기 과정을 통해서 책을 어느 정도 이해했는지 알 수 있고, 빠진 부분이나 잘못된 부분에 대해서도 제대로 알려줄 수 있다.

다시보기: 암기하기를 하면서 빠뜨렸던 부분이나 잘못 이해했던 부분을 직접 확인하면서 제대로 알 수 있도록 하고 동시

에 머리에 각인되게 하는 효과가 있으며 책에 대해 총정리를
할 수 있다.

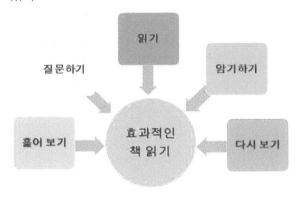

효과적인 책읽기

3) 시험 불안 조절

시험 불안은 가정, 학교, 사회의 기대 수준, 시험 결과에 따
른 사회적 인정, 비교 집단의 영향 등 여러 요인이 작용하고
있다.
시험 불안에 부모의 학업성취 압력이 가장 크게 작용하며, 교
사의 너무 높은 교육적 기대 또한 학습자의 시험불안으로 나
타난다. 학생은 교사의 기대를 지각함으로써 교사의 기대에
맞추어 행동하려는 노력을 하게 된다. 그러나 너무 높은 기대
수준은 학생들의 불안 수준을 높여 학생들의 성취도에 부정적
인 영향을 끼칠 수도 있으므로 학생에게 맞는 적절한 수준의
기대를 하는 것이 필요하다. 학습자의 부정적인 학문적 자아
개념을 가지고 있을수록 시험 불안이 높게 나타나므로 학생이
스스로 학습에 대한 긍정적 자아 개념을 가질 수 있도록 가정
과 학교에서 도움을 주어야 한다. 또한 자신의 노력으로 실패
를 통제할 수 있다고 지각하는 학생들은 덜 불안해하며 실패

를 해도 효과적으로 대처하는 반면, 능력이나 시험의 난이도와 같이 자신이 통제할 수 없는 원인으로 실패한다고 지각하는 학생들은 불안 수준이 높다.

시험불안을 감소하는 방법

호이상공법: 심호흡으로 이완시키고, 상상하며 공부하는 방법으로 시험지를 나누어 줄 때부터 심호흡을 하고, 자신의 몸을 이완시킨 다음에 가장 행복했던 순간을 떠올리면서 시험 문제를 풀기 시작한다.

사고전환법: 자신이 걱정하고 염려하는 일이 쓸데없음을 깨닫는다. 일상생활에서 겪는 근심, 걱정, 불안은 조금만 정신을 가다듬어 냉정하게 따져보면 별게 아닌 것이 많다. 이번에 시험을 잘 보지 못하면 다음에 더 노력해서 잘 보면 된다는 긍정적인 사고가 필요하다.

체계적 가감법: 시험과 관련된 여러 가지 장면을 상상할 때 일어나는 불안을 근육을 풀어 주며 감소하는 방법이다. 근육이 편안한 상태에서는 시험 보는 상상도 평상시만큼 편안해질 수 있다.

효과적인 시험 불안 대응 전략

- 시험 준비 과정에서 잠을 충분히 잔다.
- 시험 전날 저녁을 잘 먹는다.
- 시험 전에 여유를 두고 긴장을 풀 시간을 가진다.
- 시험 전에 복습을 하거나 노트를 살펴보며 자신감을 갖는다.
- 시계를 보고 문제 푸는 속도를 조절한다.
- 아는 문제를 먼저 푼다.
- 답이 생각나지 않아도 당황하지 않는다.
- 다른 사람이 먼저 시험을 마치더라도 걱정하지 않는다.

  시험 불안을 잘 조절하는 것은 학업 성적과도 직결되기에 아주 중요하다. 따라서 학습자들이 시험 상황에서 어떻게 불안한 감정을 조절할 것인지 평소에도 늘 대화를 통하여 도와주는 것이 부모나 교사의 역할이다. 또한 효과적인 시험 불안 대응 전략을 기억하면서 매 시험에 적용하고 실천해 보는 것이 필요하다.

4) 효율적인 시험 준비

효율적인 시험 분지는 구체적이면서 실천 가능한 목표 설정하기와 시험기간을 효율적으로 보낼 수 있는 실행 계획표 작성하기로 준비한다. 다음은 효율적인 실행계획표 작성방법이다.

지난 시험 분석하기

과목별 출제경향, 서술형 문제는 몇 문제이면서, 난이도와 출제자의 출제 경향, 수업 중에 강조한 부분 시험 출제여부, 출제된 문제들은 교과서, 필기한 내용, 혹은 유인물에서 출제가 되었는지 확인한 후 시험공부의 방향을 정한다.

공부할 방법 정하기

교과서, 수업노트, 유인물, 참고서, 문제집 등을 어떻게 활용을 할 것인지를 생각한 후 지난 시험이 교과서와 유인물에서 100% 출제된 거라면 다른 책을 공부하는 것보다는 교과서와 유인물 중심으로 공부를 진행하는 것이 더욱더 효과적이다.

사교육 받는 시기 조절하기

종합 학원에 다니는 학생에게는 해당하지는 않는 거지만 특정 과목을 선택하여 과외를 받거나 단과 학원에 다니고 있는 학생이라면 그 과목의 수업 일정을 미리 생각해야 한다.

가장 먼저 마무리해야 할 과목 정하기

일반적으로 시험 준비를 하는 과정에서 가장 빨리 마무리를 해야 하는 과목은 영어와 수학이다. 아무리 늦어도 시험 1주일 전에는 반드시 마무리를 하여서 나머지 일주일 동안은 다른 과목에 집중할 수 있도록 한다.

복습 활동하기

시험기간이 되면 학교 수업과 복습을 소홀히 하고, 시험공부에만 매달리는 학생들이 있는데, 시험기간 중이라도 학교의 수업 내용은 시험 범위에 대한 진도를 나가는 것이기 때문에, 그 수업을 열심히 들어서 복습하는 것도 일종의 시험공부이기 때문이다.

학교 수업보다 앞서서 공부하지 말기

시험에 대한 걱정과 욕심 때문에 수업 진도보다 앞서서 공부하는 학생들이 있는데 이는 좋지 못한 학습 습관이다. 독학처럼 힘들게 공부하는 것보다는 이미 배운 내용을 다시 한 번 반복 학습하는 게 훨씬 더 효과적인 방법이다. 반복 학습효과는 시험 준비할 때 큰 도움이 된다.

암기 량이 많은 내용은 분산 반복하기

시험공부를 위해 책상에 앉았는데, 암기해야 할 내용이 너무 많으면 외워야 할 부분을 메모하거나 오리거나 복사해서 눈에 자주 띄는 곳에 붙여서 시간이 날 때마다 잠깐잠깐 확인을 하다 보면 어느새 기억해야 할 모든 내용이 자신의 머릿속에 들어와 있는 것을 알 수 있다. 기억해야 할 내용이 많을 때는 그 내용을 외우기 위해 많은 시간을 허비하지 말고 필통속이나 자기 눈에 자주 보이는 곳에 붙여서 외워본다.

5) 예습·복습

공부와 예습·복습은 서로 불가분의 관계이기 때문에 올바른 예습·복습하는 법을 익혀두면 결국 시간은 효율적으로 공부도 효과적으로 할 수 있게 된다. 먼저 예습을 통해서 자신이 실력을 가늠해보고, 다음에 배울 내용 전반에 대한 조망을 통해서 무엇을 어떻게 공부해야할지 계획을 세우는 지표로 사용할 수 있다. 복습은 내용을 배운 뒤 단시간 내에 이뤄져야 효과가 있다고 말할 만큼, 그 타이밍이 중요하다. 또한 복습은 최소 3번 이상해야 우리의 기억에 오래오래 남기 때문에 이점 역시 유의해야 할 것 한다. 올바른 예습·복습하는 법은 결국에는 공부를 하는 시간을 줄여 주며 또한 좋은 예습·복습 방법을 알고 있으면 시험결과도 좋은 효과를 가져올 수 있다.

 구체적인 예습활동으로는 학습할 교과서 내용을 읽는다. 중요한 내용은 노트나 책의 빈칸에 적어 둔다. 새로운 단어나 모르는 단어는 사전을 찾아 그 의미를 명확하게 한다. 참고서나 백과사전 등을 활용한다. 인터넷을 활용하여 정보를 검색한다. 또한 구체적인 복습활동으로는 핵심적인 내용에 대한 질문을 만든다. 예습이나 수업시간에 노트 필기한 내용을 점검한다. 학습내용을 확인하기 위해 문제집을 푼다. 틀린 내용을 중점적으로 복습하며 틀린 원인을 찾는다. 시험 준비를 위해 모르거나 보충이 필요한 것과 알고 있는 것을 확실하게 구분한다. 시험문제를 스스로 만들어 본다.

6) 사회적 도움 구하기

 사회적 도움 구하기란 학습자 자신보다 학습내용을 잘 알고 있는 주변 친구나 가족, 선생님께 학습내용을 보다 효율적으로 이해하기 위해서 질문하는 것으로서 자신의 힘으로 해결하기 어려운 과제에 직면하였을 때 자신보다 더 잘 알고 있는 사람들에게 도움을 요청하는 전략이다. 학습자는 질문을 통해서 자기가 무얼 구체적으로 모르고 있는가를 확실하게 하는 계기도 된다. 사회적 도움을 요청받은 사람은 학습자의 질문이 조금 어설프고 쉬운 문제라 하드라도 무시하는 태도는 절대 표현하면 안 된다.

7) 시간관리 방법

시간 관리를 한다는 것은 시간의 속성을 이해하고 자신의 생활을 잘 구조화하여 시간을 효율적으로 사용한다는 것이다. 효율적인 시간 관리를 위해서는 자신의 목표를 정확하게 선택하고 목표가 여럿이면 우선순위를 정한다. 우선순위는 일의 중요한 정도와 급한 정도를 기준으로 하거나 일의 순서나 일의 위계관계에 따라 정한다. 목표를 이루기 위한 과제와 과제의 부분과제를 설정한다. 과제의 목록을 작성하고 우선순위를 정하여 실행하며 과제수행에 필요한 시간을 예측한다. 시간관리 방법은 자신의 계획목표와 장·단기 계획수립, 과제에 따른 시간 배당, 일일 계획표 작성이 시간 관리 방법의 핵심이다.

8) 시간관리 및 시간표 작성

시간을 잘 관리한다는 것은 시간의 속성을 이해하고 자신의 생활패턴을 구조화하여 시간을 효율적으로 사용한다는 뜻이다. 효율적인 시간 관리를 위한 고려 사항으로는 다음과 같다.

- 과제별 시간배정을 한다. 공부시간은 1시간을 기준으로 40~50분 공부하고 10~20분 휴식하도록 한다. 휴식시간은 자신이 공부한 것에 대한 보상으로 생각하고 이완훈련이나 가벼운 운동으로 즐기는 것이 좋다.
- 시간표를 작성하고 자신의 시간계획을 규칙적으로 확인한다.
- 적당한 운동이 중요하므로 운동시간을 별도로 할애한다.
- 공부할 때 어려운 과목보다는 비교적 쉬운 과목부터 시작한다.
- 자신이 가장 집중할 수 있느 시간을 활용하여 효율적으로

공부한다.
- 자신에 적합한 시간의 양적, 질적 측면을 고려한다.
- 하루일과에 대한 평가를 통해 자신을 성찰하고 시간 관리에 노력한다.

9) 학습 환경 바꾸기

학습 환경 바꾸기는 거시적인 측면에서 바라보는 현재와 미래의 학교교육 같은 집단학습 환경과 개별학습 환경으로 구별해서 설명해야 되지 않을까 한다. 집단학습은 코로나19 판데믹과 포스트 코로나 시대를 대비한 준비가 한창이어서 논외로 하고 여기서는 개별학습 환경 바꾸기를 주로 설명하기로 한다.

인간은 주변에 있는 모든 환경 즉, 부모, 교사, 친구와 같은 사회적인 환경과 스마트 폰, TV, 주변지역의 특성인 물리적 환경에 노출되어 있으나 이러한 환경의 모든 자극에 똑같은 정도의 주의를 기울이지는 않고 선택적으로 주의를 기울이게 된다. 따라서 집중력과 학습 환경은 대단히 중요하며 개인적인 차이를 보인다. 환경은 사람의 신체와 정서에 영향을 미치며 창의력이나 학습 효율에도 커다란 영향을 준다. 특히 현재의 학습 환경에서 이미 굳어져 있는 나쁜 학습습관이 있다면 학습 환경을 바꾸고 습관을 고쳐나가는 노력이 필요할 것이다. 일반적으로 학업 성취가 높은 학생은 낮은 학습자에 비해 집중할 수 있는 학습 환경 기술을 보다 많이 습득하여 활용하는 것으로 보고되고 있지만, 사람마다 새로운 자극이나 정보를 받아들이고 처리할 때 선호하는 특정한 방법이 있기 때문에 학습자 자신에게 어울리는 '학습자 맞춤형 학습 환경'을 조성해야 한다. 학습자의 학습유형은 시각적 학습유형, 청각적 학습유형, 신체 감각적 학습유형으로 나눈다.

시각적 학습유형은 시각을 통한 정보처리를 선호하는 유형으로, 글로 써진 문서를 좋아하는 유형과 그림, 비디오 등을 좋아하는 유형으로 나눌 수 있다. 전자는 글로 된 학습 자료나 노트 및 요점 정리를 위한 빈 종이를 제공하고 후자에게는 시각적 학습 자료를 제공하거나 개념지도를 그리게 하면 학습효과가 크다. 시각적 학습자는 머릿속에 내장형 카메라를 가지고 있어 이미지에서 세부내용을 포착할 수 있다고 간주할 수 있다. 이러한 정신적 처리 능력으로 두 가지 이상의 정보원 간의 유사성과 차이점, 다양한 패턴, 해결책을 만드는 데 도움을 줄 수 있다. 시각적 학습자는 시각적 정보를 수집 및 처리하는 경향이 있기 때문에 문제나 퍼즐을 해결할 때 포괄적인 사고를 할 수 있다. 또한 행간을 읽을 수 있는 날카로운 감각과 표정과 몸짓, 감정을 읽을 수 있어 다른 사람의 거짓말을 간파할 수 있다. 이 같은 감각으로 타인의 행동에서 일치하지 않는 내용을 판단할 수 있다. 학습 자료는 그림, 사진, 차트, 만화, 포스터, 그래프 등을 사용하면 좋다.

학습 환경 바꾸기

청각적 학습유형은 청각을 통한 정보처리를 선호하는 유형으로 말하기도 하고 큰소리를 내어 읽기를 하며 동료와 이야기하거나 녹음된 자료를 청취하는 것을 좋아한다. 이런 학습자에게는 조용한 환경에서 소리 내어 읽거나 청취를 통한 학습 방법이 적합하다. 혼자 스스로 묻고 대답하거나 토론 등의 학습 활동이 가능하도록 여건을 조성해 주는 것이 좋다.

신체 감각적 학습유형은 몸이나 손을 움직이면서 학습하는 것을 선호하는 유형이다. 이와 같은 학습자는 강의를 들으면서 필기를 하거나 독서할 때 형광펜으로 색칠하고 그림을 그리면서 내용을 요약하는 특징이 있다. 이들 학습자에게는 활동 중심의 교육이 적합하며 학습 중에 뭔가를 할 수 있는 형광펜, 컬러펜 등을 제공하는 것이 좋다.

따라서 효과적인 학습을 위해 시각, 청각, 신체적 감각을 활용하되 학습자의 학습 유형을 파악하여 학습자에게 적합한 학습자 맞춤 학습 환경 조성이 바람직하다. 또한 학습 환경 조성의 주요사항으로 '학습 방해 요소 제거하기'를 들 수 있다.

 - 부정적인 사회적 환경 없애기: 사회적 환경과 가장 밀접한 관계인 부모,

    교사, 친구는 사랑과 관심, 배려와 칭찬의 관계를 형성하고 부정적 사회적 환경 요소인 폭력과 따돌림, 정서불안, 무관심 등에서 벗어날 수 있도록 해주어야 한다.

 - 주변 소음제거: 텔레비전, 라디오, 휴대폰, 컴퓨터, 음악 등은 대표적인 주변 소음이다. 특히, 휴대폰은 공부집중을 방해하는 대표적인 것으로 공부할 때는 TV, 라디오 휴대폰, 컴퓨터는 꺼 놓아야 한다. 다만, 음악을 들으면서 학습할 때 학습 효과가 있다는 학습자도 있어 학습자 개인에 따라 선택할 수 있다.

 - 시각적 방해 요인: 조명이 너무 밝거나 어두워도 학습에

방해가 된다. 조명은 학습에 적합하도록 조절해야 하며 가능하면 다른 시각적 자극 요소들을 주변에서 제거하는 것이 좋다. 사람은 쉽게 시각적 자극에 주의를 빼앗긴다.

- 휴식시간 문제: 휴식시간을 너무 자주 갖거나 휴식 없이 계속 학습하는 것도 바람직하지 않다. 집중에 대한 연구에 따르면 보통 1-1.5 시간 학습 후 휴식시간을 갖는 것이 적절하지만 학습자의 연령이나 개인차를 감안하여 결정한다.

- 신체적인 불쾌감: 학습할 때 너무 덥거나 추운 것도 방해가 되며 의자가 너무 낮거나 크기가 맞지 불편을 느끼면 학습에 방해가 된다. 신체적으로 불쾌감을 느끼면 집중력이 떨어지기 때문이다.

- 그 밖에 개인적인 문제: 주변의 친구나 부모 생각나고 학교 공부나 시험 걱정으로 걱정되고 불안을 느낀다. 오락이나 컴퓨터 게임, 휴대폰 보기 등의 유혹과 고민 등이 자꾸 머리에 떠오르면 공부가 끝난 후에 하면 된다고 스스로 설득하며 주의를 집중한다.

4.4 자기주도 학습 프로그램(예)

자기주도 학습 프로그램은 학습자의 대상과 목적에 따라 프로그램 횟수와 회기당 운영시간은 다르다. 일반적으로 회기당 프로그램 운영시간은 1시간에서 2시간 사이로 1주일 간격으로 진행하며 전체 프로그램 회기 수는 12회기에서 20회기 사이이다.

소개하는 자기주도 학습 프로그램은 초등학교 5학년 이상의 학생을 대상으로 하는 회기 당 2시간인 20회기이며 일주일에 1회기씩 진행하고 그중 10회기의 활동주제가 '학습 환경 조성하기'이다.

자기주도 학습 프로그램(초등학교 5학년 이상 학생 용) '예시'

활동 주제	학습 환경조성 하기
10 회기 활동 목표	- 학습 환경조절 능력에 대한 이해로 사회적인 환경 과 물리적인 환경을 알게 한다. - 학습 환경조절 능력에 문제가 되는 것을 파악하여 개선하게 한다.
단계	내 용
도입	- 들어가기 - 스트레칭으로 몸 풀기 후 지난주 회기 주제 돌아보 기
전개	- 학습 환경조절능력에 대해 알게 한다. 　1. 대인관계 　　(1) 공부에 대한 부모님의 관심정도 　　(2) 교사와의 관계 　　(3) 친구와의 관계(학교폭력, 집단 따돌림 등) 　2. 학습 환경조절력 　　(1) 스마트폰 사용정도 파악 　　(2) 컴퓨터 게임 중독 여부 　3. 현재 나의 고민은?
정리	- 자신의 학습 환경조절에 대해 공부 방해 요소를 정 확하게 파악하게 하고 해결방법에 대해서 적어 보 도록 한다.

평가 및 분석	- 사회적 환경조절 문제인 교사와의 미온적인 관계, 무관심도 공부에 영향을 받는 학생이 많다. - 친구와의 관계, 부모의 공부에 대한 너무 큰 기대와 잔소리와 폭력이 공부의 방해가 되고 있다. - 물리적 환경인 스마트폰 과다 사용, 컴퓨터 게임중독이 공부에 악 영향을 미치고 있으나 개선되지 못하는 학생들이 늘어나는 추세이다.

제 II 부
음악치료에 대한 이해

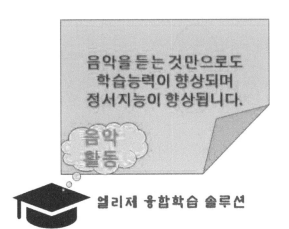

1. 음악치료는 무엇인가?

1.1 음악치료의 정의

음악은 사람의 마음을 정화하여 정서적인 반응을 일으킬 뿐 아니라 신체활동을 촉진하는 효과도 있기 때문에 사람들의 건강 유지 및 증진에 이용되어 왔다. 일반적으로 음악치료는 음악을 도구로 활용하여 건강을 회복시키는 치료를 말한다. 그렇지만 음악치료를 정의하는 것은 그렇게 간단하지가 않다. 음악은 본질적으로 예술의 한 분야이고 치료는 과학의 한 분야이기 때문이다. 미국 음악치료협회에서는 음악치료를 치료적인 목적, 즉 정신과 신체 건강을 복원, 유지, 향상시키기 위해 음악을 사용하는 것이라고 하였다. 브루시아(Bruscia)는 음악치료의 정의를 치료사가 환자를 도와 건강을 회복시키기 위해서 음악적 경험과 관계를 통해 역동적인 변화를 이끌어 내는 체계적인 치료과정이라고 서술하고 있다. 이러한 두 가지 정의를 결합하면 음악치료는 치료사가 치료적인 목적으로 음악을 사용하는 체계적인 치료과정이라고 정의할 수 있다.

음악치료의 개념과 정의

음악치료는 음악이라는 예술영역과 과학에 근거한 치료적 접근 영역이 만나 교류하면서 그 시너지 효과를 일으키는 분야다. 여기서 과학적 접근이란 음악치료가 목표 지향적이며 체계적이고 통제된 연구를 통해 얻어진 결과에 기반을 둔다는 것을 의미한다.

 브루시아는 음악치료를 내담자의 건강회복을 목적으로 음악적 경험과 관계들을 통해 역동적 변화를 이끌어 내는 체계적인 치료과정이라 정의하면서 음악치료의 형태를 음악의 역할과 그 비중에 따라 크게 두 가지 즉, '치료에서 음악'과 '치료로서 음악'으로 분류하였다. 아이겐(Aigen) 역시 음악적 경험과 개입에는 언어적 과정으로 온전히 설명할 수 없는 현상이 있음을 분명히 하면서 때로는 언어적 과정이 음악적 경험을 손상하거나 축소할 경우도 있으며, 음악적 경험 그 자체가 치료적일 수 있다고 주장하였다. 이와 같이 치료에서 음악은 사용되는 객체인 반면, 치료로서 음악은 수행의 주체이며 음악중심 음악치료이자 창조적 음악치료이다. 음악은 단순한 도구나 수단, 즉, 사용되는 수동적 객체가 아닌 능동적 주체의 지위를 갖는다. 치료사가 내담자의 분노를 가라앉히기 위하여 안정된 박자와 느린 템포, 서정적 선율을 가진 음악을 감상하도록 한다면 그 자체가 치료의 일차적 매개체나 수행자 역할을 한다. 앤스델(Ansdell)은 심리치료나 상담이 언어가 작용하는 방법으로 작용하듯이 음악치료는 음악이 작용하는 방법으로 작용한다고 설명하였다. 아이겐은 치료로서 음악 개념을 보다 구체적으로 발전시켜 음악중심 음악치료라는 새로운 용어로 설명하였다. 그에 따르면 음악치료에서 가장 핵심적인 치료 요소는 음악 그 자체의 형식, 구조, 구성 및 전개와 이와 관련된 음악적 경험인데 그 이유는 음악하기가 고유한 가치의 보상을 주는 지극히 인간적이고도 필수적인 활동이기 때문이다. 음악이 치료의 핵심요소로 간주되는 음악중심 음악치료에서는 진단 및 치료 목표 설정, 내담자의 변화와 성장에 대한 사정에서도 음악이 중요한 위치를 차지한다. 음악치료는 심리치료의 한 방법으로 상담치료, 미술치료 등 고유한 특성을 가진 치료법과 마찬가지로 아동에게 적용할 수 있다. 아동의 심리치료에서는 아동 발달 단계를 심신 양면에서 파악하여 적용하는 것이 필요하다. 음악치료에서는 아동의 발달수준에 맞는 기법을 활용하여 자신감, 자아존중감, 주의집중력, 성취감을 증진하고 표현기술과 사회성을 기를 수가 있다.

1.2 음악치료의 기원과 역사

인류가 음악과 함께 해온 역사는 고대부터 시작되었는데, 그리스 로마 신화에서 아폴로가 음악을 다루었던 것이나 구약성서에서 다윗이 음악을 치유적으로 사용했던 것을 그 예로 들 수 있다. 20세기에 접어들면서 인간의 음악 활용은 주술적, 종교적 접근에서 나아가 과학적인 치료의 분야에까지 확대되게 된다. 2차 세계대전 이후 미국과 유럽에서는 참전 군인을 위해 수술실과 입원 병동에서 음악을 들려주고 음악회나 음악 활동을 제공하였는데, 여기에서부터 음악의 치료적 효과에 대해 관심이 모아지기 시작했다. 이후 미국, 영국, 독일 등지에서 음악치료의 대학 학위 과정이 시작되면서 음악치료는 점차 체계적인 학문으로 발전되었다. 한국에는 1990년대 초 음악치료가 소개되었고 국내 음악치료 학위과정은 1997년에 시작되었다.

원시시대

원시시대의 사람들은 지금처럼 분화된 언어를 사용하지 못하였기 때문에 음악은 그들에게 중요한 의사 표현의 수단이었다. 적으로부터의 방어수단은 물론 길흉의 종교의식에서 중요한 자리를 차지하였다. 음악이라기보다는 다양한 소리의 표현이었던 원시시대 음악은 그 소리 자체보다는 그 시대 부족의 문화적이고 상징적인 춤과 깊은 연관을 가지고 있다. 음악의 표현기법은 단순한 모양의 장단의 표현으로 같은 형식의 장단을 일정하게 반복하여 사용하였다. 이러한 음악활동에서 사용했던 악기는 초기에는 나무나 돌을 사용한 타악기가 대부분이었다. 불의 사용이 시작된 후부터 동물의 가죽을 나무 위에 입힌 북 종류와 금속 등을 이용한 타악기들도 사용되었다. 아랍과 티베트에서는 음악을 치유의 수단으로 인식하여 음의 진동을 이용해 신체의 모든 신경을 자극해 질병을 낫게 하는 방법들이 전해져 오고 있다.

고대시대

고대 시대에 이르러 그리스와 로마는 철학적 학문의 사고를 바탕으로 신과 인간과의 관계를 연구하려는 시도가 이루어졌다. 소크라테스는 철학자로서뿐 아니라, 음악에서의 소리를 수와의 비례 관계인 산술적 접근을 시도하였다. 현악기 줄의 길이를 달리하여 그 줄의 비례로부터 발생하는 서로 다른 소리의 높낮이의 상관관계를 밝혔다. 그로부터 현악기와 관악기의 개발이 시작되어 그 시대 사람들의 제례에서 보다 넓고 다양한 종류의 악기를 사용하게 되었다. 이러한 음악의 산술적인 이해는 고대 수학자 피타고라스로 이어져 당대에 선으로 인식되던 정비례와 완전수에 의한 음인 1,4,5,8도 만이 사용될 수 있었다. 반대로 비례되지 않는 불완전한 수는 악으로 이해되어 2,3,6,7도는 부정한 것으로 터부시하였다. 또한 철학자들은 우주의 질서와 소리를 인간 세상으로 전달하려는 부단한 노력을 하였다고 한다. 이 시대 철학자들은 질병을 〈신들로부터 오는 현세의 시험 또는 정화〉로 받아들였고, 정신의 정화는 병으로부터의 치유와 깨끗하여짐을 의미하였다. 음악은 마술적인 정제의 힘을 지녔다고 믿었으며, 모든 절기행사에도 사용되었다. 대표하는 현악기로 '기타라(Kithara)'는 인간의 정신세계를 표현하는 악기로 사용되었고 관악기인 '아울로스(Aulos)'는 인간의 육체와 감각을 표현하는 악기로 강조되었다.

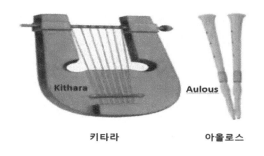

키타라   아울로스

고대시대 대표되는 현악기와 관악기

중세시대

중세시대는 기독교를 중심으로 한, 유일신 사상이 주도되는 시기로 교회 음악의 큰 발전이 있었던 시기이다. 교회 음악은 선율의 아름다운 움직임을 중시하였고, 선율들은 다양한 색깔과 성격을 가진 선법들로 발전되게 되었다. 중세 사람들의 삶은 당연히 종교와 깊이 연관되어 있었다. 이 시대의 사람들은 신으로부터 받아들여지기 위해 항상 정제된 삶을 살아야 했고 이러한 삶이야말로 신과의 완벽한 조화를 이루는 삶이라 믿었다. 따라서 그들의 질병에 대한 인식은 영혼으로부터라는 생각이 지배적이었고, 맑고 건강한 영혼으로부터 건강한 육체를 지닐 수 있다고 믿었다. 이 시대의 시인, 작곡가, 가수 같은 예술인들은 단순한 예술가보다는 인간의 영혼을 다루는 예술가 이상의 몫을 하는 직업인으로 인정됐다.

근대, 현대시대

교회 음악 중심으로 발전되었던 음악은 고전주의, 낭만주의, 인상주의 시대를 거쳐 점차 음악 자체의 아름다움을 위한 인간 정서의 표현으로 다른 예술 분야와 비슷하게 발전하게 되었다. 음악이 정제와 치유의 기능을 가졌던 이전의 시대와 다르게 인식된 이유는 산업 혁명 이후 실존주의적 사고가 발전되면서 외과, 생물학 등의 의학이 발전되었기 때문이다. 산업혁명 이후 인간은 눈에 보이는 실증을 중시 여기게 되었고 보이지 않은 것에는 신뢰하지 않았다. 그러나 1,2차 세계전쟁을 거치면서 음악의 중요성과 치료능력을 다시 생각하기 시작하였고, 이러한 연구는 음악치료학이라는 학문의 발전을 가져오게 되었다. 현대 이전 사람들이 막연하게 음악의 치유력을 믿었다면, 현대에 이르러서는 음악이 치료적 학문으로 인정받기 위한 연구를 계속하고 있으며 주요한 연구결과는 다음과 같다.

첫째 음악은 인간에게 신체, 생리적인 변화를 가져오게 한다.
둘째 음악은 인간의 감정 즉 정서에 영향을 미친다.
셋째 신체, 생리적 변화, 정서의 영향변화를 통해 인간관계의 상호작용을 통해 사회성을 향상시킨다.

이렇게 시작된 음악치료는 국내에서도 '모차르트의 현악 세레나데'는 우울증을 치료하고, '베토벤의 터키행진곡'은 두통을 치료하고, '비발디의 사계 중 겨울'은 태교에 좋다 등의 이야기가 나오고 있다. 또한 불면증엔 가야금 산조 '진양'이 졸음운전 방어엔 사물놀이패의 난장 '토끼 이야기'가 좋고 두통에 케빈 컨의 '리턴 러브'가 특효약이라는 등의 이야기도 인터넷에서 쉽게 찾아볼 수 있다. 어쨌든 각 분야에서 음악은 인간의 신체, 생리적인 변화를 가져오고 정서에 영향을 미치며 사회성을 향상시킨다는 것이 증명되고 있으며 각 분야에 적용되고 있다.

1.3 음악치료의 이론적 배경

음악치료의 이론은 음악치료의 접근방법에 따라 정신 역동적 접근, 행동주의적 접근, 인지 주의적 접근, 인본주의적 접근, 의학적 접근, 전체론적 접근, 음악 교육적 접근으로 나누어 볼 수 있다(정현주, 2005)

정신 역동적 접근은 정신분석학에 기초하여 인간의 잠재의식과 무의식 속에서 해결되지 못한 갈등을 해소하는 것이 주 목적이다. 음악치료에서 정신 역동적 모델은 정신분석적 음악치료, 창조적 음악치료, 심상유도 음악기법을 통칭해서 부르는 용어이다. 정신 역동적 음악치료에서는 인간 내면의 갈등이나 대인관계의 갈등을 해결하기 위해서 음악을 심리치료의 도구로 사용한다. 즉 음악이 치료대상자의 내면세계를 외부로 표출하는 통로가 되도록 활용한다.

정신 역동적 접근의 가장 큰 한계는 치료에 있어 오랜 시간이 걸린다는 점이다. 이러한 한계를 보완하기 위하여 나타난 치료는 단기정신역동치료이다. 단기정신역동치료는 정신 역동적 치료와 같이 문제에 초점을 두고, 가족과의 초기 경험을 바탕으로 한다는 점에서 유사하다. 하지만 치료시간이 비교적 짧아 1년 이상인 경우는 거의 드물고 보통 12-20회기로 실시되기 때문에 시간과 비용 면에 있어서 효율적인 치료법이라고 볼 수 있다.

행동주의적 접근은 행동주의적 음악치료는 환경이나 강화를 바꾸면 행동도 변화한다는 것을 전제한다. 행동주의 심리학을 토대로 하여 조작적 조건화에 의한 음악적 경험을 행동 변화라는 치료 목표에 연결하고자 한다. 이 이론에서는 학습이론에 따라 음악을 행동 변화의 강화제로 사용하고 행동 조절의 동기를 유발함으로써 부적응 행동을 수정하여 적응 행동으로 재학습시키는 방법을 주장하고 있다. 음악치료사는 내담자를 자세하고 주위 깊게 문제를 파악하고, 변화가 일어나기 전에 얼마나 자주 문제행동이 발생하는지 알아야 한다. 또, 문제행동의 선행사건과 결과에 대해 정보를 수집한다. 문제는 구체적이고 관찰가능하고 측정할 수 있는 방식으로 규명되어야 하고, 행동의 선행조건이나 결과를 바꾸기 위해 전략을 세워야 한다. 변화 정도를 알아보기 위해서는 치료사의 개입 전과 개입 후의 문제 행동 빈도를 측정해야 한다.

인지 주의적 접근은 인지주의 심리학을 기초로 하여 사고가 행동을 통제한다는 가설에 따라 치료대상자의 잘못된 사고방식이나 인식구조를 건전한 방향으로 유도하여 문제 행동을 치료한다. 음악치료에 있어서 안정적인 구조를 가진 음악적 경험은 치료대상자에게 성취감과 자아 존중감을 느끼게 하는데 멀츠비(Maultsby)는 합리적 행동 치료에 관한 논문에서 음악은 자극제인 동시에 강화제로서 비이성적 사고를 인식하고 교정하는 심리치료에 활용된다고 하였다.

인지 주의적 음악치료의 원리

인본주의적 접근 인본주의는 행동주의의 기계론적 입장과 정신분석의 무의식적 결정론적 입장을 모두 반대하는 제3의 움직임으로 인간은 다른 동물에서는 볼 수 없는 자유의지를 자아실현을 하고자 하는 동기를 존중하는 접근이 생겨났다. 이 견해에 따르면 각 개인의 문제는 제3자보다 본인이 처한 상황에서 그 개인만이 잘 알고 있는 문제 해결도 스스로 가능하다고 본다. 인본주의는 크게 세 가지로 분류하여 인간중심치료, 게슈탈트 상담치료, 실존주의이다.

인본주의적 접근은 인본주의 심리학을 토대로 하여 내담자가 잠재력을 가진 소중한 자아를 찾는 것을 중시하며, 내담자 자신이 소중한 존재임을 깨닫도록 하기 위해 자신이 치료의 중심이 되고 문제의 해답도 이미 가지고 있다는 것을 인식시키는데 초점을 두고 있다. 음악을 통해 자신의 내면세계를 느끼고 탐색하도록 도우며, 즉흥연주를 하면서 자신의 감정을 표현하고 스스로 통제하는 힘을 가지도록 유도한다.

의학적 접근은 사람의 대뇌 및 신경 기능에 주목하여 치료적 음악이 대상자의 인지, 감각, 운동 능력을 발달시킨다는 이론에 근거하고 있으며, 이 이론에서는 음악이 호흡, 맥박 등 생리반응을 일으키며, 스트레스를 해소하고 신체 활동을 촉진시키는 효과가 있다는 것을 강조한다. 언케퍼(Unkefer)는 우울증, 불면증, 불안증, 정신분열증 환자의 경우 음악 감상이 정신적 안정을 유도한다는 연구결과를 발표했고 바틀렛(Bartelet)는 음악 감상을 하면 체내의 스트레스 유발 호르몬이 감소하고 면역성 호르몬이 증가한다는 결과를 보여 주었으며, 타우트(Thaut)는 음악으로 자극을 주어 신체 리듬을 강화하면 운동근육이 손상된 환자의 물리치료에 유용하다는 연구결과를 제시하였다.

치료적 음악의 영향

전체론적 접근은 가장 최근에 소개된 이론으로서 인간의 건강은 신체, 마음, 정신의 조화에 의해 유지된다는 전제를 따르고 있으며 질병과 문제행동은 신체, 마음, 정신의 결합이 균형을 잃었기 때문에 발생한다는 이론으로 음악치료에서는 심상유도를 통해 자기인식과 성찰을 얻도록 하는데 목표를 두고 개인의 내재된 에너지를 생산적으로 표출시키고 자기 내면과의 접촉을 유도한다.

20 세기말에서 현재에 이르기까지, 비전통적 유형의 의학은 매우 대중적이 되었는데 전통적인 의학에서 질병에 대한 치료법을 찾지 않는 사람들이 점점 더 많아지고 있다. 또한 대체의학은 세계 보건기구에 의해 공식적으로 인정되었고 오늘날 건강을 위한 치료 추세는 인체 전체, 즉 인체 기관과 기관의 상호 작용을 고려하는 인체 전체적 토털의학이며, 이와 같은 총체적 접근은 환자를 치료하는 특정한 접근법으로 검진에서 모든 질병의 탐지를 통해 질병의 형성과 질병에 영향을 미치는 모든 요인과 원인이 진단되면 이에 적합한 각종 치료방법이 동원되는 총체적 접근으로 음악치료의 한 역할이기도하다.

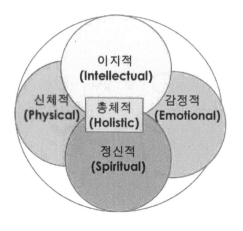

총체적 음악치료 접근

음악 교육적 접근은 음악교육 이론에 기초하여 교육적 상황에서 음악 외적인 행동 목표를 달성할 수 있도록 음악을 활용하는 것으로 주로 아동을 위해 창안한 음악교육 방법을 아동의 심리적 안정이나 인지 능력 및 운동 신경의 발달에 도움이 되도록 적용해보는 이론이 중심이 되고 있다. 음악 교육적 접근에 근거한 음악치료 기법에는 오르프 음악치료, 달크로즈, 킨더뮤직, 오디에이션이 있다.

오르프 음악치료는 20세기 근대음악교육을 대표하는 방법의 하나인 오르프의 기본원리와 특징적 요소를 음악치료 현장에 적용시킨 음악치료 기법이다. 오르프 음악치료는 다감각적 접근으로 언어, 리듬, 운율, 동작, 말과 노래의 선율, 악기 연주 등의 여러 음악적 자료는 여러 감각, 청각, 시각, 촉각 등을 자극하고 반응을 유도한다. 오르프가 강조하고 있는 다감각적 접근은 기초음악 개념을 기본으로 하는 오르프의 다양한 학습매체를 치료도구로 활용하고 있으며 이를 오르프 메디아라고 한다. 실로폰, 스트링 드럼 나무실로폰, 리듬 타악기, 원통 사각귀로, 손잡이 캐스터네츠, 오각아고고, 쓰리톤키로블력, 탬버린, 탄휘슬, 카바사, 맥탄휘슬, 비브라슬랩 등이 있으며 오르프 음악치료방법으로는 말하기, 노래 부르기, 신체동작표현, 악기연주가 있다.

오르프 음악치료의 중요한 사명은 음악 안에서 아동이 자신을 표현하고 자신을 한 개인으로써 경험하여 다른 사람들과 함께 음악을 만들 수 있는 완벽한 차원의 음악을 창작하게 하는 것으로 오르프 음악의 치료적 적용단계를 구체적으로 살펴보면 다음과 같다.

- 탐색단계: 아동들이 소리와 움직임에서 가능성의 범위를 발견하는데, 이들은 공간과 소리, 형식의 탐색을 경험하게 한다.
- 모방단계: 창조를 위한 주된 학습방법으로 모방활동은 신체악기, 타악기, 선율악기, 그리고 목소리 등의 방법으로 학습되며 동시모방, 기억모방, 중복모방의 세 가지 단계로 나뉜다.
- 즉흥단계: 아동의 기능수준에 따라 자유로운 몸동작 표현을 유도할 수 있고 시각적 자극이나 상상의 이미지를 동작이나 악기로 표현하도록 구조화하는 방법이 있다.
- 창작단계: 위 세 영역으로부터 재료를 통합하는 것으로 론도형식, 주제와 변주 또는 작은 모음곡으로 자신의 작품을 만드는 기회로 도전과 만족감, 성취감을 얻는 체험을 하게 된다.

달크로즈는 음악을 시각화하고 자신의 신체를 악기화하여 신체조화와 신체가 민감하게 반응하고 대처하는 것을 느끼게 된다 하였다. 마음, 신체 그리고 감정의 종합을 기본으로 배우며 음악을 신체로 표현할 때 자기 자신을 잘 이해하고 음악소리에 동작의 표현 가능성을 경험하면 자신의 기대치를 넘어서는 경험을 할 수 있다. 이는 아동의 잠재적인 능력과 가능성 실현을 의미하며 자아실현을 경험하게 된다. 시각장애와 대 근육, 소 근육 발달을 필요로 하는 아동과 재활 지료를 필요로 하는 환자에게 음악은 신체와 마음의 연결, 자아 존중감 향상, 감정표현, 자신의 의사표현, 신체균형감각 등을 돕는데 등 다양하게 활동된다. 음악치료 방법으로는 음악에 맞추어 손뼉 치기, 발 구르기 등의 신체 끝부분이나 사지의 움직임이 아니라 근육의 큰 움직임 등과 같이 리듬 경험을 선명하게 할 수 있도록 신체 전체를 움직이게 한다.

킨더뮤직은 7세 미만의 아동을 대상으로 하는 통합 유아음악교육 프로그램에 활용되는 음악적 기술뿐 만아니라 비음악적 영역에서의 학습도 촉진시키는 특징이 있다.

오디에이션 음악학습이론의 교육목표는 아동과 유아들의 오디에이션 능력을 향상시키는 것으로 오디에이션은 방금 들었거나 과거에 들었던 음악을 마음속으로 불러들여 이해할 때 발생한다. 소리자체는 음악이 아니다. 마치 언어에서처럼 소리는 우리가 마음속으로 소리를 번역하여 의미를 부여할 때만 즉, 오디에이션을 통해서만 음악이 된다. 유아를 대상으로 하는 킨더뮤직과 오디에이션의 보다 구체적인 설명은 생략하기로 한다.

1.4 음악치료의 원리

음악이 치료에 이용되는 이유는 음악이 인간의 심리적, 생리적, 사회적인 면에서 반응을 일으키기 때문이다. 음악은 정서반응을 일으키고 이러한 정서반응은 인체의 혈압, 맥박, 심장박동, 피부반응 그리고 뇌파에 영향을 주어서 생리적인 반응을 일으키게 하는데 이러한 생리적인 반응과 심리적인 반응은 곧 사회적인 관계에도 영향을 준다.

음악이 심리적으로 인간의 정서와 행동에 미치는 영향으로는 정서반응을 일으킨다는 것이다. 음악으로 유발된 의미 있는 정서반응들은 임상현장에서 정서수정을 가능하게 한다. 이러한 정서수정은 치료적 목적을 달성할 수 있는 인지학습과 행동변화에 필수요소가 된다. 음악선율이나 리듬, 화성적 구조, 강약 등도 음악을 듣는 사람에게 개인적으로 특정한 경험을 하도록 어느 정도는 결정한다. 그러나 특정 음악에 대한 반응은 사람마다 각기 다르게 나타난다. 일반적으로 부드럽고 안정적인 음악은 부교감신경을 자극하여 긴장을 풀어주고 마음을 편안한 상태로 유도하며 자극적인 음악은 교감신경을 자극하여 움직임을 유도하며 신체의 근육을 활성화시켜 준다. 이와 같이 음악으로 유발된 심리적인 변화는 생리적인 반응을 유발하게 되며 이러한 반응은 행동으로 이어져 사회적인 관계에도 영향을 미치게 한다.

또한 음악이 인간의 신체에 직접적인 반응 즉, 혈압, 맥박, 심장박동, 호흡수, 뇌파, 피부반응 등에 영향을 미친다는 것은 많은 연구에서 밝혀지고 있다. 이러한 생리적 반응은 사람에 따라 다르게 나타나며 반응정도도 매우 다양하다. 이유로서는 개인의 신체적인 상태와 심리적인 상태, 음악의 선호도와 경험 등이 다르기 때문이라 할 수 있다.

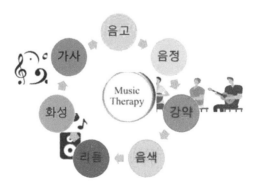

음악치료의 원리

음악은 아름답고 즐거운 경험을 주는 매개체이므로 언어능력
이 제한된 사람에게도 즐겁고 성공적인 사회적 경험을 가지게
할 수 있다. 음악을 통해 자신의 감정을 쉽게 표현할 수 있으
며 상대방에게도 자연스럽게 받아들이도록 할 수 있다. 환자
는 치료사와 함께 연주하면서 기쁨, 슬픔, 분노와 같은 자신
의 감정을 음악으로 표현할 때 그 감정은 음악을 통해 치료사
에게 전달되고 치료사의 음악적 지지는 환자에게 감정적 지지
로 인식된다. 이러한 음악적 표현은 새로운 자아인식으로 연
결되고 자아인식과 연결된 자기표현은 다른 사람들과 함께하
는 사회적 교류로 이어지게 된다. 말로 표현하기 어려운 자신
의 사고와 내적 감정인 사랑, 분노, 불안, 우울, 갈등, 좌절
등의 다양한 감정들을 악기연주나 노래 부르는 활동을 통해서
보다 자연스럽게 표출할 수 있다. 이와 같이 음악이 사람에게
일으키는 심리적 반응, 생리적 반응, 사회적인 반응이 함께하
는 그룹의 각 개인의 정서와 신체에 영향을 크게 미치며 치료
에 효과가 있다.

1.5 음악치료 프로그램의 구성요소

음악치료의 프로그램 구성요소는 프로그램의 목적에 따라
조금씩 차이가 있을 수 있다. 본서에서는 다양한 음악치료 영
역에서 교육영역이라 할 수 있는 학습자들의 학습동기, 정서
지능, 자기 효능감, 학업성취 등으로 제한하기로 한다. 김은선
은 음악치료 프로그램이 초등학생의 정서지능과 학교생활 적
응에 미치는 효과연구에서 골드만(Goldman)의 모형을 기초로
하여 즉흥연주, 음악 감상과 토론, 가사 바꿔 부르기, 노래 부
르기 배경음악 활동으로 구성하였다.

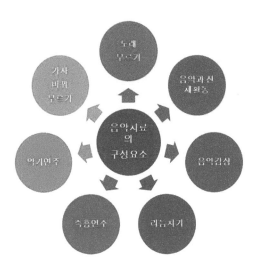

음악치료 프로그램의 구성요소

또한 이서연은 가족관계 부적응과 행동의 폭력성이 강한 학생들을 대상으로 한 음악치료 프로그램에서 이야기, 노래 부르기, 신체표현, 악기연주를 기반으로 하되 이러한 구성요소가 각 프로그램 회기에서 포함되도록 하는 형태로 음악치료 프로그램을 구성하였다. 여기서는 본서의 집필 목적인 학습자의 인성문제와 학업성취의 효과변인을 향상시키기 위한 음악치료 프로그램의 구성요소를 도출하기 위해 많은 국내 음악치료 프로그램 중 교육영역으로 한정하여 본서의 대상 학습자와 유사한 프로그램을 선정하여 구성요소를 분석하였다.

<표2-1>은 음악치료를 통합한 자기주도 학습 프로그램을 개발하기 위한 국내 음악치료 프로그램 구성요소를 분석한 분석표이다.

<표2-1> 국내 음악치료 프로그램 구성요소 분석

프로그램 명	구성내용	효과변인
자기효능감과 자신감을 위한 음악치료 프로그램 고은주 (2004)	동요 부르기 리코더지도 기악합주, 음악 감상 노랫말쓰기	자아존중감 자신감
공격성 및 자아존중감 향상 음악치료 프로그램 최애나 (2007)	그룹연주 악기즉흥연주 리코더 합주 노래 부르기	자아존중감 공격성
정서지능을 위한 음악치료 프로그램 김은선 (2008)	노래 부르기 노랫말 쓰기 음악 감상 악기연주	정서지능 정서인식 감정이입 학교적응력
학교부적응아의 자아 존중감 향상 음악치료 프로그램 서소영 (2009)	동요 부르기 기악합주 음악감상 노랫말쓰기	자아존중감 자신감
음악 심리치료 프로그램 강노아 (2009)	리듬치기 노래 부르기 악기연주하기 음악감상	학습동기 내적동기 계속동기 외적동기
학습장애아의 자아존중감 및 사회성향상 음악치료 프로그램 김영미(2009)	노랫말 쓰기, 악기만들기, 악기연주, 음악감상, 노래와 율동	자아 존중감 사회성향상
문제아동 정서를 위한 예술통합 치료 프로그램 주정옥(2009)	미술, 음악, 무용/동작 노래 부르기 음악감상 노랫말 채우기	정서지능 불안 우울 행복감
창의적 음악치료 프로그램 김동주(2011)	노래 부르기, 스토리텔링 리듬치기 및 악기연주	학습동기 (자신감, 효능감, 과제수준, 실패성)

	즉흥연주, 지휘, 작곡	
자신감과 자아존중감에 미치는 통합 예술치료 프로그램 김정숙(2011)	음악매체와 미술매체 노래와 율동 노래 부르기 악기 만들기	자신감
오르프 음악치료 응용 프로그램 이서연 (2011)	음악 감상 노래 부르기 창작, 악기연주 동작활동,	학습 집중력
노래중심 음악치료 프로그램 박환영 (2013)	애칭송 가사쓰기 노래감상 노래가사 토의 노래 부르기	정서지능, 정서인식 정서표현, 감정이입 정서조절, 정서활용

<표2-1>와 같은 국내의 음악치료 프로그램 관련 연구를 종합분석해보면 음악치료 프로그램에서 구성요소는 노래 부르기, 음악과 신체활동, 즉흥연주, 리듬치기, 악기연주, 가사 바꿔 부르기, 지휘, 청음, 작곡 등 다양하며 각 구성요소는 인간의 심리적, 생리적, 사회적 반응을 일으키며 정서지능과 학업 성취의 효과변인에 영향을 미치고 있다.

노래 부르기는 언어능력을 향상시키며 자기감정을 조절하고 자기효능감을 증진하는 데 도움을 준다. 보레존(Borezon)는 가사가 음악과 연결되어 있을 때 인간의 심리에 긍정적인 영향을 줄 수 있다고 하였다. 독창이나 합창은 자신감을 키우고 타인과의 교류를 경험할 수도 있는데 특히 합창은 집단의 분위기를 일원화하는 데에 도움이 되며, 각자가 자신의 개인적 감정을 표현함과 동시에 상대방의 소리에 귀 기울이며 그 소리에 의해 자신의 소리가 더욱 지지될 수 있다.

음악과 신체활동은 음악에 맞춰 움직임으로써 자신의 신체를 조절하여 움직일 수 있다는 자신감을 얻게 되며 어떤 동작이라도 허용되기 때문에 스스로의 만족감과 기쁨을 경험하게 된다. 또한 신체 그 자체의 발달뿐만 아니라 정서적 발달에도 도움을 줄 수 있기 때문에 음악과 결합된 동작활동을 통해 집단 내 구성원의 화합 및 자연스러운 교제를 도울 수 있고 또래 집단에 더욱 잘 수용될 수 있다.

음악 감상은 감상자가 음악에 대해 정서적, 지적으로 감독하고 반응하면서 특정한 느낌을 받고 표현내용을 수용하는 역동적 과정이다. 음악 감상은 임상영역에서 부담을 주지 않는 친근하고 편안한 환경을 조성하여 긴장이완, 타인과 생각·감정 공유, 감정촉발, 자기 탐구 등의 치료적 목적을 달성하게 하는 도구로 사용된다. 또한 음악 감상은 주의집중력과 상상력을 유발하며 자기감정을 조절하고 과제를 수행하는 태도를 기르는 데 도움을 줄 수 있다. 특히 고전음악을 감상하고 그 연상적 느낌을 말이나 글, 또는 그림으로 표현해 보도록 유도하여 흥미유발, 상상력, 정서안정, 자기표현력, 내재된 감정표현을 이끌어 내며 나아가 자기조절력과 과제선호를 증진시키는 기능이 있다.

즉흥연주는 신체적, 감성적, 지적, 사회적 자아와 타인의 인식, 자아, 타인 그리고 환경에 대한 통찰력, 자기표현, 대인 의사소통, 자아의 통합, 그리고 대인관계를 증진시키는 중요한 접근법으로 사용된다. 즉흥연주는 감정을 자연스럽게 표현하고 자신의 심리적인 특성들을 스스로 이해할 수 있으며 타인과의 교류를 통해서 자신에게 적합한 것들이 무엇인지 발견할 수 있도록 도우며 긍정적이고 가치 있는 사람으로, 무엇이든 할 수 있다는 자신감을 갖도록 도와준다. 즉흥연주와 같은 창작 활동은 매우 정서적인 것으로 아동들의 두려움을 감소시키고 비사회적 태도를 저지 시키며 자신이 위축되는 것을 막아 자아를 발달시키는 부분에 도움을 줄 수 있다. 또한 감정을 정화시키고 창의적인 사고를 갖게 하는 중요한 활동이며 이러한 활동은 성공적인 음악적 경험과 개인의 긍정적인 경험 그 자체에 중요성을 갖는다. 특히, 즉흥적으로 연주하는 경험은 아동에게 창의력에 대한 자신감과 만족감을 부여하며, 합주를 할 때는 비록 불협화음을 연출할 수 있지만 집단 속에서 자신을 발견할 수 있는 소중한 기회를 준다.

리듬치기는 타악기의 두드림을 통해 개인의 부정적, 긍정적 감정을 표현하도록 도와 이를 통해 감정적 반응을 찾을 수 있으며, 구조화된 악기 연주를 통해 행동의 조절을 촉진시킴으로서 정서조절을 증진시킬 수 있는 기반을 마련해 준다. 루이즈와 에드가(Louise & Edgar)는 리듬에 기초한 타악기 활동이 대상자의 자기표현을 촉진시키고 공격성, 적대감 감소에 효과가 있음을 보고하였다. 타악기의 두드림을 통해 아픔, 슬픔, 괴로움, 화 등의 부정적 감정들과 즐거움, 기쁨 등의 긍정적인 감정들을 모두 표현할 수 있다. 이러한 표현을 통해 집중력과 표현력을 향상시키며 자기조절력과 자기효능감을 증진시킨다.

악기연주는 공격성 조절, 주의집중력 향상에 관련된 문헌들이 많이 보고되고 있다. 음악치료에서의 악기연주는 질 높은 음악 결과물보다는 연주활동에서 과제 수행능력과 문제 해결능력 향상과 같은 악기연주 참여과정에서 나타날 수 있는 변화를 더 중요시한다. 악기연주는 내담자의 의식적, 무의식적 감정을 표현하는 다양한 방법으로 아동들에게 악기연주를 통해 자신의 차례를 기다리는 법을 습득하게 되고, 파트너와 함께 연주하는 경험을 가지며, 자신의 역할을 잘 수행함으로써 집단과제에 기여하는 경험을 갖는다. 악기를 연주하는 활동은 내담자에게 성취감을 주고 자기 주도적으로 할 수 있다는 자율성과 음악을 만들어냈다는 자긍심을 향상시킨다.

음악치료에 활용되는 악기들

가사 바꿔 부르기는 감정을 경험, 확인, 표현하고 감정적 행동의 조절, 변형을 촉발시키기 위해 구성되고, 개인의 내면세계를 탐색하도록 한다. 대상자들이 자신이 만들어 가는 가사의 의미와 음악적 표현을 통해 자신이 현재 어떠한 심리 상태인지, 어떠한 외적 요인으로부터 영향을 받고 있는지, 앞으로 어떤 행동의 변화를 가져와야 하는지를 지각하고 해결할 수 있도록 도와준다. 언어적으로, 음악적으로 감정의 표출을 유발하며 멜로디와 하모니, 은유, 리듬, 구절, 성량, 음의 높낮이, 음식 등의 음악적 요소는 가사에 정서를 반영하며 내담자의 감정을 유발하고 지지한다. 스스로 노래 가사를 만들면서

재인식의 과정을 거쳐 새로운 인지체계를 형성하는 방법으로 사용될 수 있으며 그룹으로 행할 때는 다른 구성원들의 강점과 경험들을 공유할 수 있게 되고, 상호교류를 증진시키며, 함께 노래를 만들어가는 과정을 통해 신뢰감이 형성되고 자아존중감도 증진된다. 긍정적인 미래의 희망과 꿈을 기대하는 가사 바꿔 노래 부르기를 통해서 앞으로의 미래를 꿈꾸도록 도와줄 수 있다.

1.6 음악치료사의 역할과 진로탐색

음악치료사의 역할과 진로탐색은 워크넷 직업사전에 소개된 내용을 참조하여 소개한다.

음악치료사는 인간의 신체, 정서, 정신 건강을 위해 음악을 치료의 매개체로 사용하여 접근하는 전문적인 임상 분야의 치료사이다. 음악치료는 아동, 청소년, 성인, 노인을 대상으로 발달장애, 정신질환, 치매, 정서행동, 신체질환 등 여러 임상 분야에서 이루어지고 있다. 음악치료는 체계적인 과정을 통해 이뤄지는데, 의뢰받은 내담자와의 초기면담 직후부터 음악치료사는 진단평가를 통해 내담자의 주된 문제를 파악하게 된다. 이후 치료사는 내담자 개개인의 치료계획을 수립하여 세션을 진행하며, 매회기 세션 진행 상황을 기록함으로써 모든 치료 과정이 끝난 이후 치료효과에 대한 평가를 내린다. 진단평가에서는 내담자의 기능 및 장단점을 파악함과 동시에 본 내담자가 음악치료에 적합한지, 어떠한 음악에 특별히 반응하는지 등을 알아봄으로써 향후 음악치료 세션에서 필요한 정보를 얻게 된다.

치료 과정 중 계획을 수립하고 진행할 때 치료사는 즉흥연주, 작곡, 노래 만들기, 감상 등 다양한 기법을 사용한다. 또한 음악치료사는 기존의 연구를 바탕으로 효과가 입증된 연구결과를 임상현장에 적용함으로써 좀 더 과학적이고 전문적인 치료가 제공될 수 있도록 노력한다. 최근에는 음악이 인간의 신체기능과 뇌에 미치는 영향에 대한 연구가 매우 활발하게 진행되어 음악치료의 임상적 효과뿐만 아니라 과학적으로도 그 효과를 확인하는 과정을 통해 전문적 치료분야로서의 입지를 확고히 하고 있으며 연구의 범위도 점차 확대되고 있다. 음악치료사는 혼자서 일하는 경우도 있지만, 경우에 따라서는 내담자의 기능 향상을 위해 동일한 치료 목표 하에 타 분야의 전문가와 협력하여 치료를 진행하기 때문에 타 분야의 전문가들과 원활하게 소통하고 협력하는 것은 음악치료사에게 필히 요구되는 역량이라 하겠다.

음악치료사의 준비

 음악치료사는 인간의 신체, 행동 및 심리에 대한 심층적인 이해를 바탕으로 음악을 사용하여 내담자의 필요에 따라 치료를 제공하는 직업이기 때문에 자신의 목소리와 다양한 악기를 자유롭게 연주할 수 있는 능력과 함께 인문학, 사회학 및 심리학의 이해가 필요하다. 국내 음악치료학 전공과정은 대학원에 설치되어 있는 경우가 많기에 학부에서 관련전공을 마치고 대학원 과정을 통해 음악치료사가 되는 것이 일반적이다.

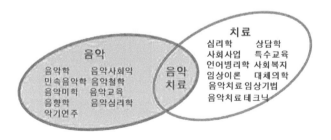

음악치료관련 교과목

음악치료의 관련학과로는 기악과, 성악과, 실용음악과, 아동학과, 교육학과, 사회복지학과, 상담학과 및 심리학과 등이 있다.

음악치료사는 신체적, 심리적, 정신적 어려움을 가진 내담자들을 상대하는 직업이기 때문에 무엇보다도 타인을 돕고자 하는 따뜻한 마음이 우선되어야 한다. 전문적인 음악치료사가 되기 위해서는 대학 혹은 대학원 과정에 있는 음악치료학과에서 관련 이론을 학습하고 전문가의 슈퍼비전 하에 임상경험을 충분히 쌓아야 하며, 졸업 이후 음악치료학위 전공자로 구성된 전문가 협회에서 자격시험을 통해 해당하는 자격증을 취득할 수 있다.

음악치료사 직업전망

음악치료사는 장애인복지관, 특수학교, 정신과 병동, 호스피스 병동, 재활병원, 노인 요양원 등 다양한 기관에서 근무하며, 자체적으로 음악치료실이나 학원을 운영할 수도 있다. 음악치료사의 임금은 일하는 환경에 따라 상이한데, 경우에 따라 월급을 받기도 하며, 회당 치료 세션의 급여를 지급받기도 한다. 과학기술이 발달함에 따라 여러 직업들이 기계나 로봇으로 대체되는 경우가 있지만, 음악치료사는 인간에 대한 심층적인 이해와 내담자별 개개인의 필요에 따른 치료를 바탕으로 일하기 때문에 지속적으로 유망한 직업으로 관심을 받을 수 있다. 또한 현대인의 스트레스가 증가하고, 심리치료에 대한 관심과 수요가 높아짐에 따라 음악치료에 대한 관심과 이들의 역할도 커질 전망이다.

해외 교육/훈련/자격 및 종사현황

미국에는 대학과 대학원에 학·석·박사 과정이 모두 개설돼 있으며 유럽은 대학원 과정을 중심으로 교육이 이루어지고 있다. 미국의 경우 약 70여 개 대학에 음악치료학과가 설치돼 있으며 60학점 이상 배우고 1,200시간 이상 병원 임상과정을 거쳐 자격시험에 통과하면 공인 음악치료사가 될 수 있다. 대부분의 대학원에서 주 전공 악기를 제외한 한 두 악기의 연주 실력도 별도로 테스트하고 있다. 자격증을 각기 발급해오던 두 협회가 통합돼 1988년 출범한 미국음악치료협회가 1995년부터 공인자격시험을 실시하고 있다. 미국에는 현재 3,000여 명의 음악치료사들이 보건 관련 기관에서 종사하고 있다. 2011년 기준으로 평균 연봉은 4만1,060달러 수준이다.

국내현황

음악치료사는 음악치료학 석사학위 이상을 취득하거나 음악치료 교육과정을 이수하고 민간음악치료사 자격증을 취득한 후 활동하게 된다. 국내에는 1996년 숙명여자대학교가 처음으로 음악치료대학원을 개원한 이래 한세대학교, 이화여자대학교, 명지대학교 등에 대학원 과정으로 음악치료사 과정이 생겼다. 숙명여자대학교 음악치료대학원의 교육기간은 5학기로 음악치료연구, 음악치료기술, 음악치료철학, 음악과 인간행동, 특수아동 심리학, 상담심리학 등을 배운다. 학사학위 이상의 소지자라면 전공과 성별에 상관없이 지원이 가능하다. 아직까지 관련 공인자격증은 없다. 음악치료사의 평균 연봉은 3,000만 원 수준이다.

음악치료 활동

2. 인간과 음악

음악은 음악치료에서 중요한 수단이며 도구이다. 음악치료에서 어떤 음악을 선정하고 음악활동을 어떻게 이끌어 갈 것인가를 결정하는 것은 매우 중요한 일이다. 음악치료 대상자의 감성을 이끌어 낼 수 있는 음악선정은 음악치료의 목적달성의 중요한 과정이기도 하다. 치료 대상자의 연령과 지식수준, 개인적인 취향이라 할 수 있는 좋아하는 음악장르, 집단치료와 개별 맞춤형 치료, 치료대상자의 증상과 정도의 차이, 활동주제 등 음악 선택의 폭이 크다. 음악은 인류가 존재하면서부터 함께했었고 희로애락을 표현하는 도구였다. 음악이 재앙을 물리치거나 다가올 일을 점치는 등 주술에 이용되기도 하였고 치료나 장례에 이용되기도 하였다. 현대에 와서 음악을 치료의 도구로 사용하여 음악치료라는 학문분야로 자리를 잡아가고 있는 데에는 그러한 충분한 이유가 있을 것이다.

2.1 음악의 정의

음악의 사전적 정의를 보면 〈소리를 매개로 느낌이나 정서 그리고 사상을 표현하는 예술〉이라 되어 있다. 이것은 넓은 의미에서 또 다른 의사소통의 수단이라 볼 수 있으므로 음악은 또 다른 언어라 할 수 있다.

음악은 어디에서나 들을 수 있다. 그러면 음악이란 무엇인가? 음악에 대해 이야기하는 사람들은 음악이 인간의 감각과 지성에 대해 가지는 관계에 대해 언급하면서, 인간의 담론세계가 예술에 필연적인 장치임을 확신한다. 음악은 인간의 생각이나 느낌, 감정을 전달하는 매개체로서 우리는 음악을 통하여 행복과 평화로움을 느끼게 되고 때로는 위로받으며, 미래를 향한 긍정적인 삶의 에너지를 기를 수 있게 된다.

인간은 누구나 선천적으로 음악적 능력을 가지고 태어나기에 다양한 음악적 경험을 통하여 심미적인 체험과 생활 속의 즐거움을 만끽할 수 있다. 그러므로 우리는 생활의 희로애락을 음악과 함께 나누고, 결국 음악은 우리 삶의 중요한 요소로 자리 잡고 있다.

음악의 정의에 관한 역사는 아주 오래전으로 거슬러 올라간다. 아리스토텔레스는 〈음악의 성격과 그에 대한 지식을 얻으려는 이유를 설명한다는 것은 쉽지 않다〉고 했다. 음악은 형식미와 감정표현을 위해 성악과 기악을 결합한 예술이다. 리듬, 선율, 화성이 주요요소이다. 그밖에 음을 구성하는 요소로는 음조, 음색, 기악편성법 등이 포함된다.

음악의 정의

음악은 민족과 시대에 따라 다양한 모습으로 나타난다. 음악은 모든 인간사회에 스며들어 있는 예술이며 의식, 예배, 의사소통, 오락 등과 같은 다양한 사회의 목적에 사용된다. 따라서 음악에는 각 민족별, 시대별로 다양한 철학과 문화를 담고 있다.

음악은 우리 생활과 문화에 밀접한 관계를 맺고 있다. 음은 우리 생활에서 가장 중요한 우리들의 생각과 느낌을 표현할 수 있도록 하는 하나의 전달 매체이기 때문이다. 따라서 우리들은 이 전달 매체인 음을 잘 정리하고 다듬어 생각과 느낌을 음으로 표현함으로써 마음에 기쁨을 얻게 된다. 그러한 과정 속에서 우리들의 생활도 음과 더불어 희로애락을 같이하면서 발전해 나간다. 이와 같이 음악이 없는 생활은 삭막할 뿐만 아니라 감정까지 메마르게 된다. 슬플 때 경쾌한 음악을 들으면 마음이 가벼워지는 것은 음악의 위대함 때문이라고 할 수 있다. 음악은 우리들의 귀를 통한 청각적인 자극으로서 시간적으로 흘러가기 때문에 시간적인 예술이라고 한다. 시간적인 예술을 오래 보존하여 여러 사람들에게 널리 펼치기 위해 기보법을 연구하여 오늘날과 같은 악보를 만들게 되었다.

다른 한편으로는 음을 전달하고 보관하기 위해 만든 여러 가지 매체들이 우리들의 생활 주변에 있기 때문에 음악이 우리들의 생활에 미치는 영향은 매우 크다. 이러한 음악적인 환경은 어릴 때부터 만들어 주는 것이 좋다.

모든 문화는 그들 자신의 전통과 관심과 삶을 반영한 그 자신의 음악을 갖고 있다. 따라서 다른 문화의 음악을 이해하려면 그 문화 시스템의 속성과 음악이 그 시스템 안에서 담당하는 역할에 대해 이해할 필요가 있다. 이것은 동양이나 서양 문화에서도 마찬가지이다. 중세 시대의 음악이나 18세기 오페라를 이해하려면 우선 서양의 문화적 배경에 대해서 이해할 필요가 있듯이 그 시대의 문화적 배경과 생활상을 이해할 필요가 있다.

2.2 음악의 역사

음악이 언제부터? 어떻게? 왜? 발생되었는가는 확실하지 않지만 약 5만년에서 1만 년쯤 전에 발생된 것으로 추정하고 있다. 그때는 음악이 주술이나 마술 등을 위해 발달하였고 악기로는 뼈로 만든 피리와 딱다기 등이 있었다. 음악이 동물의 울음소리를 따라 하기 위해 생겼을지도 모른다는 가설과 춤의 동작에 맞추기 위해 생겨났다는 가설 등이 있다.

원시음악은 음악의 역사 중 선사 시대에 만들어진 모든 음악을 지칭하며 세계의 각기 다른 지역에서 고대 음악으로 이어지고 여전히 고립된 지역에 존재한다. 그런 의미에서 민요, 토착 음악 또는 전통 음악으로 여전히 살아있는 음악으로 언급하는 것이 더 일반적이라 할 수 있다.

음악의 역사는 세계의 각 지역별, 음악의 장르별로 다르게 발달되었기 때문에 총체적으로 표현하기는 어렵다. 여기에서는 음악치료에 많이 사용되는 클래식음악의 역사를 중심으로 설명하도록 한다.

<표2-2> 서양음악의 연대표

시대	연대	주도국	특징	음악가
고대	BC 6세기경~ AD 4세기경	그리스-로마	주술음악 여흥음악	피타고라스, 플라톤, 아리스토텔레스 외
중세	4세기경~1450년	로마	종교음악	훅발도, 귀도 다렛조, 마쇼 외
르네상스	1450~1600년	네덜란드	세속음악	죠스껭, 기욤 외
바로크	1600~1750년	베네치아	조성음악	비발디, 바하, 헨델 외
고전	1750~1810년	독일어권	절대음악	하이든, 모차르트, 베토벤 외
낭만	1810~1910년	독일	표제음악	쇼팽, 슈만, 파가니니 외
20세기	1910~2000년	다국적	무조음악 외	쇤베르크, 슈톡하우젠 외
현대	2000~현재			

고대음악

음악은 건축이나 미술품과 달리 사라져버리는 소리예술이기 때문에 인쇄술이 발달하기 전까지는 짐작할 뿐이다. 고대음악으로서는 중국, 이집트, 헤브라이, 그리스 음악 등을 들 수 있다. 그중 고대음악을 대표하는 그리스 음악은 오늘날 서양 음악의 토대가 되었다고도 볼 수 있다. 클래식 음악의 근간은 고대 그리스 음악의 이론적 기초를 바탕으로 하며 고대 로마를 거쳐 중세 로마음악에 적용되었다. 서양음악의 시작이라고 볼 수 있는 그리스는 이성적이며 과학적인 음악을 만든 선진 국가였다. 우리가 수학자나 철학자, 과학자로 알고 있는 피타고라스나 플라톤, 아리스토텔레스도 이 시절 음악이론가로서 고대 그리스 철학과 음악이론의 기초를 만들었다. 음악적 실체에 접근한 최초의 음악이론가였던 피타고라스는 우주의 수많은 별의 조화로운 움직임과 음악을 이루는 여러 음들의 조화로운 움직임이 동일한 방식이라 여겼고 이를 음악으로 이론화시켰다.

플라톤은 단순성을 최고의 미덕으로 여겼으며 리듬적·선율적 복잡성은 그것들이 인간을 의기소침과 혼란으로 이끌기 때문에 금기시되어야 한다고 주장했다. 또한 음악은 하늘의 조화를 반영하는데 리듬과 선율은 천체 구조의 움직임을 모방하고 있으므로 그것들은 천체의 음악을 묘사하여 우주의 도덕적 질서를 반영한다고 주장했다. 반면 지상의 음악이 지니는 정서적 효과를 불신했으며 어떤 선법들의 감각적 성질은 위험스러운 것으로 규정했다.

아리스토텔레스는 모방으로서의 예술 개념을 보다 진전시켰으며 음악이 보편적인 것을 표현할 수 있다고 보았다. 예술작품이 그 안에 진리를 탐지할 수 있다는 그의 견해는 그러한 상징적 견해를 뒷받침했다. 플라톤과 마찬가지로 그는 음악이 인간의 성격을 이루는 힘이 있다고 생각했고 행복과 즐거움을 개인과 국가 모두에 요구되는 가치로서 인식했다.

이 시대의 음악은 단선율 구조이며 악보가 없는 즉흥적 음악으로 음악을 단지 오락물이나 예술로 간주하지 않고 마법의 힘이 깃들어 있다고 믿었다. 그리스 사상은 음악이 윤리적 삶에 영향을 준다는 신념과 음악이 수와 같은 요소로 설명된다는 사고 속에 음악이 인간의 정서와 연관되어 있다는 견해를 가지고 있다.

중세 음악

중세음악은 로마를 중심으로 한 종교음악이라고 볼 수 있다. 고대 그리스의 종교는 신화에 등장하는 여러 신들과 인간을 동등하게 취급하는 사상이지만 유일신을 섬기는 기독교는 절대적 신을 믿고 따르는 종교로 그 본질부터가 다르다. 기원전 313년 로마황제 콘스탄티누스 1세는 기독교를 정식종교로 공인하였고, 392년 기독교를 국교로 지정하였다.

11세기경 가톨릭의 종교의식인 미사가 정착되었는데 미사는 로마가 가톨릭을 국교로 인정하기 전까지 그리스어를 쓰다가 국교 선언 후 라틴어를 로마 가톨릭의 공식 언어로 사용하게 되었고 이를 음악과 함께 활용하였다. 이때 사용되는 음악은 종교적 의식에 쓰이는 음악으로 성서의 구절, 기도문, 성가 등에 단순한 음을 붙여 읊조리듯 낭송하듯 노래를 불렀다. 종교의식을 위한 기능음악으로 인간의 감정을 제외한 객관적인 무반주 단선율 음악으로 악보 없이 구전으로 전해 내려왔다. 가톨릭의 기독사상이 중심이 된 중세의 유럽사회는 문학이나 예술을 인간의 감정보다 신앙적 표현으로 인식하며 사람보다 종교를 우선시하였다.

성가에 대한 정보를 보존하고 널리 알리기 위한 고민으로 9세기경 지금의 5선보 같은 형태가 아닌 선과 점 등의 기호로 가사 위에 음의 높낮이를 표시하였는데 11세기경 1~2개의 선이 사용되다 차차 7~8개의 선으로 늘어났다가 귀도 다레초에 의해 2, 4선보로 안착되었으며 오늘날의 5선보는 14세기경부터 쓰이기 시작하였다.

기보법이 만들어지면서 즉흥적 단선율은 서서히 변형을 일으키기 시작하였으며 하나의 선율이 아닌 2개 이상의 선율을 동시에 사용하는 다선율의 사용으로 예술가들의 창작활동에 큰 변화가 일어나게 된다.

미사의 전례에 사용되던 그레고리오 성가에 외부적 요소들이 끼어들어 종교음악이라고 생각했던 것들이 전례에 사용되지 않아 자연스레 세속음악으로 바뀌었다. 이때의 세속음악이란 '예배음악에 포함되지 않는 모든 음악', 즉 종교적인 내용을 담고 있으나 예배에 사용되지 않는 모든 음악들을 말한다. 세속음악은 주로 지위가 높은 귀족들이 즐겨 찾는 장르였으며 작곡가들 중 대다수가 귀족 출신들이었다.

초기의 세속음악은 라틴어에 단선율이었지만 점점 자신들에게 맞는 지역 고유의 지방어를 쓰게 되었고 다른 특색들이 나타나게 되었다.

르네상스 음악

르네상스란 '재탄생'을 의미하는 것으로 고대 그리스의 부활 혹은 재생을 일컫는 세속적인 문예부흥운동이다. 인간중심 사상이 르네상스의 정신으로 종교가 우선이 아닌 개인의 예술이 존중되는 긍정적인 변화가 일어났다.

종교음악보다 세속음악이 더 큰 인기를 누렸고 악보로도 세속음악이 압도적으로 많은 수가 남아있다. 르네상스의 다성 음악은 4성부가 일반적이었으나 4성 이상의 성부를 파격적으로 늘리기도 하였으며 불협화음을 의도적으로 사용하였다. 우리가 알고 있는 돌림노래 형식 같은 모방기법, 대위법으로 발전한 카논의 부흥이 르네상스부터라고 할 수 있다. 단순한 카논은 2마디의 시작 선율이 지나고 나서 그다음 성부가 2마디를 쉬고 있다가 바로 똑같이 따라서 가는 것이지만 고급 카논은 2마디의 시작 선율이 지나고 그다음 성부가 같은 행태를 반복하는 것이 아니라 모방에 따른 비슷한 선율 혹은 음정의 간격을 두고 따라간다.

이들 기법의 진가는 이후 바로크 시대에 등장하는 음악의 아버지 요한 세바스찬 바흐로 인해 완벽에 가까운 위대한 음악 작품으로 재탄생된다. 이러한 형식의 카논을 미사곡, 모테트 등의 장르에 사용하면서 획기적인 르네상스 음악의 유행을 선도했으며 세속노래, 춤을 위한 기악곡 등이 주류를 이루었다. 또한 악보 인쇄술의 발명은 악보의 인쇄시대를 맞이하여 음악의 대중화를 이끌었다.

바로크 음악

원래 바로크는 '왜곡된 진주'라는 뜻으로 17,18세기의 미술양식을 말하는 것인데 일반적으로 1600년경부터 1750년경의 음악에 대해서도 이 명칭으로 부르고 있다. 르네상스 시대의 화가들은 '균형' '조화'를 중시한 작품이 유행했지만 이후 화가들은 빛과 그림자의 대비를 강조하고, 인간의 어두운 면을 그리기 시작했는데 그것이 '왜곡된 진주' '일그러진 진주'로 불리는 이유가 되었다.

바로크 음악의 역사적 배경을 보면 정치적으로는 절대주의 왕정으로부터 계몽주의로 이행을 볼 수 있으며, 경제적으로는 중상주의, 정신사적으로는 합리주의적·계몽주의적인 사조의 흐름 속에서 볼 수 있는데, 이러한 여러 사회적 흐름 속에서 궁정, 도시, 교회 등 세 활동범위를 기초로 바로크 음악이 발전하였다.

바로크 음악의 특징을 '대비'라고 말할 수 있는데 바로크 음악의 대부분은 가장 상위에 있는 주선율의 확실한 위치 선점과 또 이를 떠받치는 하위 선율들의 생동감 있는 움직임이다. 이러한 바로크 작법들은 세기의 대가들을 거쳐 오페라와 협주곡이라는 클래식 최고의 장르를 탄생시킨 결정적 역할을 하였다. 르네상스 말기 장·단조 조성체계의 변화가 감지되었는데 바로크에 와서 조성의 현대적 개념이 확립되었고 조성체계의 뼈대를 구성하는 화음시스템이 정립되었다. 또한 성악성부의 1~2개 정도의 성부수를 줄이고 대신 기악성부를 대체시켜 놓았다. 기악성부의 악기들은 고음이 아닌 저음의 소리를 내는 악기들로 배치해 성악성부들이 돋보이도록 하였다. 이것이 발전하여 반주가 있는 독창노래 모노디 양식이 만들어졌고 독주나 독창의 연주를 돕기 위한 반주라는 개념이 이때부터 뚜렷하게 자리 잡았다. 점차 기악영역에서도 사용되어 기악장르의 혁신을 가져오게 되고 바로크 말기부터 놀라운 확장성을 드러내게 되면서 새로운 성악기법인 레치타티보를 출현시킴으로써 오페라의 문을 열게 되었고 오라토리오, 수난곡, 칸타타 등 영향을 주었다.

바로크의 주요 악곡형식으로는 오라토리오, 칸타타, 합주협주곡, 신포니아, 푸가 등이 있으며 대표 작곡가로는 비발디, 바하, 헨델 등이 있다.

고전주의 음악

고전시대의 시작을 일반적으로 1750년으로 보는 것에는 이견이 없으나 고전시대를 마감하는 시기에 관하여 베토벤이

죽은 해인 1827년을 주장하는 학자들도 있고 이보다 훨씬 이전의 시기로 주장하는 학자들도 있다.

18세기 후반과 19세기 초엽은 일반 역사뿐만 아니라 음악적 형식과 스타일에서 중요한 변화를 가져오게 한 시기였다. 18세기에 들어 프랑스 혁명, 산업 혁명, 미국 독립혁명 등을 거치며 사람들의 의식에 변화가 오고 경제적 능력을 갖추기 시작한 중산층들은 왕족과 귀족들의 전유물로만 여겨졌던 음악을 즐기기 시작했다. 그러면서 음악가의 신분에도 변화가 있었는데 고전주의 초기 음악가 하이든 같은 경우는 평생 귀족의 후원을 받으며 에스테르하지 가문을 위해 작곡하면서 안정적이었지만 자유는 없는 삶이었다면 모차르트는 귀족, 교회의 후원을 거절하고 레슨, 악보, 연주 수입만으로 생활하려 했던 최초의 프리랜서 음악가로서 생활고에 시달렸었다. 베토벤은 귀족이니 교회의 후원 없이 악보, 연주, 레슨 등의 수입으로 생계를 해결하였으며 중산층들의 요구에 의해 악보 출판, 공공음악회 등에서 수입을 얻을 수 있었다.

귀족들의 전유물이었던 음악이 대중화되면서 많은 변화가 있었는데 이때부터 기악음악이 성악음악보다 중요하게 대두되기 시작했고 관현악과 현악 4중주, 현악 3중주, 현악 5중주, 피아노 3중주 등 실내악들이 유행하게 되었다. '고전'이라는 말 뜻에는 '모범적 예술, 균형적 형식, 누구에게나 쉽게 이해되는 성격, 시대 초월적 성격'이 포함되어 있다. 고전음악은 객관성, 정서적 제지, 형식의 명료, 어떤 구조적 원칙 고수 등으로 요약할 수 있다. 고전파 음악의 특징으로는 주요 3화음을 중심으로 한 기능 화성법의 확립, 소나타 형식에서의 제1, 제2 주제의 조성을 으뜸음과 딸림음과의 관계에서 파악하여 두 주제의 성격적 대비를 갖게 했다는 점, 그리고 2관 편성의 오케스트라, 소나타 형식에 바탕을 둔 교향곡, 협주곡, 실내악곡 등의 여러 가지 악곡형식을 낳았다는 점 등을 들 수 있다. 대표적인 작곡가로는 하이든, 베토벤, 모차르트 등이 있다.

낭만주의 음악

19세기 유럽에는 근대 국가들이 세워지면서 민주주의가 발달하고 산업혁명이 일어났으며 사회주의와 자본주의의 대립이 시작된 시기로 시민들의 삶과 의식에 많은 변화가 있던 시기다. 프랑스 혁명이 일어날 때 사람들은 뭔가 새로운 세상이 시작될 줄 알았으나 여전히 혼란스러웠고 사회의 부와 권력은 자본가라 불리는 새로운 세력, 부르주아들이 나눠가졌으며 서민들의 생활은 여전히 어려웠다. 무언가 발전한 듯 보였지만 격렬한 변화 속에 지칠 대로 지쳐있고 힘들었던 유럽 사람들은 예술에 있어서 반대급부로 신화, 꿈, 초자연적인 것, 과거의 역사 등에서 피난처를 얻고자 했는데 이러한 경향이 새로운 예술 흐름인 '낭만주의'를 탄생시켰다.

작품은 후원자나 귀족에 의해 만들어지는 것이 아니라 자신과 그것을 향유하는 사람들을 위해 만들어졌다. 예술가들은 시와 음악, 미술이 서로 밀접한 관계를 유지하는 가운데 관심과 활동의 영역을 넓혀 갔다. 음악회를 위한 장소가 마련되었고 많은 청중들이 음악을 즐기기 시작하였으며 작곡가와 연주가들의 사회적 지위가 격상되었다. 음악가는 자유롭게 독립된 전문직이며 작곡가와 연주가가 분업화되었다.

낭만주의 음악관은 가곡, 교향곡, 오페라 등에 영향을 끼쳤는데 가곡에는 예술가곡의 형태로, 교향곡은 표제 교향곡의 형태가 새로 등장하고 오페라 역시 세분화된 장르분화로 영향을 받았으며 교향시, 음악극의 장르를 탄생시켰다.

예술 작품에 대한 비평이 본격화되고 나라들 간의 교류 확대되었으며 진보된 악기 제작 기술과 인쇄술, 확산된 대중 교육 등이 예술의 급격한 변화에 큰 영향을 끼치고 있었고 특히 국민주의 경향의 대두 및 확산은 예술 작품의 내용과 표현 형태를 변화시키는 중요한 요인으로 작용하였다. 대표적인 작곡가로는 슈트라우스, 차이콥스키, 쇼팽, 리스트, 바그너 등을 들 수 있다.

현대 음악

현대음악 혹은 20세기 음악이라고 불리는 음악은 낭만시대 후기 이후에 탄생한 음악으로 지금까지 진행하고 있는 음악이라고 할 수 있다. 지금까지 이야기했던 음악사와 달리 현대음악은 하나의 정의로 이야기하기가 힘들다. 그만큼 다양화되었으며 계속 새롭게 발전하고 있기 때문이다. 가장 큰 변화를 가져온 원인 중의 하나가 과학의 무궁무진한 발전이라고 말할 수 있을 것이다. 예전에는 한 나라나 지방에서 생성되고 발전되었던 음악이 자리 잡다가 이웃으로 전파되고 변화되는 시간이 수백 년이 걸렸다고 한다면 지금은 실시간으로 세계 곳곳으로 전달되고 영양을 미칠 수 있다. 또한 전자음악의 발전으로 가상악기, 소리의 증폭장치 등 실제로 들을 수 없는 사운드를 전자음악으로 만들어 내는 새로운 분야도 시도하고 있다.

현대음악에서는 선율, 화성, 리듬 등도 자유롭게 사용하여 작곡한다. 예전의 음악에서는 각 시대마다 장르와 구성, 형태가 존재했지만 현대음악에서는 기존의 화성법을 무시하고 무조음악이나 12음 기법 등을 통해 작곡을 시도하고 있다. 대표적인 작곡가로는 쇤베르크, 존 케이지, 헨리 카웰 등을 들 수 있다.

한국음악

한국음악은 한국민족의 음악이다. 즉, 우리말과 글을 쓰면서 민족문화의 기본적인 동질성을 함께 누려온 한국 사람의 음악인 것이다. 따라서 외국음악이라 하더라도 오랜 세월 동안 우리나라에 뿌리를 내리고 우리나라 사람에 의하여 한국문화가 되어버린 음악은 한국음악의 범주에 속한다.

한국음악은 오늘날 크게 두 갈래로 구분할 수 있다. 전통음악인 국악과 서양음악인 양악이다. 여기에서 국악이란 좁은 의미로 사용된 것이며, 더 넓게는 과거와 미래를 잇는 오늘이라는 시점에서 과거의 음악문화를 바탕으로 하여 앞으로 전개되어야 할 민족의 음악을 가리킨다.

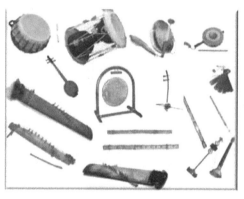

한국전통악기

한국의 전통악기

한국음악의 특징은 우선 음악의 구성요소에 잘 나타난다. 오늘날 서양음악에서 음악의 세 가지 요소라고 일컬어지는 선율(멜로디), 장단(리듬), 화성(하모니) 중 한국음악은 선율과 장단은 갖추었으나, 화성에 해당하는 요소가 빠져 있다는 점이 서양음악에 비하여 특징적이다. 또한 한국음악은 오랜 세월을 두고 중국과 교류하여 왔고, 중국음악의 영향을 많이 받았다는 역사적 사실 때문에 흔히 중국음악과 거의 비슷한 특징을 가진 것으로 간주되는 경우가 있으나, 사실상 한국음악은 선율, 장단, 형식, 연주법에서 서양음악이나 인접한 동양권의 음악과도 구별되는 뚜렷한 특징을 지니고 있다.

2.3 현대의 음악의미 이론
역동주의의 개념

오늘날 상징주의로 불리는 음악의 개념은 2명의 독일 철학자 쇼펜하우어와 니체의 철학에서 출발한 것이다. 그들은 각기 다른 방식과 용어를 사용하여 음악이론에 새로운 개념을 도입했는데, 두 사람 모두 역동주의라는 하나의 원리에 충실하고 있다. 그들은 음악을 다른 예술의 현현조건인 공간성을 갖지 않는 예술로 파악하고 내적인 과정의 역동성에 더 근접하는 것으로 여겼다. 쇼펜하우어는 플라톤의 이데아를 객관화된 의지로 보고 음악은 결코 다른 예술들처럼 이데아의 복사가 아니라 '의지 그 자체'를 담아낸다고 말한다. 그러므로 음악은 단순히 그림자에 대해 이야기하는 것이 아니라 물자체에 대해 말하고 있다는 것이다. 또 그는 인간의 감정과 음악과의 관계를 인정하고, 음악이 의지의 복사나 상징이듯이 음악은 정서적 삶의 유비라고 설명한다.

니체는 아폴론-디오니소스 양분법을 제시하고 전자를 형식과 합리성을 대표하는 것으로, 후자를 취태와 황홀을 가리키는 것으로 여겼다. 니체에게 있어 음악은 본질적으로 디오니소스적 예술이다. 〈음악의 정신에서 비극의 탄생〉에서 니체는 상징 만들기가 필연적이고 어느 정도는 자동적인 인간 활동이 된 20세기 상황을 예견했다. 그의 통찰력이 보여주는 풍부한 암시와 예지는 '상징적 유비'의 개념, 즉 실제 세계의 구성 요소들을 정돈하고 고양한다는 예술의 기능을 보여준다.

관련주의자와 비관련주의자

음악의미이론을 모색하는 사람들 가운데 가장 일관되게 일치되지 않는 생각은 음악이 음악 외의 의미를 지시할 수 있고, 또 지시한다고 주장하는 관련주의자 혹은 타율주의자와, 예술은 자율적이고 '그 자체를 의미한다'라고 주장하는 비관련주의자, 형식주의자 혹은 절대주의자 사이의 견해이다.

오스트리아의 비평가 에두아르트 한슬리크는 〈음악의 미〉에서 음악이 내적 원리와 이념을 가지는 예술이라고 주창했다. 그러나 열성적인 형식 주의자였던 한슬리크조차도 음악 내의 정서 문제에 고민했다. 한슬리크의 입장은 수정된 타율주의자의 이론으로 분류되고 있다.

현대 미국의 이론가 마이어는 저서 〈음악에 있어서의 의미와 정서〉에서 음악의 의미를 '지시적 의미'와 '구체적 의미'로 구별하는데 이것들은 외적·내적 의미와 같은 것으로 볼 수 있다. 만일 내적이고 구체적인 의미가 존재한다면 그것은 어떤 의미이고 어떻게 이해될 수 있을까? 극도의 형식주의자는 음향적 패턴 그 자체가 음악의 의미라고 주장할 것이다. 그러나 대부분의 비관련주의자들은 음악을 정서적으로 의미 있고 표현적인 것으로 간주한다. 관련주의자들 또한 음악에서 표현적인 내용을 찾는데 이러한 정서적 내용이 음악 외적인 것일지라도 문제 되지 않는다. 마이어는 대개의 관련주의자들이 표현주의자들인 반면 모든 표현주의자들이 관련주의자들은 아님을 주지한다. 그는 절대적 표현주의자와 관련적 표현주의자를 구별하는데, 자신은 '형식주의적·절대적 표현주의자'의 입장에서 있다.

상징주의자의 공헌

비록 형식주의적·표현주의적·심리학적 요소들을 보여주긴 하지만 20세기에 상징주의자로 분류되는 몇몇 학자들은 음악이론에 의미 있는 기여를 했다. 가장 영향력 있는 그리고 반론이 제기되는 사람은 랭어(Langer)이다. 그녀에 대한 완강한 비판은 그녀가 사용하는 상징이라는 술어가 분명한 어떤 것을 나타내는가 하는 것이었다. 그럼에도 그녀의 상징이 옹호될 수 있다면 그것은 그녀가 예술을 정서적 삶의 상징적 유비로서 추론하고 있다는 면에서이다. 그녀는 예술을 원래 유기적인 것으로 보는데, 이는 예술의 형식과 내용이 하나로 통일되어 있고 각 예술은 그것의 독특한 상태로 현상화된다는 상징주의자들 사이에 오랫동안 주장되어온 견해를 다시 반향 하는 것이다. 이에 따르면 음악의 상징은 성격상 음조적, 넓은 의미에서는 청각적이며 시간 내에서만 실현될 수 있다.

음악에 대한 상징적 해명에서 상황적 해명으로 넘어가기 전에, 약호가 이해될 때 지시적 의미를 만드는 외적 신호를 갖는, 음화가 대개 음악의 상징으로 이해되고 있다는 사실이 큰 혼란을 초래할 수 있음에 주목할 필요가 있다. 그러나 관련주의자들은 음악적 의미에 본질적으로 내재하는 상징이 존재한다는 주장을 기꺼이 수용하지 않는다. 또 음악의 사회적·심리적 효과에 관심을 가지는 이론가들은 내적이고 심오한 의미개념에 반대하기보다는 오히려 그런 의미에 무관심하다. 한편, 절대주의자라 하더라도 음악을 인간의 환경과 분리하여 연구할 수 없다. 마이어는 음악에 관한 논리적이고 철학적인 문제를 의도적으로 피하면서, "음악이 언어인지, 아니면 음악적 자극이 기호나 상징인지를 결정하는 어떤 시도도 하지 않는다. 음악의 의미와 소통은 문화적 상황이 고려되지 않고는 존재할 수 없다"라고 그는 주장한다.

정보이론

프랑스의 이론가 아브라함 몰(Abraham Moll)은 그의 저서
〈정보이론과 미적 지각〉에서 '정보이론'이라고 하는 새로운
과학을 음악지각에 적용했다. 여기서 그는 형식개념을 본질적
인 것으로 강조하면서 '소리 전언'이라고 하는 새로운 개념을
도입한다. 이 소리 전언의 차원은 한 작품을 다른 작품으로
변형시키는 기능을 가지고, 하나의 소리 전언은 그 자체로서
하나의 전체이다. 따라서 정보이론은 유기론자와의 새로운 연
대를 보여준다. 마이어는 정보이론을 전통적인 이론의 도움
없이 전개시키고 있다. 마이어에게 있어 정보이론을 통해 식
별된 음악적 전언은 비관련적이지만, 몰은 음악적 전언을 소
리 레퍼토리 상징들 내의 측정 가능한 요소들이라고 했다.

다시 말해서 정의될 수 있는 각각의 시간적 단계는 '언어에
의 음소와 유비될 수 있는 상징'을 나타낸다는 것이다. 음악
적 의미의 정수를 찾는 탐구는 실패할 수밖에 없는 운명인지
모른다. 내적인 의미, 외적인 의미, 무수히 많은 의미들이 존
재한다. 더욱이 모든 종류의 의미들은 그것의 사회적 장치 내
에서 그리고 그 장치를 통해 드러난다.

교회·극장·방송이 음악을 특징적 방법으로 존재하게 하는 데
영향을 끼쳐왔고 또 끼치고 있다. 예컨대 현대의 음악회는 형
식적이고 자율적인 의미를 강조하는 고안이다. 이런 차원에서
연주실제와 관련된 음악적 의미의 고찰도 가능할 것이다.

2.4 음악비평
음악비평역사

음악비평이 처음으로 그 버팀목을 얻게 된 것은 17, 18세기
에 이르러서였다.

체계적인 비평가로 공헌한 초기 음악 저술가들로는 프랑스의 장 자크 루소, 독일의 요한 마테존, 영국의 찰스 에이비슨과 찰스 버니가 있었다. 그들의 작업은 유럽 전역에서의 정기 간행물 및 신문의 출현과 그 시기를 같이한다. 최초의 음악 비평전문 저널은 1722년 마테존이 간행한 〈음악비평〉이었다.

세기가 바뀌면서 아카데미즘의 시대가 가고 묘사의 시대를 맞이했다. 낭만주의 시대의 지도자인 슈만·리스트·베를리오즈는 종종 음악 안에서 시적이고 문학적인 개념을 구체화시켰다. 대부분의 낭만주의 음악가는 묘사적 비평가들이었다. 이 시기의 가장 영향력 있는 비평가였던 슈만은 1834년 정기간행물 〈신음악지〉를 창간하여 10년 동안 편집장을 맡았다. 이 비평지는 음악과 음악가에 대한 대단히 분별 있는 통찰의 글로 가득 차 있다.

19세기 후반은 현대 음악비평의 아버지로 불릴 만한 빈의 비평가 에두아르트 한슬리크에 의해 지배되었던 시기였다. 그의 〈음악의 아름다움에 대하여〉는 비평사의 한 이정표를 이루며, 낭만주의 경향에 맞서서 음악의 자율성과 다른 예술에 대한 음악의 독립성을 강조한 그의 글은 보다 분석적이고 덜 묘사적이다.

한슬리크의 영향으로 20세기의 비평가들은 분석의 시대를 위해 묘사의 시대를 거부했다.

비평가들은 구조, 주제성, 조성과 같은 말을 즐겨 썼다. 후고 리만, 하인리히 솅커, 도널드토비 경, 어니스트 뉴먼, 아르놀트 쇤베르크 등을 비롯한 음악미학의 진정한 근거를 질문하는 일군의 음악가 겸 사상가들이 등장했다. 비평 자체가 비판되고, 그것의 근본적인 약점이 진단되었는데 그 탐구는 음악 평가를 위한 판단 기준을 모색하는 것이었다. 이러한 연구는 20세기 후반에 급속히 변화된 음악어법에 의해 그 어느 때보다 더 절박한 문제가 되었다.

비평의 실제

비평의 실제는 가치판단을 표현하는 것이다. 그렇다면 비평 이론은 그 가치 판단을 설명하는 것이 될 것이다. 비평가가 어떤 작품은 걸작이고 어떤 작품은 범작이라고 확인하는 것만 으로 충분하지 않다. 그 이유를 해명하는 시도가 있어야 하는 것이다.

통일성: 빈 출신의 비평가 루돌프 레티는 그의 〈음악의 주 제적 과정〉에서 훌륭한 작품이란 단일체를 다양화시키는 것이 라고 주장했다. 다시 말해서 그 작품들은 모든 가능성과 정보 를 함축하고 있는 하나의 개념으로부터 생성된다는 것이다. 그 음악에 들어 있는 대조적 주제들은 그 주제 각각이 하나의 기본적 사고의 다른 측면을 나타내기 때문에 함께 엮어질 수 있다.

매체: 또 하나의 문제는 왜 하나의 작품이 특수한 매체를 통 해서 표현되느냐 하는 것이다. 만일 어떤 작품이 다른 걸맞지 않은 매체로 변형된다면 그것은 이상스럽게 왜곡된 형태로 보 일 것이다. 이러한 사실은 음악의 법칙이 근본적으로 작용하 고 있는 그 매체가 가지고 있는 사상의 동일성이라는 가장 선 명한 확증을 보여주는 것이다. 음악가의 영감은 자신이 표현 하고자 하는 매체를 선택하는 한편 어떤 악기가 지니는 한계 를 결코 무시하지 않는다.

주제의 전·후 관계: 훌륭한 작품일 경우 그 주제의 출현은 왜 순서적으로 바뀌지 않는가? 즉 왜 주제의 전후관계가 좋게 들리는가? 만일 훌륭한 소나타나 교향곡의 악장들이 서로 바 뀐다면 그 결과는 음악적으로 형편없는 것이 될 것이다. 한 악장의 주제와 같은 곡의 다른 악장의 주제 사이에서도 마찬

가지이다.

경제성: 위대한 음악작품에서는 경제성의 법칙도 발견된다. 브람스는 "모든 음은 그 음이 있어야 할 자리에 있는 것이 가장 중요한 점이다"라고 말했다. 실제로 음악적 의미를 소통시키는 데 요구되는 음보다 음이 많거나 또는 적을 경우 의미는 불분명해진다. 이 법칙은 3가지 하부원리로 구분될 수 있다.

첫째, 생각과 발화 간의 동일성의 원칙이다. 한 작곡가가 의도한 것과 실제로 그가 작곡한 것 사이에 구체적인 음악적 차이가 존재한다.

둘째, 형식과 내용의 관계이다. 어떤 음악가들은 형식과 내용 사이의 구분이 잘못된 것이라고 말한다. 그들은 한결같이 다른 하나는 들려지지 않으며, 하나는 다른 하나의 유기적 결과라고 주장한다. 그러나 구별을 하지 않을 수 없는 이유는 좋은 형식일 경우 형식은 음악재료로부터 불가피하게 주어진 것이지만, 나쁜 형식일 경우는 음악이 생겨난 내적 방향과 그 음악이 따라야 하는 외적 방향이 결과적으로 구분되기 때문이라는 것이다.

셋째, 가청성이다. 모든 작품의 실제 원리가 총체적인 청각적 효과임에도 어떤 악절은 실제 연주에서는 들리지 않을 때가 있다. 예컨대 협주곡에서 독주자가 건반 위아래를 오르내리며 포르티시모를 연주하는 장면에서도 그 음들이 들리지 않는 경우를 상상해보라. 그 외 다른 원칙들은 작곡이론의 원칙들과 크게 다를 바 없을 것이다. 이러한 원칙에 대한 연구는 훌륭한 음악에 담겨 있는 가치의 느낌을 궁극적으로 정당화시키는 과정에 대한 탐색이다.

이와 같은 비평가의 해명이나 이유를 위한 형식에도 불구하고 비평의 실제 예를 통해보면 비평에 대한 여러 가지 방법들을 볼 수 있다.

음악비평의 실제

음악작품에서 받은 인상을 표현하기도 하고, 작품을 분석하고 작품의 표현양식이나 시대상황을 분석하기도 한다. 작품이나 연주가, 시대를 비교하고 연주평가나 관객들의 표정이나 반응을 단순 평가하기도 한다. 비평에 있어 객관성을 강조할 수도 있고 주관성만을 고집할 수도 있다. 비평가는 일종의 이중적인 비전을 연마할 필요가 있다. 마음은 한껏 열려있어야 하고 다감해야 하며 동시에 축적된 경험이 있어야 한다. 비평가의 마음은 감동됨의 능력을 상실하는 일이 없이 냉정하고 논리적이어야 한다. 비평가는 주관적인 동시에 객관적이어야 한다. 음악비평은 규칙적으로 세상에 대해 책임을 갖고 행해지는 음악작품 및 음악활동에 관한 의견표명이며 음악비평가는 음악이라는 시간예술 장르의 생산과 소비를 잇는 가교 역할이기 때문이다.

2.5 음악연주

연주는 음악적 사고가 실현되고 듣는 이들에게 그것이 전달되는 음악 과정을 가리킨다. 사람들이 소리로부터 도출하는 즐거움은 그들 자신이 소리를 만드는 데서 얻는 즐거움과 언제나 밀접하게 연관되기 때문에 음악의 기원을 연주행동과 분리하여 생각한다는 것은 어려운 일이다. 노래는 아마 가장 오래된 음악활동일 것이다. 한 사람이 부르는 단조로운 음악형태는 교창과 응창식의 부르기 방법으로 발전하고 나중에는 다성 음악이라는 새로운 양식의 음악을 낳았다. 해석적 예술로서의 음악은 상대적으로 최근의 현상이다. 연주자가 해석자의 역할을 하게 되는 것은 시기적으로 기보법의 발전과 일치한다. 해석자로서의 연주자는 인쇄된 악보에 대한 이해를 전제하여 그에게 부과된 한계영역 내에서 음악을 연주한다. 또한 그의 개인적 취향이 그가 연주하는 음악에 대한 정보와 충돌하는 정도 안에서 연주할 수 있다.

고대 수메르, 이집트, 그리스, 로마인들은 현대 서구세계의 음악과 관계를 가지는 최초의 미학이론과 음악체계를 보여주었지만 불행하게도 현존하는 실제 음악에서는 그 예를 찾아볼 수 없다. 중세에는 음악연주의 전통이 교회음악과 방랑 음유시인들의 음악에서 유지되었고, 르네상스 시대에는 다성 음악과 근대적 조성의 선구적 형태의 음악이 작곡·연주되었다. 바로크 시대 동안 연주자는 음악적 관심과 목적의 중심인물로 등장했다.

개인 연주가의 역할이 증대되고 연주기교를 과시하는 극적인 몸짓이 점점 많이 나타났고, 악기구성의 세련성도 강조되었다. 또한 현악기·관악기·건반악기의 조율을 위해 평균율 체계를 씀으로써 음악언어의 성격에 근본적인 영향을 미쳤다. 그 뒤를 이은 로코코와 고전시기에는 장식적이고 대위법적인 바로크 음악이 포기되고 미묘한 음량에 차별성을 주는 음악이 선호되었다. 조성적 재료와 보다 큰 규모의 음악형식은 소나타나 오페라 같은 음악을 가능하게 했다. 한편 낭만주의 시기는 심오한 문학적 내용을 바탕으로 로코코적 원칙이 세련되고 강화된 시기였으며 또한 거장 연주자들이 출현했고, 관현악단이 그 극한까지 발전한 시기였다. 대체로 현대음악은 제1차 세계대전 무렵에 시작되었다고 볼 수 있는데 음악회는 유명한 지휘자와 연주자들이 음악적 기반을 지배하면서 어느 정도 19세기의 모습이 유지되었다. 보다 많은 실내악, 교향곡, 오페라 프로그램들이 연주되었지만 소위 음악상의 진보는 20세기에 등장한 재즈, 록, 즉흥음악, 실험음악, 전자음악, 라이브 음악, 멀티미디어 그룹의 시도에서 찾을 수 있게 되었다

Fiddle string 오케스트라 음악연주

2.6 음악의 장르

다양한 음악치료는 음악, 감정, 신체적 감각의 상호작용을 활용으로 음악은 성악이나 악기에 의한 리듬과 멜로디 그리고 신체적 율동을 활용한다. 음악치료에 활용되는 음악은 치료 대상자들이 잘 호응할 수 있는 음악, 잘 따라 할 수 있고 흥

이 날 수 있거나 옛 경험이나 감정을 떠올릴 수 있어 대상자의 감성을 자극할 수 있는 음악선곡이 필요하다. 지금까지 연구된 음악치료에서의 음악은 연구자의 선곡으로 알려진 장르와 곡들이다.

요즘 한국사회를 강타하고 있는 트롯은 이미 주부 음악실에서 인기 만점으로 음악치료의 효과는 간접적인 인증이 끝났다고 해도 과언이 아닐 것이다. 이와 같이 음악치료는 치료의 목적, 치료대상인 개인이나 집단, 환경에 따라 맞춤 음악치료로 연구되고 활성화될 것이다. 이런 의미에서 대표적인 음악장르에 대한 간단한 소개를 한다.

오페라

오페라는 성악을 중심으로 하여 관현악단의 반주로 진행되는 연극의 한 형태이다. 화려한 무대 밑으로 관현악단이 자리 잡고 있으며 서곡을 시작으로 드라마가 펼쳐지는데 주인공이 혼자 부르는 아리아와 말하듯이 부르는 레치타티보, 중창, 합창 등으로 구성된다. 상황에 맞는 무대장치와 무대의상 등 드라마적인 요소를 가지고 있는 언어예술 · 시각예술 · 음악예술이 함께한 종합예술이라고 할 수 있다.

교향곡

관현악을 위해 작곡된 가장 규모가 큰 기악곡으로 보통 4악장으로 구성되어있다. 고전주의 시대 기악음악에서 가장 중요한 장르로 교향곡을 이야기할 수 있는데 하이든과 모차르트에 의해 완숙한 형태를 갖추게 되었다.

교향곡은 이탈리아 오페라의 도입 악곡에서 유래하였고 독립된 교향곡의 아이디어는 급속히 퍼져나갔다. 곧 이탈리아, 독일, 영국의 작곡가들은 오페라와 상관이 없이 교향곡을 작곡하게 되었다. 보통 1, 2 바이올린, 비올라, 첼로, 더블 베이스의 연주자로 구성한다.

실내악

18세기에 음악에 관심 있는 중산층 가정이 늘어나면서 상대적으로 소규모의 방에서 연주되도록 만들어져 실내악이라고 불렸다. 여러 가지 악기 조합을 위한 2중주, 3중주, 5중주 등이 있으며 이 시기 실내악의 가장 중요한 유형은 현악 4중주와 소나타였다. 현악 4중주는 4대의 현악기, 즉 2대의 바이올린, 1대의 비올라와 첼로로 구성된다.

트로트

트로트라는 말은 서양의 춤곡인 폭스 트로트에서 유래했지만, 한국 대중가요의 트로트 양식과 폭스 트로트는 2박자라는 점을 빼고는 관련성이 없다. 트로트는 '라시도미파'의 단조 5음계를 사용하거나, '도레미솔라'의 장조 5음계를 '라'의 비중을 높여 사용하는 독특한 음계를 지닌 노래다. 1960년대 말에 이르러 '뽕짝'이라는 다소 비하적 명칭이 등장하여 꽤 오랫동안 공식적인 명칭으로 통용되기도 했으나 이의 반작용으로 1980년대 후반에 전통가요라는 이름으로 불리기도 했다. 고복수가 부른 타향살이와 이난영이 부른 목포의 눈물에 이르러 그 형태가 확고히 정착되었다. 트로트는 시대의 굴곡에 따라 부침을 함께하며 대중들의 애환을 달래주었고 현재는 폭발적인 인기를 구가하고 있다.

이디엠

일렉트로닉 댄스 뮤직의 줄임말로 전자음악인 일렉트로니카 음악에 속한다. 주로 클럽 등에서 디제이가 춤추기 좋게 믹싱

한 음악을 일컫는다. 댄스 음악이라고 해서 반드시 빠른 템포의 음악만 있는 것은 아니며 다양한 음악 장르를 포괄한다. 이디엠에는 테크노나 하우스, 덥스텝, 트랩, 트랜스 등이 있다.

디제이는 턴테이블과 믹서를 사용해 두 개 이상의 음악을 섞어 새로운 느낌을 만든다. 특히 이디엠을 만드는 디제이들은 기교보다는 클럽을 찾은 사람들이 춤을 출 수 있도록 흥겨운 분위기를 연출한다.

블루스

20세기 초 미국 남부 흑인들이 부르기 시작했으며 단순하면서도 표현적인 형식으로 1960년대 미국 대중음악의 발전에 큰 영향을 끼쳤다. 블루스 양식은 표현력이 풍부하고 음조의 변화가 크다. 본래 블루스는 성악 음악이며, 블루스 노래는 이야기의 줄거리보다는 주로 사랑 때문에 느끼는 슬픔이나 애수 따위의 감정을 표현한다. 블루스는 연주자들이 이러한 느낌들을 음악적으로 잘 표현하기 위해 멜리스마, 당김음 같은 성악 기법이나 기타 줄을 목 쪽으로 구부려서 연주하거나 금속판이나 유리병을 기타 줄에 대는 '초킹' 연주기법으로 흐느끼는 듯한 소리를 내는 기악 기법을 쓴다.

컨트리 음악

컨트리 음악은 미국 대중음악의 한 장르다. 1920년대 초반 미국 남부 애팔래치아 산맥에 이주해온 이민자들이 유럽에서 가져온 음악에 가스펠, 켈틱 음악, 재즈, 블루스 등 다양한 음악이 더해져 컨트리 음악이 형성됐다. 이후 여러 장르와 섞이면서 컨트리 록, 컨트리 포크 등 하위 장르가 만들어졌다. 기타, 벤조, 바이올린, 드럼, 하모니카, 베이스 등을 사용하며 쉽고 단순한 멜로디가 특징이다.

뉴에이지 음악

클래식이나 팝 등 장르의 구분에서 벗어나 피아노와 같은 전통악기는 물론 신시사이저나 어쿠스틱 악기처럼 첨단 전자악기를 이용해 동서양의 교감을 표현해 편안하고 감미로운 느낌이 든다. 이 때문에 스트레스 해소나 심리치료, 명상음악으로 사용되기도 한다. 1960년대 비틀스가 팝을 지배할 때 한편에서는 토니 스콧, 폴 혼 같은 사람들이 동양의 사상과 종교, 철학을 음악에 담으려는 시도를 했는데 이것이 뉴에이지 음악의 시작이라 할 수 있다.

발라드

민속 발라드는 사실성과 투박함으로 대담하고 자극적인 효과를 얻는 양식으로, 간결한 이야기를 서술한다. 발라드는 긴장감과 정서적 분위기 강화를 위해 다양한 기법을 사용하는데, 가장 일반적 방법으로는 중심단어나 줄, 문구들을 여러 번 반복하는 것이다. 잉글랜드, 스코틀랜드, 아일랜드, 미국, 프랑스, 덴마크, 독일, 러시아, 그리스, 스페인 등지에 중요한 발라드 양식들이 있고 그 형식적 특성은 지역에 따라 다양하다.

랩 메탈

헤비메탈은 사이키 델릭 록, 글램 록, 펑크 록, 얼터너티브 록 같은 전혀 다른 형식의 음악과 영향을 주고받으면서 서로 섞이기 쉬운 록 음악 형식 중 하나이다. 랩 메탈과 그것의 관련 형식인 뉴 메탈은 랩 가사와 턴테이블에 의존하는 사운드를 전통으로 하는 힙합에 헤비 메탈적인 악기 편성을 조합한 음악 형식을 대표하였다. 랩 메탈은 뉴 메탈보다 앞서 유행하였고, 랩 메탈의 초기 음악들은 기존의 랩 아티스트들과 메탈 아티스트들이 만든 다소 단순한 합작품의 특징을 보여주었다.

재즈

재즈는 19세기 말~20세기 초 미국 뉴올리언스의 아프리카계 미국인 사회에서 유래된 음악 장르로 블루스와 래그타임에 뿌리를 두고 있다. 재즈는 스윙·블루 노트, 콜·응답 보컬, 폴리리듬, 즉흥 연주 등이 특징이다. 재즈는 서아프리카의 문화와 음악적 표현, 그리고 아프리카계 미국인 음악 전통에 뿌리를 두고 있다. 재즈가 전 세계로 퍼져나가면서 국가, 지역, 지역 음악 문화를 끌어들였고, 이는 다른 스타일을 낳았다. 뉴올리언스 재즈는 1910년대 초반에 시작되었는데, 이전의 브라스 밴드 행진곡, 래그타임, 블루스와 함께 집단적인 즉흥 연주를 결합하였다. 1930년대에는 춤 중심의 대형 밴드들이 많이 편곡되어 있었고, 하드스윙, 블루스, 즉흥적인 스타일인 캔자스 시티 재즈와 집시 재즈가 두드러진 스타일이었다. 재즈는 시대별로 여러 형태로 발전해오다 1980년대 초, 스무스 재즈라고 불리는 재즈 퓨전이라는 상업적 형태가 성공하여 라디오의 중요한 부분을 담당하였다. 2000년대에는 라틴 재즈와 아프로쿠반 재즈 등 다른 스타일과 장르가 결합하여 풍부해졌다.

팝

팝은 대중음악의 가장 기본이 되는, 장르로서 쉽게 귀를 잡아끄는 리듬 요소, 멜로디와 후렴, 메인스트림 스타일과 전통적인 구조를 특징으로 하는 대중음악장르이다. 팝 음악이란 단어는 1926년 "인기 있을만한 매력이 있는" 음악이란 의미에서 사용되었으나, 1950년대 이후로는 하나의 대중음악장르로 인정받았으며, 처음에는 로큰롤의 가벼운 버전으로 생각을 하였다.

힙합

힙합은 1970년대 미국 뉴욕의 브롱스에서 유행하기 시작한 춤과 대중음악으로부터 파생된 거리문화이다. 아프리카계 미국인들의 음악, 패션, 예술 등 전반적인 삶의 양식을 조합하여 새로운 스타일을 만들어 내는 방식을 힙합이라고 호칭하기 시작하였으며, 이때가 1974년 11월이었다. 힙합의 초기에는 팝, 펑크, 레게, 소울, 재즈 등 대중음악에서 추출한 샘플링이나 프로그래밍을 중심으로 한 트랙을 녹음해서 블록파티에 즉흥적인 춤판에 쓰다가, 음악을 틀던 DJ들은 곡 몇 가지 부분에 관중들을 향해 분위기를 맞추기 위해 이런 저런 말들이나 후렴구 도는 미사여구들을 뱉었는데, 그것이 차차 디제이로부터 분화되어 스테이지 위에서 사회를 보는 역할이 따로 만들어져 MC 또는 래퍼가 생겨났고, 그러므로 랩이라는 개념이 탄생하였다.

레게

레게는 1960년대 후반 자메이카에서 발전한 음악 장르이다. 자메이카 음악의 한 장르인 스카와 록스테디에서 출발하여 여러 음악 장르의 영향을 받아 발전하였다.
레게의 음악적 특성은 오프 비트라 불리는 독특한 약박 리듬에 기반한다. 레게의 리듬은 4분의 4박자로 보통 스카보다는 느리게 연주되며 한 마디의 세 번째 박이 강박이다.

디스코

디스코는 빠르고 경쾌한 리듬감으로 이루어진 대중음악장르이다. 1977년 존 트라볼타 주연의 영화 '토요일 밤의 열기'가

세계적으로 크게 인기를 얻으면서 널리 알려졌다. 한국에서는 1979년부터 격렬한 동작에 의한 정열적인 디스코가 젊은이들에게 급속도로 전파되었다. 그 후 디스코에서 하우스 디스코로 발전되었다. 대중적인 멜로디 라인으로 몸을 움직이기 쉬운 장르이며, 테크노보다는 기계적인 요소가 적은 것이 특징이다. 또한, 16비트 음악인 펑크의 빠른 템포를 빌려온 것으로 춤추기 좋은 8비트의 흥겨운 곡조로 변형된 것이다.

록은 1950년대 초 미국에서 생겨난 대중음악의 한 형식이다. 록은 일반적으로 보컬, 리드 전기 기타, 베이스 기타, 드럼의 넷으로 구성되며, 강렬한 기타 혹은 드럼 소리가 특징이다. 대개 보컬, 전기 기타, 그리고 강한 백비트로 구성되며, 백비트는 색소폰과 같은 여러 종류의 악기들에 의한 스타일이 일반적이다. 록 음악은 젊음의 기쁨을 찬양하거나 때로는 젊은 층이 가진 욕구 불만을 표현하기도 한다.

K-POP

K-POP은 한국에서 대중적 인기를 얻는 유행 음악을 말한다. 간단히 가요라고 부르기도 하며, 영미권의 대중음악을 팝이라고 부르고, 영미권 이외의 국가의 대중가요도 국가 이니셜을 붙여 나타내는 데서 K-POP이라고 쓴다. 특히 한국 대중가요가 해외에서 인기를 얻게 된 이후에 K-pop이라는 명칭이 한국이 외 국가에서 한국 대중가요를 가리키는 이름으로 널리 사용된다.

가곡

일명 예술가곡이라고도 한다. 가곡의 기원은 7세기경의 '그레고리오 성가'에 두고 있으며, 중세, 바로크시대, 고전시대를 통하여 발전하였고, 낭만시대의 슈베르트에 의하여 본격적인 예술가곡이 작곡되었다.

우리나라에서의 가곡은 기독교 도입에 의한 찬송가와 일제강점기 시대에 홍난파는 겨레의 슬픔과 고뇌를 그린 김형준의 봉선화에 자신이 작곡한 바이올린 곡 애수의 가락을 붙여 가곡 봉선화를 완성하였다. 그 뒤 금강에 살어리랏다, 봄 처녀, 사공의 노래, 사랑, 성불사의 밤, 옛 동산에 올라, 장안사 등을 발표하여 우리나라 가곡의 길을 개척하였고 넓혀나갔다.

민요

민요는 민족적인 감정이나 기호를 자연발생적으로 멜로디로써 나타낸 것이다. 음악을 직업으로 하지 않는 서민이 만들어 내는 것이므로 최초의 멜로디는 목소리에 의존하며, 악기로 연주되는 것은 아니다. 따라서 가락의 원형은 악보에 기재돼 있지 않으며, 기보는 뒤에 음악적 지식이 있는 사람이 기보한 것이다. 악보에 기재되어 있지 않은 가락은 구전되는 동안 다듬어진다. 따라서 민요는 작사자도 작곡자도 불분명한 것이 대부분이며, 작가가 분명한 것은 극히 드문 것에 지나지 않는다. 일반 서민이 감정을 넣어 부르는 노래이므로 자기 나라말로 부르며, 따라서 그 나라말의 악센트가 노랫가락에 나타나 있다. 리듬도 역시 그 나라 말에 따라 달라지는데, 민요는 모국어의 특색을 그대로 반영함과 동시에 국민적인 감정을 자연스럽게 표현하고 있다. 우리민요의 경우 일제강점기에는 극심한 탄압을 받기도 했는데, 지금은 외래음악의 도입 등으로 직업적인 소리꾼만이 그 명맥을 유지하고 있으며 민간에서는 널리 불리지 않고 있다.

동요

어린이들의 꿈과 의욕을 담고 있으면서 어린이들에 의해 불리는 어린이들을 위한 노래이다. 동요의 바탕에는 단순, 보편성 및 이상과 몽환이 담긴 낭만주의적 요소와 함께 윤리성, 교육성으로 집약되는 인도주의적 요소가 있다.

동요는 언제 누가 지었는지 알려지지 않은 채 전래되어 온 전승동요와 어른이 어린이들을 위해 창작한 창작동요로 나뉜다. 전승동요는 민요, 설화, 속담 등과 더불어 구비문학에 속하며, 내용은 자연의 변화를 노래한 것이 많고, 유희를 하면서 부르는 것이 대부분이다. 창작동요는 동시, 동화, 동극 등과 더불어 아동문학에 속한다.

3. 음악치료의 영역과 치료활동

음악치료는 19세기 해부학, 박테리아학, 생화학, 신경·정신과학 등의 발달과 더불어 의료적 목적에서 서서히 도입되었다. 최초에는 환자의 심신을 안정시키기 위한 목적이었으나, 음악을 통한 긍정적인 효과가 임상적으로 증명됨에 따라 음악을 통한 체계적인 치료의 필요성이 대두되었다. 특히 20세기 중엽, 제2차 세계대전 이후 재향 병원을 중심으로 정신과 의사들에 의해서 본격적으로 활용되기 시작했다.

이 분야의 선두라 할 수 있는 미국에서는 이미 1940년대에 음악치료 관련 학과가 대학에 개설되었고, 1950년대는 전국음악치료협회가 설립되어 다양한 치료영역으로 확대 발전하였다.

음악치료 활동과 영역

3.1 음악 치료의 기법
순수 수동적 음악치료법

음악을 들을 때에 음악을 듣고 긴장이 풀린다거나 안정감을 느낄 수 있는 음악과 흥분을 고조시키거나 활동성을 자극, 또는 더욱 촉진시키는 음악으로 나눌 수 있다. 전자의 경우를 휴식위주상태 음악이라고 하고 후자의 경우를 성취위주상태 음악이라고 부른다. 이와 같은 음악 효과를 재활의학, 물리치료에 적용, 발전되었다. 이와 같은 음악 효과를 이용하여 현대에는 고속도로 교통사고를 예방하기 위하여 우리의 마음을 차분하게 안정시키는 음악을 라디오 방송을 통하여 송신하기도 하고, 또 다른 예로 구매 의욕을 촉진시키기 위한 광고 음악으로 이용하기도 한다. 순수 수동적 음악치료의 예로 소개된 질환별 음악 요법용 클래식 음악 목록은 조정적 음악치료라고 불리고 있고 오디오와 같은 매체를 이용한 치료방법으로, 음악치료를 시도하는 여러 병원에서나 연구소에서 질병에 따른 다양한 음악 프로그램으로 시도되고 있다.

순수 능동적 음악치료법

이 치료법은 음악치료 시간의 전체를 환자 스스로가 직접 연주하는 치료 방법으로 오르프 음악치료와 창조적 음악치료라고도 불리는 노도프-로빈스(Nordoff-Robins) 음악치료가 있다.

오르프 음악치료는 타악기를 이용하여 노래와 더불어 주로 특수 아동들에게 시행되고 있다. 초등학교의 음악시간을 연상하면 이해될 수 있는 이 치료법은 타악기의 원초적 음을 이용한다. 원시음악에서 발견되는 타악기는 아직 문명과 접하지 않은 순수한 어린이와 쉽게 친해지고 특별한 연주지식이 없어도 음악을 만들 수 있는 이점이 있기 때문이다. 보통 음악치료에 사용되는 악기는 치료사가 연주하는 악기와 내담자가 연주하는 악기로 나뉘는데 내담자가 타악기로 단순한 연주를 한다면 치료사는 여러 종류의 악기로 리듬을 붙여가며 내담자가 표현하는 음에 살을 붙여가며 치료를 진행한다.

노도프-로빈스 음악치료는 처음에는 특수아동들의 치료목적으로 시행되었으나 최근에는 종합병원의 성인 환자치료로 영역을 확대해가고 있다. 이 치료법은 인간의 숨겨진 음악자질의 존재를 통해 숨겨진 자아에 도달할 수 있다는 이론이다. 모든 노르도프-로빈스 음악치료사들은 첫째, 모든 개인 안에 장애의 여부와 상관없이 존재하는 선천적 음악성을 통해 여러 장애적 요소를 넘어 개인이 자기실현적 성장을 할 수 있다는 신념을 가지며, 둘째, 음악을 치료의 가장 중요한 수행자로 간주하고, 셋째, 선천적 음악성을 최대한 발현시키기 위해 즉흥음악을 사용한다. 이 치료법은 두 사람의 치료사가 필요하며 한 사람은 항상 피아노 앞에 앉아 환자가 제시한 음악적 근원을 피아노 즉흥연주로 표현한다. 또 다른 한사람은 환자를 도와 치료실에 비치된 악기로 인도하거나 아니면 환자가 원하는 음악을 연주할 수 있도록 한다. 이 치료법은 환자의 동기에 의존하여 환자와 함께 즉흥적으로 음악을 만든다. 여기서 창조적 음악치료란 개인의 성장 기제로서의 선천적 음악성과 음악의 치료적 힘에 대한 기본적 믿음을 바탕으로 한 개인의 선천적 음악성 발현을 촉진하기 위해 치료로서의 음악을 창조적으로 사용하는 음악치료의 한 형태로 정의할 수 있다.

수동·능동적 음악 치료법

수동·능동적 음악 치료법은 치료 시간 중에 환자가 직접 연주에 참가하기도 하고, 치료자와 함께 만들어진 음악에 관하여 대화하기도 하고, 연주되는 음악을 듣기도 하는 치료법으로 분석적 치료법, 형태론적 치료법, 통합적 치료법, 인간본질 접근 치료법 등이 있다. 분석적 치료법은 프로이드의 정신분석에 연관된 음악치료법으로 질병의 원인은 밖으로 나타나지 않은 무의식과 환자의 과거 속에 있다고 보고 음악을 단지 대화소통의 매체로 이용하는 치료법이다. 치료자와 환자와의 대화 후, 음악 만들기를 통해 환자가 만들어 내는 음악에 맞추어 치료자와 함께 즉흥연주가 이루어지는데 환자들은 자신에게 영향을 주었던 대상으로 치료자를 음악 속에서 만난다. 그 후 이어지는 치료자와의 대화를 통해 잠시 전 음악 속에서 만났던 문제에 접근하는 방법이다. 이 치료법을 통한 접근방법의 단계는 1)기억. 2)음악과 대화를 통한 아픔이나 고통의 재경험. 3)그 원인에 대한 인식. 4)새로운 길의 발견이다. 이 치료법의 대상은 선천적 장애를 가진 특수아동들보다 정신과 의사들의 의뢰에 의한 환자들에게 좋은 성과를 올리고 있다.

형태론적 치료법은 현재 독일에서 작은 연구단체를 만들어 현장에서 음악치료사로 일하는 사람들과 함께 꾸준한 연구를 계속하고 있다. 음악은 환자의 정서나 마음의 반영이라고 보고 치료사는 밖으로 표현된 환자의 음악을 통하여 보다 깊은 환자의 이해와 더불어 치료에 접근하는 방법이다. 이 치료법 역시 환자와의 대화가 중시되나 환자와 함께 만드는 음악은 위의 분석적 치료에서의 단순한 대화매체로서의 음악이 아니라 치료자의 치료적 목적을 가진 즉흥연주라는 차이가 있다. 이는 환자가 만들어내는 음악을 수용만하는 것이 아니라 치료 목적에 따라 음악을 변화시켜 변화되는 음악에 의하여 환자의 정서 상태나 마음을 역으로 변화시키는 치료법이다.

통합적 치료법은 분석치료와 비교하면 질병의 원인을 과거보다는 현재에 많은 비중을 두고, 사람은 창조성을 가지고 있어 스스로 창조적인 힘을 발전시킬 수 있다고 본다. 이 창조적인 힘이 환자질병의 치유에 도움이 된다고 믿고 치료과정 중의 즉흥연주에 치료자가 환자에게 특정한 과제를 부여하여 음악치료를 하는 치료법이다.

인간본질접근 치료법은 현상학적 음악 분석에 따른 치료법으로 사람은 몸과 마음과 정신으로 이루어져 있고, 육체의 질병은 정신과 마음의 쇠약으로부터 발생하기도 하고, 역으로 육체의 질병으로 인하여 정신과 마음이 병들기도 한다고 믿고, 치료에 사용되는 음악의 존재들 즉, 음악의 3요소인 리듬, 멜로디, 하모니와 음계의 기본요소들과 음정들에 대한 현상학접근 연구로 음악의 존재를 분석하여 음악치료의 처방과 함께 환자는 치료자가 들려주는 음악을 듣기도 하고 직접 연주에 참가하기도 하는 방법이다.

여기 소개된 음악치료법에서 대화와 음악을 혼합한 수동 능동적 음악치료법으로 치료자 역할비중을 살펴본다면 통합적 치료법이 치료자 역할이 가장 주체적이고 형태론적 치료법, 분석적 치료법 순이다. 인간본질접근 음악치료법은 환자의 음악 참여에 의한 수동 능동적 치료법으로 연구가 계속되어 근래에 와서는 수동 능동적 혼합적 음악치료법으로 음악치료방법 중 많은 비중을 차지하고 있다.

현대 사회에서의 음악치료

2차 세계대전 후 학문적 영역으로의 발전을 시작한 음악 치료학은 수동적 음악치료 기법과 능동적 음악치료의 기법으로 두 가지의 대등한 가치로 발전하였다. 그러나 오늘에 이르러 독일어권 국가에서의 수동적 음악 치료 기법은 자유 즉흥연주를 바탕으로 하는 능동적 음악 치료 기법에 의하여 그 영향력을 잃어가고 있다. 〈음악듣기의 효과〉는 음악을 치료적으로 접근하기 시작한 음악치료학이 시작되던 시절부터였으나 〈음악듣기의 효과〉에 대한 연구는 더 이상 진전되지 못하고 있다. 현대과학의 발달로 아무 곳에서나 공급되는 엄청난 양의 음악은 우리의 미세한 청각능력을 상실시켜 점차 음악의 음량을 높이게 되고 지속적인 음악의 존재에 적응이 되어 다양한 음악적 청취경향을 변화시켰다. 경청보다는 흘러듣기에 적응하고 있는 변화이다. 이러한 변화에도 불구하고 음악치료의 전제조건이 되고 있는 음악의 깊이 체험은 그대로인 것이 현실이다. 음악의 치료적 효과는 집중되고 분산되지 않는 주의력인데 현대에 많은 사람들에게서 잃어가고 있는 것이 사실이다. 이러한 이유 때문에 자유 즉흥연주를 기본으로 하는 능동적 음악치료기법은 더욱 자리를 넓혀가고 있다. 자유즉흥연주는 음악치료사에 의하여 선택되는 음악이 아닌 환자자신의 내적 경험의 표현이고, 음악참여자는 자기내면이나 함께 연주하는 연주자에게로 귀를 기울이기 때문이다. 그럼에도 불구하고 배경음악이 이완작용을 위한 기능이나 고통을 덜어주는 기능, 용기를 북돋아주는 기능으로의 음악효과가 있는 것으로 조사되고 있다. 여기에서 사람들은 배경음악의 적용을 깊은 감동의 경험들이나, 대립감정의 해소, 카타르시스 등의 효과를 기대하기 보다는 편안하고 신뢰를 주는 음향의 보편적인 치료목적의 기능정도로 이해하고 있다. 음악치료에서 음악은 치료적 목적의 적용관계의 실용성여부로 확인된다. 수동적 음악치료의 보편성으로 환자의 다양한 두려움을 약화시키고, 고통을 덜게 하며, 수술마취제 사용을 조금이라도 억제할 수 있다면 누가 배경음악의 사용을 무조건적으로 거부하겠는가? 전문 음악치료사의 역할은 현대의 음악치료의 주류를 이끄는 능동적 음악치료에서도 중요하지만, 수동적 음악치료기법에서 음악을 들을 환자의 주관적 상황을 판단할 수 있는 음악치료사의 개입과 역할은 중요하다 하겠다.

그 밖에 다양한 음악치료법

음악치료는 최종적으로 수동적 음악치료와 능동적 음악치료로 구분되지만 음악치료기법과 방법은 치료목적, 치료적용 이론과 치료방법에 따라 다양하게 분류하고 있다.

개스턴의 관계적 음악치료: 미국의 음악치료학자인 개스턴

(E. T. Gaston)은 이 분야의 아버지라 불릴 정도로 음악치료의 초기에 중요한 역할을 했다. 개스턴은 음악을 통해 환자의 자긍심을 고양할 수 있다고 보았다. 또한 타인들과 함께 협력하는 과정에서 자아를 성취할 수 있도록 해 주며, 자기만족과 자기 충족을 위한 에너지의 원천이 된다고 주장했다. 이러한 개스턴의 이론을 관계적 음악치료라고 한다. 그는 치료사와 환자, 환자와 다른 환자들 사이의 교류를 음악이라는 매개를 통해 촉진할 수 있다고 보았다. 음악의 힘은 개인보다 그룹에 더 큰 영향을 미친다는 관점에 따른 것이다. 이러한 관계 속에서 환자는 자신의 현재 상태를 인식하고 표현하거나, 미래를 예측하고, 자신의 상태를 개선할 수 있다고 보았다.

시어즈의 경험적 음악치료: 미국의 음악치료학자 시어즈(W. W. Sears)는 음악을 통한 경험을 중시했는데, 이때의 경험이란 자신을 조직하고 표현하며, 사회적으로도 인정받게 한다. 환자는 음악을 통해 자신의 자긍심을 회복하고, 타인과의 관계를 발전시키며, 자신의 장애를 보상받는 경험을 한다고 하였다.

또한 음악교육학적인 치료기법으로 이미 설명한 오르프 음악치료, 달크로즈, 킨더뮤직, 오디에이션이 있고 치료적 가창기법, 건반악기연주법, 성악심리치료법, 신경학적 음악치료, 노래심리치료, 직무 웰니스 음악치료, 심상유도 치료, 창조적 음악치료, 정신분석적 음악치료, 분석적 음악치료 등이 있다.

3.2 음악치료 영역분류

치료대상자에 따른 분류

치료대상에 따라 장애 대상과 비 장애 대상에 대한 음악치료로 구분된다. 장애 대상에 대한 음악치료는 다음과 같이 세분된다.

신체적 장애: 지체장애, 뇌 병변장애, 시각, 청각, 언어, 안면장애 등.

정신적 장애:
- 정신장애: 조현병 스펙트럼 및 정신증적 장애, 양극성 및 관련 장애등
- 신경인지장애: 치매, 뇌졸중, 파킨슨증후군, 알츠하이머, 혈관성치매 등
- 신경발달장애: 지적장애, 의사소통장애, 자폐범주성장애, 특수학습장애 등

치료영역에 따른 분류
사회: 사회성, 사회적 관계, 사회적 의사소통, 협동력 등
신체: 감각, 감각통합, 중추신경계. 자율신경계, 운동 등
정서: 감정, 기분, 느낌 등
언어: 표현 언어, 수용언어, 의사소통 등
인지: 주의력, 지각력, 기억력 등
음악: 음악선호도, 음악인지, 음악심리 등

이와 같이 음악치료의 대상은 어린이에서부터 노인까지 광범위하다. 비장애인 뿐만 아니라 장애인 또한 정신적, 신체적 장애영역까지 음악치료 대상이며 영역에 속한다. 음악치료 영역을 보다 구체적으로 표현하기 위해서 지금까지 활용되고 있는 음악치료활동을 소개하면, 일반 아동을 위한 음악치료활동, 정신지체 아동을 위한 음악치료활동, 자폐아동을 위한 음악치료활동, 신체장애를 위한 음악치료활동, 청각장애아동을 위한 음악치료활동, 학습장애를 위한 음악치료활동 등이 있다. 다만, 음악치료를 통합한 자기주도 학습 프로그램에서의 음악치료 영역은 일반 아동의 사회, 정서, 언어, 인지, 음악의 영역으로 한정하며 적극적인 음악치료 활동보다 자기주도 학

습을 돕는 소극적 음악치료활동 즉 아동의 정서적 활동을 돕는 교육적인 음악활동을 주로 하게 된다. 따라서 통합 프로그램의 운영은 음악치료사 뿐만 아니라 음악교사나 음악학원 강사도 가능할 것이다.

이런 의미에서 통합 프로그램에서 활용되는 음악치료는 일반 아동들의 정서지능과 학부님들께서 관심이 많은 학습장애에 대한 음악치료에 대해서만 소개하기로 한다. 보다 전문적인 임상에서의 음악치료는 음악치료에 관한 전문서적을 참조하시기 바란다.

3.3 학습장애

학습장애는 지적 능력이나 외부적인 문제가 없는데도 주의집중이나 지각, 기억력 등의 결함으로 학습에 심각한 장애를 보이는 것을 말한다. 학습장애는 학교생활 전반에 걸쳐 문제를 보일 뿐만 아니라 듣기, 말하기, 읽기, 쓰기, 셈하기, 시간개념 가운데 하나 이상의 영역에서 매우 낮은 학업성취도를 보인다. 초등학생의 약 10%는 어떤 형태로든 학습장애와 관련이 있는 문제를 안고 있는 것으로 추정된다. 유형이 많고 증상이 다양하여 어떤 한 특성만으로 진단을 내릴 수 있는 단순 장애가 아니어서 아동기 장애 가운데 가장 논란이 많은 분야이다.

학습장애는 단순히 공부 못하는 병이 아니다

학습장애는 우리 몸의 센서에 해당하는 중추신경계나 뇌에 이상이 생겨서 발생하는 것으로 알려졌다. 학습장애를 지닌 아이들은 특정한 학습능력이 제 기능을 발휘하지 못하여 듣기, 말하기, 읽기, 쓰기, 계산하기, 추론하기 가운데 한 가지 이상의 영역에서 또래보다 최소 1년 이상 뒤처져 있다.

학습장애 아동은 겉보기에는 정상적인 아이와 다를 바가 없어서 문제아로 오해를 받는 경우가 많다. 학습능력에 문제가 있어서, 잘하고 싶어도 그럴 수 없는 것인데도 산만하고, 게으르고, 반항하는 것처럼 보인다. 부모나 선생님이 아이를 부정적으로 대해서 자존감이 없고 정서적으로 불안한 성향을 띠게 된다. 친구들 사이에서도 따돌림을 당할 가능성이 크기 때문에 정상적인 대인관계를 유지하기도 쉽지 않다. 이처럼 학습장애는 학습이 곤란하다는 일차적인 문제보다, 학습 문제가 원인이 되어 발생하는 이차적인 피해가 더 심각할 수 있다.

학습장애는 단순히 공부를 못하는 병이 아니다. 아이의 성적이 기대에 못 미친다고 해서 혹시 우리 아이가 학습장애가 아닐까 하고 의심할 필요는 없다. 외부적인 문제가 원인이 되어 학습에 어려움을 겪는 경우는 학습부진이라고 하여 학습장애와는 구분한다. 학습부진은 질병이나 장애가 아니므로 교육방식을 바꾸는 것만으로도 쉽게 해결되는 경우가 많다.

감각기관의 장애나 정서장애, 정신지체 같은 다른 장애가 원인이 되어 발생하는 학습 곤란 역시 학습장애가 아니다. 학습장애는 잠재능력과 학업성취도의 차이가 심한 경우만을 두고 이야기한다. 학습장애는 전문적인 치료나 특수교육의 도움 없이 저절로 좋아지는 경우는 거의 없다.

미국정신의학 진단 편람에서는 개인의 생활연령, 측정된 지능, 연령에 알맞은 교육에 따라 기대하게 되는 수준보다 상당히 낮은 학문적 기능 수행을 학습장애로 정의하고, 읽기 장애, 수학 장애, 문자에 의한 표현장애, 불특정 학습장애를 이에 포함시키고 있다. 학습장애는 지각장애, 뇌 상해, 미세뇌성 기능장애, 난독증, 발달 실어증과 같은 상태가 포함된다. 그러나 시각장애, 청각장애, 운동장애, 정신지체, 정서장애 또는 환경적, 문화적, 경제적으로 불리한 조건에 기인하는 학습문제를 가진 아동은 포함시키지 않는다.

주의 집중력 결함

학습장애의 세 가지 종류

학습장애 아동들은 읽기, 쓰기, 말하기, 듣기, 셈하기, 추론 등에 어려움을 겪는다. 일반적으로는 학습에 직접적인 영향을 미치는 영역을 중심으로 읽기장애, 쓰기장애, 산수장애로 구분한다.

읽기장애

흔히 난독증이라고 알려졌으며, 학습장애 아동의 80%는 읽기 장애를 앓고 있다. 낱말 읽기, 문장 독해 등의 분야에서 장애를 보인다. 크게 글자를 정확히 발음하지 못하는 단어재인장애와 글의 의미를 파악하지 못하는 독해장애로 구분하는데, 우리나라에는 독해장애 아동이 대다수다. 이들은 글을 읽을 때 다음과 같은 증상을 보인다.

- 비슷한 단어를 서로 혼동한다.
- 단어나 단어 일부분을 빠뜨린다.
- 제시된 문장에 없는 단어나 문장을 추가한다.

- 주어진 단어를 다른 말로 바꾼다.
 - 문자나 단어의 좌우를 바꾸어 읽는다.

 이런 외형적인 특성 외에 단어를 읽는 속도와 정확성 역시 또래 보다 매우 낮다. 이들은 기억력이 좋지 않고, 부적절한 단어를 사용하고, 학년이 올라갈수록 다른 과목의 성적도 매우 떨어진다는 특징이 있다.

쓰기장애

 맞춤법, 글쓰기, 글짓기 분야에서 장애를 보인다. 쓰기장애 아이들이 쓴 글씨는 글자의 크기나 간격이 자연스럽지 않아 알아보기가 매우 어렵다. 이들의 증상은 다음과 같다.
 - 단어를 잘 베껴 쓰지 못한다.
 - 음절을 빠뜨린다.
 - 제멋대로이거나 단어 간의 구분이 전혀 안 된다.
 - 맞춤법을 잘 틀린다.
 - 복잡한 생각을 하기 싫어하며 글 쓰는 속도가 느리다.
 쓰기장애 아동은 어휘력이 떨어지고, 나이에 비해 단순한 문장만을 쓰며
 글을 주제에 맞게 조직하거나, 일관성 있게 쓰지 못한다.

산수장애

 수학적 추리 및 문제해결, 계산, 도형 등의 분야에서 장애를 보인다. 숫자를 쓰거나 읽는 데 어려움을 보인다. 이들의 특징을 정리하면 다음과 같다.
 - 자릿값을 이해하지 못해 숫자의 배열에 어려움을 느낀다.
 - 비슷한 글자(6과 9, 21과 12)를 혼동하는 경우가 많다.
 - 도형, 자릿수 배치, 숫자 크기를 이해하지 못하고 앞뒤
   수를 바꿔 읽는다.

- 수식이 바뀌어도 이전에 했던 방식으로만 계산한다.
  - 방향이나 시간개념을 습득하는 데 어려움이 있다.

  산수장애 아동들은 단순연산뿐만 아니라, 응용문제나 개념 이해 등 수학의 여러 영역에 걸쳐 매우 낮은 학업성취도를 보인다. 이러한 산수장애 증상은 저학년 때 나타나서 오래 지속되며, 학년이 올라가도 나아지지 않는다.

중복 학습장애

  읽기, 쓰기, 산수 영역 가운데 두 개 이상의 분야에서 장애를 보인다.

학습장애의 원인은 뇌기능 장애

  19세기 초부터 뇌 손상, 뇌기능장애로 알려지기 시작한 학습장애는 1968년 미국에서 장애로 공식 인정을 받았고, 우리나라에서는 1994년에 특수교육이 필요한 장애 목록에 포함되었다. 조사마다 조금씩 차이는 있지만 대체로 초등학생의 약 5~7% 정도가 학습장애와 관련이 있을 것으로 추정하고 있다. 특수교육이 필요한 모든 장애 가운데 학습장애가 차지하는 비율은 약 50%로 가장 높다.

  학습장애는 전 생애에 걸쳐 발생하는데 주로 10~14세 사이에 많이 발견된다. 학습량이 많지 않고 성장 속도가 빠른 9세 이전에는 학습장애가 있어도 발견하기가 쉽지 않다. 학습장애는 자폐증, 정신지체 같은 발달장애와 달리 뚜렷하게 드러나는 특징이 없기 때문이다. 자신이 학습장애인이라는 사실을 성인이 되어서야 알게 되는 사람도 많다.

  학습장애의 원인은 아직 정확히 밝혀지지는 않았지만 미세한 뇌 기능상의 결함 또는 중추 신경계통의 결함 때문이라고 알려졌다. 학습장애 아동의 두뇌 구조는 일반 아동과 다르다. 비정상적인 대뇌 발달의 원인으로는 크게 유전, 의학적 요인,

환경적 요인을 들 수 있다. 학습장애 아동의 부모 가운데 30%는 역시 학습장애가 있다.

임신 기간 전후에 엄마를 둘러싼 여러 요인이 태아의 대뇌 발달에 좋지 않은 영향을 미칠 수 있다. 임신 기간 중의 약물, 흡연, 음주, 카페인, 중금속, 방사선 노출 등이 태아의 신경세포 손실에 영향을 미친다는 연구결과도 있다. 임신부의 각종 질병이나 감염 역시 태아의 정상적인 발달을 방해할 수 있다. 학습장애를 정의할 때 가정형편이나 부모의 양육방식과 같은 환경적 요인을 배제하지만 환경과 신경생리학적 조건을 명확히 구분하기 어려운 경우도 있다. 태아의 발육기 혹은 신생아 시절의 영양부족, 학대, 불충분한 애착관계, 정서적 충격에 따른 스트레스 때문에 발달에 문제가 생기기도 한다.

학습장애 아동을 가르칠 때 지켜야 할 것들

- 실패를 두려워하지 않고 모르는 것은 즉시 물어보는 태도를 기른다.
- 할 수 있는 것과 할 수 없는 것을 객관적으로 파악하여 할 수 있는 것만을 칭찬한다.
- 한 번에 한 가지 문제를 해결할 수 있도록 한꺼번에 너무 많은 과제를 주지 않는다.
- 아이가 알아듣게끔 가르친다. 할 수 있는 것과 아는 것은 다르다.
- 각 수업이 끝날 때마다 내용을 요약해주고 단순하게 정리한다.
- 의욕과 자신감을 느낄 수 있도록 모든 일을 즐겁게 한다.
- 숙제는 아이의 능력범위에 맞게 조절한다.
- 녹음기, 계산기, 컴퓨터 등 학습에 도움을 주는 도구를 적극적으로 사용한다.

- 같은 내용이라도 다양한 방법으로 정보를 전달하여 약점을 보완한다. 말과 문자, 그림을 모두 사용한다.
- 지식을 가르치는 것이 아니라 과제 해결 방법을 생각하게 한다.

가장 좋은 치료법은 부모의 사랑

학습장애는 선천적인 문제이기 때문에 완전하게 예방할 수가 없다. 그래서 조기에 발견하여 대응하는 것이 중요하다. 발견 시기가 빠르면 빠를수록 치료의 효과가 높고, 학습장애로 빚어지는 2차 피해를 줄일 수 있다. 학습장애 아동의 발달 특성을 알면 학습장애를 조기에 발견하는 데 큰 도움이 된다.

학습장애 아동은 언어 발달이 느려서 누군가의 질문을 받으면 적절한 대답을 하지 못하거나 횡설수설하고, 다른 사람이 하는 말의 의미를 제대로 파악하지 못해서 이상한 행동을 하는 것처럼 보인다. 또 운동 기능의 발달도 또래보다 늦다. 전반적으로 동작이 어설프고 꼼꼼하지 않아서 잘 넘어지고 부딪힌다. 특히 감각과 동작의 반응 능력이 낮아서 가위질, 단추 잠그기 같은 세밀한 동작을 할 때 실수가 많다. 지각이나 기억력 문제도 자주 발견된다. 듣고 읽은 것을 이해는 하지만 자신의 언어로 표현하지 못하고, 순서를 헷갈리며, 능력 향상 속도가 보통 아이보다 매우 늦다.

학습장애 아동을 진단하고 평가하는 데는 지능검사와 여러 교과영역을 같이 측정하는 표준화된 기초학력 기능검사를 일반적으로 사용한다. 지능지수가 80 이상이면서도, 셈하기, 말하기, 듣기, 읽기, 쓰기 등에서 또래 집단보다 적어도 1년 이상의 차이를 보이면 학습장애로 판별한다. 하지만 지능과 학습능력검사만으로는 학습장애를 판별해내지 못하는 경우가 많아서, 정확한 진단을 위해서는 면담, 행동관찰, 심리검사 등 다양한 도구와 자료를 종합적으로 활용해야 한다.

학습장애와 유사한 증상을 보이는 장애로 학습부진, 학습지체를 구분하기가 매우 어렵고, 학습장애만 단독으로 나타나는 경우가 거의 없으며, 정서장애, 행동장애를 동시에 보이는 경우가 많아 진단과 치료에 곤란을 겪는다. 그런 장애 가운데 주의력 결핍 과잉행동 장애(ADHD)가 대표적이다. 최근의 연구결과에 의하면 학습장애 아동의 25~40%가 주의력 결핍 과잉행동 장애 증세를 보인다. 주의력 결핍 과잉행동 장애와 학습장애는 모두 지능이 정상 범주에 들고, 학업성취도가 떨어진다는 공통점이 있다. 그런데 학습장애 아동은 주의력 결핍 과잉행동 장애 아동보다 충동적이거나 공격적인 행동이 덜 나타난다는 차이점이 있다.

학습장애를 근본적으로 치료하는 방법은 아직 발견되지 않았다. 대신 부족한 학습능력을 대신할 수 있는 기술과 다양한 심리문제를 극복하는 방법을 알려주는 심리치료가 큰 도움을 준다. 치료 시작 시기가 빠르면 빠를수록 더 큰 효과를 기대할 수 있다. 아이의 의존성을 줄이며, 2차 피해를 예방할 수 있고, 가족의 스트레스도 크게 줄어든다. 학습장애 심리치료는 구체적으로 이런 목표를 두고 아이를 교육한다.

- 자신감과 자존감을 길러준다.
- 운동능력과 신체적 균형감각을 향상시킨다.
- 소리를 듣고 구분하는 연습을 한다.
- 시각 변별력을 높여준다.
- 의사소통기술과 사회교류기술을 훈련한다.

학습장애 아동은 학습과 인간관계에서 엄청난 스트레스를 받는다. 따라서 무엇보다 아이의 옆에서 힘이 되어줄 수 있는 부모의 역할이 절대적이다. 학습장애 아동을 효과적으로 가르치고 지도하는 방법을 배우는 것도 필요하지만 그보다는 기본적으로 아이를 신뢰한다는 마음가짐이 더욱 중요하다. 공부를 못한다고 아이를 다그치거나, 아이의 능력을 벗어나는 무엇을 요구해서는 득 될 것이 없다. 학습장애로 고통을 받는 아이에게 가장 필요한 것은 무엇보다 절대적인 지지와 따뜻한 격려다. 부모의 사랑을 받고 자란 아이는 스스로 자신의 어려움을 해결할 방법을 찾게 될 것이다.

학습장애 아동을 위한 음악치료의 접근과 적용

학습장애는 일반적으로 학교생활에 적응하지 못하기 때문에 정서가 불안정하고 긴장감, 우울감, 주의산만, 언어장애, 부적절한 행동 등을 보이게 된다. 학습장애 아동들에게 자신감과 학교와 사회적 적응 문제는 매우 중요하다. 자신감이 결여되어 있을 때 아동은 자신의 중요성을 인식하지 못하거나 사회적으로 위축되어 사회적 관계의 일부분인 학교생활이 부적절하게 이루어지게 되어 결과적으로 여러 행동장애를 가져오게 된다.

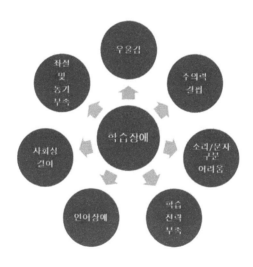

학습장애의 원인

이때 다양한 음악은 자신이 무엇을 어떻게 해야 할 것인가를 제시해주기도 하며 부적절한 관계에 대한 인식을 가지도록 도와준다. 특히 음악활동은 흥미와 즐거움을 주어서 참여 동기를 높여주고 동기유발의 자극제가 된다. 이와 같은 아동이 음악적 경험을 통해서 얻어지는 만족감은 자신감으로 이어진다. 이러한 자신감은 동기유발의 자극제가 되어서 결국 바람직한 행동변화로 이어지게 된다. 음악은 정서반응을 불러일으킨다. 음악은 기분과 정서에 영향을 미치는데 음악에 대한 신체적인 반응은 동시에 정서반응을 일으킨다. 멜로디, 리듬, 화성, 음악적 분위 등의 음악적 요소는 음악을 듣고 느끼는 사람의 개인적인 감정과 관련된다. 불안하거나 우울한 아동에게 음악적 자극을 주었을 때 그 아동의 심리상태와 과거경험, 음악적 분위기와 환경적인 요소가 적절하게 일치되었을 경우 바람직한 정서반응을 이끌어낼 수 있다. 또한 음악은 긴장과 불안감을 감소시켜준다. 음악은 심리적, 생리적인 반응을 일으켜 호흡, 맥박, 심장박동, 혈압 등을 이완시켜 스트레스 상황에 있는 학습장애 아동을 안정시켜준다. 음악치료에서 멜로디와 리듬은 정서변화를 일으키는 요소로 사용된다. 특히 부적응 문제를 가진 학습장애 아동들은 불안하고 위축된 상태에서 주의 집중하지 못하며 충동적이고 불안정한 모습을 자주 보이는데 음악활동은 불안과 긴장을 감소시켜주며 주의 집중하도록 도와준다. 주의집중이 향상되면 읽기 쓰기 계산하기 언어 발음 등의 특정분야에서 나타나는 학습장애를 해소시킬 수 있다. 음악활동에서 멜로디 리듬 소리의 강약 빠르기 음색 등을 구별하는 활동은 인지기능을 발달시키며 노래 부르는 활동은 아동에게 읽고 쓰는 언어적 학습기술뿐만 아니라 암기와 기억기능도 향상시킨다.

음악은 언어, 비언어적인 사회적 교류와 의사소통을 향상시킨다. 음악은 언어표현이 불가능한 아동에게도 아동의 사고와 내적 감정을 표출할 수 있는 통로 역할을 하게 되는데 이때 아동은 말로 표현하기 어려운 자신의 사고와 내적 감정들 사랑, 분노, 불안, 우울, 갈등, 좌절 등의 다양한 욕구와 감정을 악기연주나 노래 부르는 활동을 통해서 보다 자연스럽게 표출할 수 있다. 따라서 학습장애 아동을 위한 음악치료에서는 정서안정, 불안감소, 주의 집중력 향상, 자신감 향상, 충동행동 조절에 치료목표를 두고 치료활동을 시행하게 된다.

학습장애 아동의 음악치료 목표
- 주의 집중력을 향상시킨다.
- 부정적인 생각을 긍정적으로 바꾸어준다
- 낮은 자존감과 자신감을 향상시킨다.
- 언어표현과 이해능력을 향상시킨다.
- 방향감각과 공간개념을 향상, 발달시킨다.
- 빈번한 눈 맞춤을 통해 상대방을 인식할 수 있게 한다.
- 걱정과 불안감을 줄일 수 있게 한다.
- 타인과 상호관계를 위한 사회적 교류를 향상시킨다.
- 타인과 협동하는 능력을 경험을 통해 발달시킨다.
- 자신을 고립되고 위축된 행동에서 벗어나게 한다.
- 수동적이고 의존적인 행동을 능동적이고 적극적으로 바꾸도록 한다.
- 충동적 행동을 억제하고 조절하는 능력을 기른다.

3.4 음악치료 활동(예시: 학습장애)

학습장애 아동을 위한 음악치료 활동(1)

주 제	학습장애 아동을 위한 음악치료 활동(1)	
치료목적	인지발달 및 주의집중력 향상	
치료목표	아동은 노래 안에서 반복되는 가사와 멜로디 알아맞히는 활동7회를 제시하여 3회 이상 맞힐 수 있다.	
활동	청각기억훈련 '반복되는 가사와 멜로디' 찾기	
치료의 적용	개별치료 및 그룹치료	
치료 도구	피아노, 악보	
치료실 환경	아동들은 음악치료사를 중심으로 둥글게 앉는다.	
활동순서	활동내용	준비물 및 유의점
도 입	▸ **인사노래** - 인사노래와 율동	*음악 CD
전 개	▸ **치료활동** - 치료사는 아동들에게 동요 '즐거운 봄'을 불러준다. - '즐거운 봄'을 두 마디씩 불러주고 아동들은 따라서 부르도록 한다. - 치료사와 아동은 함께 '즐거운 봄'을 처음부터 끝까지 부른다. - 아동은 노래에서 2번 이상 반복되는 멜로디가 어떤 것인지 알아맞힌다. - 아동은 노래에서 2번 이상 반복되는 가사가 어떤 것인지 알아맞힌다.	* 음악 CD *활동지

	- 이러한 방식으로 치료사는 아동들에게 '독도는 우리 땅'노래를 불러주어 알아맞히게 한다. - 아동들은 노래 안에서 '멜로디의 반복 부분과 가사의 반복 부분 중에서 어떤 부분을 찾는 것이 더 어려웠고 어떤 것이 더 쉬웠는지' 각자 느낀 점을 서로 이야기하도록 한다.	
정 리	▸ **다 함께 반주에 맞추어 노래 부르기** - 느낌 나누기 - 다 함께 피아노 반주에 맞추어 '즐거운 봄'과 '독도는 우리 땅'을 노래한다.	* 활동지

즐거운 봄

조지훈 작사
김성태 작곡

독도는우리땅

박인호 작사
박인호 작곡

학습장애 아동을 위한 음악치료 활동(2)

주 제	학습장애 아동을 위한 음악치료 활동(2)
치료목적	인지발달, 창의력, 신체운동 및 사회성 발달
치료목표	아동은 노래하면서 자신의 동작을 만들고 상대방의 동작을 모방하며 따라하는 활동을 수행한다.
활동	노래하며 동작 서로 모방하기
치료의 적용	개별치료 및 그룹치료
치료 도구	피아노, 악보
치료실	아동들은 일렬로 서거나 환경에 알맞게 적용한다.

환경		
활동순서	활동내용	준비물 및 유의점
도 입	▸ **인사노래** - 인사노래와 율동	*음악 CD
전 개	▸ **치료활동** - '누가 먼저 했나'를 다 함께 노래 부른다. - 다 함께 '누가 먼저 했나'를 노래할 때 치료사가 먼저 자신의 동작을 만들며 걸어 나아가면 모두들 그 동작을 모방하며 뒤따라 걸어간다. - 치료사의 동작과 노래가 끝나면 치료사는 한 아동을 지명하여 시범을 보이도록 한다. - 그 아동도 자신의 동작을 만들며 걸어나아가면 모든 아동들이 그 동작을 모방하며 뒤따라 걸어 나아간다. - 이러한 방식으로 아동들이 한 명씩 자신의 동작을 만들며 걸어가면 참여하는 모두는 그 동작을 모방하며 뒤따라 걸어간다. - 아동들은 자유롭게 각자의 기분에 따라서 동작을 만들고 표현할 수 있다. 아동이 원할 때에는 의자에 앉거나 걷고 뛸 수도 있다. - 잘 따라하면 난이도를 높여 앞 친구들이 했던 모든 동작을 순서대로 모방한다.	* 음악 CD * 활동지
정 리	▸ **다 함께 반주에 맞추어 노래 부르기** - 느낌 나누기 - 다 함께 피아노 반주에 맞추어 '누가 먼저 했나'와 '농부칸타타'를 노래한다.	* 활동지

이와 같이 '학습장애 아동을 위한 음악치료 활동'은 5회기로 구분하여 이미 제시한 프로그램(안) (1), (2)회기 주제와 같은 활동 프로그램을 만들고 실행한다. 같은 방법으로 회기(3) 인지발달 및 주의 집중력 향상, 회기(4) 표현력 향상 및 사회성 발달, 회기(5) 인지발달, 신체활동 및 사회성 발달의 치료목적과 치료목표를 달성하기 위한 음악치료 프로그램을 실행하는데 실행함에 있어 아동들의 개인차와 진행 상황에 맞게 융통성을 발휘하는 것도 매우 중요하다.

제Ⅲ부
음악치료를 통합한 자기주도 학습의 통합
프로그램

1. 통합 프로그램은 무엇인가

  2. 통합 프로그램의 모형과 내용

    3. 통합 프로그램의 효과검증

1. 통합 프로그램은 무엇인가

1.1 통합 프로그램의 구성
통합 프로그램은 어떻게 구성되었는가? 그리고 왜 통합 프로그램인가?

통합 프로그램은 심리치료 영역에서 활용되고 있으며, 미술치료와 음악치료, 독서치료, 드라마치료, 영화/사진치료를 치료목적에 맞도록 통합하여 심리 상담현장에서 적극적으로 활용되고 있다. 독서치료는 독서와 문학의 치유적 힘을, 드라마치료는 드라마의 강렬한 힘을, 영화와 사진치료는 이미지와 동영상의 감동을 활용하여 현재의 나를 있게 한 과거의 나를 들여다보고 현재의 나를 인정하고 살피게 되며 미래의 나를 계획하게 된다. 또한 통합예술치료는 건강한 삶과 마음의 어려움을 겪고 있는 사람들을 대상으로 예술작품 활동을 통한 상담과 심리치료를 돕고, 다문화가정과 북한이탈주민을 비롯한 사회 적응에 어려움을 겪고 있는 사람들을 도울 수도 있다. 이와 같은 통합 프로그램은 서로 다른 기능과 역할이 상호작용하여 시너지 효과를 낼 수 있어 보다 강력한 힘을 발휘하여 목적을 달성할 수 있다.

음악치료와 자기주도 학습 프로그램을 단순히 물리적으로 통합하는 프로그램이 아니라 상호 간의 상승작용을 이끌어 낼 수 있는 융합된 프로그램이 되도록 하기 위해서 두 프로그램의 단위 목표들을 다양하게 분석하여 통합 프로그램을 구성하여 개발하였다. 이와 같이 개발된 음악치료를 통합한 자기주도 학습 프로그램은 프로그램 운영시간 절약은 물론, 아동들이 프로그램 활동을 즐겁고 적극적으로 참여하는 시너지 효과를 얻을 수 있다. 음악치료를 통합한 자기주도 학습 프로그램을 보다 잘 활용할 수 있도록 통합 프로그램 구성과 이해를 위해 개발과정 중심으로 소개하기로 한다.

스스로 학습!

자기주도 학습   음악치료

통합 프로그램

첫째, 음악치료를 통합한 자기주도 학습 프로그램 개발 근거와 필요성은 프로그램 운영시간 절약과 아동들이 보다 즐겁게 접근하여 소기의 성과를 달성할 수 있도록 계획되었다. 통합 프로그램은 현재에는 주로 통합예술치료를 활용한 심리 상담현장에서 많이 연구되고 활용되고 있다. 통합예술치료에서는 한 가지 예술이나 그 이상의 예술을 사용하는 치료형태로써 신체적, 정서적, 인지적인 기능들의 조화와 균형 있는 발전을 위해서는 예술치료의 통합적인 활용이 필요하다고 주장한다. 권정임의 자기조절학습과 미술치료를 통합한 프로그램이 자기조절력향상, 자기효능감과 자기결정 동기가 향상되었다는 결과를 얻었는데 이 결과는 음악치료를 통합한 자기주도 학습 프로그램개발 연구개발의 단초가 되었다.

둘째, 자기주도 학습 프로그램을 근간으로 하고 음악치료 프로그램은 자기주도 학습을 지원하는 형태로 통합 프로그램을 개발 구성하였다. 특히 통합프로그램의 음악치료 영역은 음악치료기법과 다수의 음악치료 프로그램을 참조하여 자기주도 학습 프로그램을 지원하는 형태를 취하려고 노력하였다.

본서에서 사용된 통합프로그램은 학습자들이 집중할 수 있는 시간과 학교 사정 등을 고려해 매 회기 70분으로 구성하였다. 학습의 첫 단추를 끼우는 동기조절 전략을 먼저 구성한 후 학습을 위한 인지조절, 그리고 구체적인 행동을 위한 행동조절로 프로그램 목표주제 활동순서를 정하였다. 1회기는 도입부로 사전검사와 신뢰형성시간으로 구성하였으며 2~5회기는 학습의욕을 가질 수 있게 하는 학습동기와 자기효능감을 높일 수 있도록 나 자신 탐색하기와 꿈 세우기, 학습 진단으로 구성하였다. 6~7회기는 학습전략부분으로 집중력과 기억력을 향상시킬 수 있도록 하였으며 8~9회기는 최적의 학습 환경을 만들고 시간 관리하는 내용으로 구성하였다. 또한 10~11회기는 학습과정과 시험 준비를 효율적으로 준비하는 과정에서 스스로를 평가하고 확인하여 부족함을 스스로 준비할 수 있도록 구성하였고, 12회기는 종결 부분으로 사후평가를 위한 관련검사를 실시할 수 있도록 구성하였다.

셋째, 특별한 강의실이 아닌 일반 학습용 강의실에서도 통합 프로그램을 활용할 수 있도록 개발하였다. 자기주도 학습을 지원하는 음악치료 프로그램은 다양한 악기를 활용할 수 있으며 또한 다양한 방법이 활용될 수 있다. 활동방법으로는 연주하기, 음악 감상하기, 합동연주, 악보작성, 노래 부르기, 합창 그리고 악기를 활용한 게임하기 등이 있다. 따라서 충분한 효과가 기대되는 악기나 활용방법이 있으나 학교나 강의실 환경을 고려하여 30명 이하의 일반 강의실에서도 프로그램을 운영할 수 있도록 개발하였다.

넷째, 원활한 통합 프로그램의 운영과 방법을 확인하는 예비실험을 실시하여 개발하였다. 원활한 통합 프로그램의 운영과 방법을 확인하기 위해 2015년 1월에서 2월에 E피아노 학원생 4~6학년 5명을 1회기에 30분씩 5회기의 예비실험을 실

시하였으며 예비실험에서 발생한 대상 학생의 음악적 소양의 개인차나 음악도구 활용상의 제한점과 문제점 등을 고려한 최종 통합 프로그램을 구성하였다. 필자가 직접 예비실험과 본 실험을 실시운영하면서 예비실험 대상 학생 개인별 면담을 통해서 적응상의 문제점을 확인하였으나 본 프로그램의 적응에는 큰 무리가 없는 것으로 확인되었다.

다섯째, 통합 프로그램 개발을 위한 자료제공, 의견 및 협의는 자기주도 학습 전문가와 음악치료 전문가의 도움을 받았다. 전문가 집단은 현재 현업에 종사하는 인력으로 이론은 물론 실무경험이 많아 통합 프로그램의 개발은 물론 프로그램 운영상에 예견되는 문제점에 대한 조언도 아끼지 않았다. 필자 또한 음악치료사 자격과 자기주도 학습의 지도사 자격을 가지고 있어 두 분야 전문가들과의 협의와 의견조율에 어려움이 없었다.

여섯째, 음악치료를 통합한 자기주도 학습 프로그램이 단지 시간을 배정해 나눈 게 아니라 보다 자연스러운 통합 프로그램의 운영을 통해서 아동들의 자기주도 학습력 향상은 물론 정서지능을 향상시키고 누구나 쉽게 프로그램을 운영할 수 있도록 각 회기별 주제에 맞는 지도안을 개발하였다. 매 회기 활동마다 통합 프로그램 안에서는 자기주도 학습과 음악치료의 요소인 음악활동과 자기주도 학습이 따로따로 분리 배정되어 있지 않고 프로그램 내용 안에 함께 스며들어 유기적인 역할을 할 수 있도록 전문가들의 세심한 구성과 검토의 시간을 가졌다. 이와 같이 개발된 통합 프로그램은 자기주도 학습 프로그램을 단독으로 운영했을 때 보다 더 흥미롭게 학습자들이 참여할 수 있으며, 통합 프로그램 개념도에서 보듯이 학습동기 향상, 자기효능감 향상, 학업성취도 향상뿐 만 아니라 정서지능 향상에도 긍정적인 효과를 얻을 수 있다.

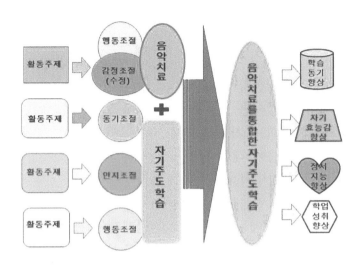

통합 프로그램 개념도

1.2 학습동기
학습동기의 개념과 요인

학습이란 연습이나 경험의 결과로 발생하는 비교적 영속적인 행동상의 변화를 의미하며, 이러한 정의에 기초한 학습의 기준은 변화의 부위가 연습이나 경험 등의 결과에 의해 후천적으로 나타나는 행동상의 변화를 말한다. 행동변화가 비교적 영속적으로 지속되어야 하고, 변화의 원인 또는 학습의 수단이나 방법이 연습이나 훈련, 경험의 결과로 발생되어야 한다. 이러한 학습은 의식적이고 의도적인 활동이 요구되는 능동적인 과정이기 때문에 동기와 밀접한 관계가 있다.

동기는 내재적 동기와 외재적 동기로 구분되며, 인간행동의 에너지로서 행동을 활성화하고 행동의 방향을 정해 주는 심리적 요인이다. 내재적 동기는 호기심, 성취욕구, 신념같이 개인적 요인에 의한 동기를 말하며 외재적 동기는 보상, 유인, 벌이나 사회적 압력 같은 외부적 요인에 의한 동기를 말한다. 학습 동기는 학습에 대한 목적의식, 태도, 의욕을 말하며 학습자로 하여금 특정학습을 준비하고 지속시키는 내적, 외적 조건을 의미한다. 학습자에게 학습의 기회나 여건이 주어져도 동기가 없다면 스스로 자원 활용 및 학습전략을 선택하거나 이에 대한 자기 피드백을 제공하지 못한다. 학습자는 동기에 의해 학습에 대한 긍정적 태도를 가지고 과제를 수행하고 성공적인 학업성취를 가져오게 된다.

학습 동기는 학업성취를 결정하는 중요한 요소로서 학업성취와 학습동기 간에는 밀접한 상관관계가 있으며, 학습자가 학습활동에 적극적으로 참여하여 목표를 성취하려는 의지 또는 욕구라고 할 수 있다. 이와 같이 학업성취와 밀접한 관계가 있는 학습동기를 증진시키기 위해서는 학습동기에 영향을 주는 내재적 요인을 스스로 조정하고 통제하는 자기주도 학습능력이 요구된다. 학업성취와 자기주도 학습능력을 위해서는 학습자의 학습 동기화가 중요하다. 학교의 수업-학습현장에서 주로 사용하고 있는 학습자 동기화는 내재적 동기화와 외재적 동기화이다. 내재적 동기화의 요인은 학습목표 확인과 이해, 학습흥미 환기, 성공느낌, 호기심, 탐구욕 등을 들 수 있으며 외재적 동기화의 요인은 상과 벌, 경쟁과 협동, 결과에 대한 지식, 각종 보상 등이다. 이러한 동기화 이외에 수업-학습과 관련한 계속동기와 수업동기가 있다. 학교 학습동기란 학습자 개개인이 스스로가 학교 수업을 위해서 학교 수업과 관련된 제반활동과 과제에 대해서 주의집중력, 적절성, 신뢰성, 호기심, 도전감, 만족감, 기대감, 참여성에 대한 신념과 의욕적인 노력의 정도이다. 본서에서는 학습동기의 하위요인으로 수업동기, 내적동기, 계속동기, 외적동기로 구성한다.

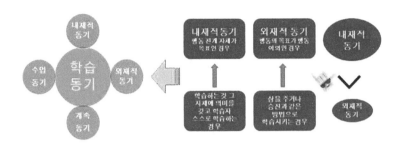

학습동기의 개념과 요인

자기주도 학습·음악치료 프로그램과 학습동기와의 관련성

자기주도 학습에 있어서 동기적 요인의 중요성을 강조한 핀트리히와 드그루트(Pintrich & DeGroot)는 동기와 자기조절, 성취도와의 관계를 파악하기 위하여 미국의 7학년 학생들을 대상으로 동기와 인지전략, 자기조절전략 사용에 관한 검사를 실시하였다. 연구결과, 자기효능감과 내적가치가 인지전략 및 자기조절과 긍정적인 상관관계가 있었으며 자기조절, 자기효능감과 시험불안은 학업성취를 예측할 수 있는 중요한 변인이라고 밝혔다. 매컴(McComb)은 학습자의 동기와 자기주도 학습은 서로 관련되어 있지만 자기주도 학습에 있어서 동기가 기본적인 것이며 동기화의 과정을 거친 다음에 학습자의 자기주도과정이 일어나는 것으로 보고 있다.

국내 연구에서 허은영은 창의적 재량활동 자기주도 학습 프로그램이 중학생의 학업적 자기효능감, 학습동기, 학업성취도에 미치는 효과를 분석한 결과 학업동기 및 하위영역의 수업집중, 관심, 태도, 호기심, 흥미, 욕구에서 통계적으로 유의미한 효과를 확인했다. 박성은은 학업능력 자아개념과 본질동기가 자기주도 학습에 미치는 영향을 중·고등학생을 대상으로 연구결과 중·고등학생의 학업능력 자아개념과 본질동기가 높은 집단이 자기주도 학습도 높게 나타났다고 보고하였다. 봉갑요는 초등학교 3학년 독해부진아들을 대상으로 자기주도 학습 프로그램의 효과연구에서 자기주도 학습을 적용한 집단이 적용하지 않은 집단에 비해 자기효능감과 독해력이 유의미하게 향상되었으며, 나아가 자기조절학습 전략사용, 내재적 가치, 초인지, 인지전략, 자원관리전략에서도 유의미한 향상을 나타냈다고 보고하였다. 유경호는 대학생을 대상으로 자기주도 학습 수업전략의 효과를 검증한 연구결과 대학생의 학습동기와 자기효능감 향상에 있어서 자기주도 학습 기반 수업모델이 전통적 강의식 수업모형보다 효과적이지만 학업성취 점수에 있어서는 세 수업모형 간에 통계적으로 유의미한 차이가 없다고 밝혔다. 또한 자기주도 학습 프로그램이 동기요인 향상에 긍정적인 영향을 미쳤고 동기가 자기조절에 효과적이라 보고되었다. 김현진의 연구에서 현실요법 적용 자기주도 학습능력 증진 프로그램은 프로그램에 참여한 학습 부진아의 자기주도 학습 지각도를 전반적으로 향상시켰으며, 특히 학습의욕과 동기와 관련된 자율적 학습전략 및 메타인지, 학습동기, 성취동기를 향상시키는 것으로 나타났다.

이상과 같이 동기와 자기주도 학습의 관계를 탐색한 연구들은 동기 요인이 인지전략 및 자기조절과 긍정적인 상관관계가 있을 뿐만 아니라 학업성취를 예측할 수 있으며, 내재적 동기조절 전략을 많이 사용하는 학생들이 인지전략과 노력조절, 초인지 조절을 많이 사용하고 본질동기가 높은 집단이 자기조절학습도 의미 있게 높다는 것을 보여 주었다.

음악치료와 관련하여 김동주는 창의적 음악치료 프로그램

이 아동의 학습동기 증진에 미치는 효과연구에서 체계적으로 구성한 음악치료 프로그램은 아동의 학습동기에 정적 영향을 미치는 것으로 보고하였다. 윤진근은 동요음악활동이 초등학교 학습장애아의 학습동기를 증진한다는 결과를 제시하였으며, 임재영은 시설아동들을 대상으로 집단음악치료가 학업적 자기 효능감과 학습동기를 증진한다는 결과를 얻었으나 시설 아동을 대상으로 하였기 때문에 음악치료가 학습동기에 미치는 일반적인 영향을 밝히기에는 한계가 있다고 하겠다.

지금까지의 선행연구들을 검토해 보면 음악활동과 음악치료가 아동의 인지력과 특정한 분야의 학습능력의 향상을 가져오며, 집중력 향상과 학교생활 적응에 도움을 주어 학습동기를 증진하고 학업성취도를 높일 것으로 기대되지만 학습동기에 음악치료가 얼마만큼 직접적으로 영향을 미칠 수 있는지를 판단하기에는 아직 연구가 미흡하다.

한편 선행학습 경험은 위계적으로 더 높은 단계의 내용을 미리 학습함으로써 학생들의 흥미를 유발하고 자신감을 향상시키는 등 학습동기에 긍정적인 영향을 주는 것으로 나타났다. 또한 수업시간에 자신감을 가지고 참여하기 때문에 수업에 열중하며 대체적으로 학교 수업태도가 좋다 하였다. 이와 같이 선행학습이 학습동기에 영향을 미치기 때문에 필자의 통합 프로그램에서는 보습학원 경험 유·무가 프로그램 효과에 어떤 영향을 미치는가도 확인하고자 한다. 여기서 보습이란 사교육과 선행학습을 포함한 학교 밖에서 1개월 이상 학원 등의 학습을 통해서 학교 수업 진도보다 앞서가거나 보충해서 배우는 것이라고 정의한다. 이때 보습은 사설학원에서 이루어지는 교습활동, 개인이 개인 혹은 그룹을 대상으로 이루어지는 교습활동, 학습지나 온라인 강의를 활용한 교습행위를 지칭하며, 학교 안에서 이루어지는 특기·적성교육과 자율적인 학습 등은 보습의 범주에서 제외하였다.

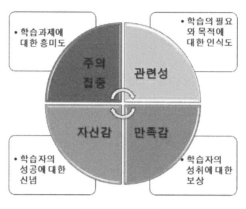

학습에 대한 동기화

학습에 대한 동기화

1.3 자기효능감

자기효능감의 개념과 요인

반두라는 자기효능감이라는 개념을 특별한 상황에서 요구되는 행동들을 자신이 성공적으로 달성할 수 있다는 개인의 신념이나 기대라고 정의했다. 이는 성공적인 결과를 얻기 위해 행동을 조직화하고 수행해 낼 수 있는 개인의 능력에 대한 평가를 말하며, 주어진 문제의 해결에 대한 구체적인 자신감을 말한다. 스컹크(Schunk)는 자기효능감을 모호하고 예상할 수 없는 상황을 다루는데 요구되는 행동들을 얼마나 잘 조직하고 수행할 수 있는가에 대한 판단이라고 정의하였으며 로크와 라담(Locke & Latham)은 자기효능감이란 자신의 전체적인 수행능력에 대한 믿음으로부터 초래되는 것으로서 과제상황을 다루기 위하여 요구되는 특별한 행동을 수행하는 자신의 능력에 대한 개인적인 평가라고 정의하였다. 피터슨과 스툰카드(Peterson & Stunkard)는 개인이 일련의 행동을 수행할 경우 어떠한 결과를 가져올 것이라는 인지, 행동 결과에 대한 예측에 결정적인 영향을 미치는 것으로, 주어진 상황에서 얼마나 유능할 것인가에 대한 개인의 판단이라고 했다.

자기효능감은 자기 자신을 얼마나 능력 있고 효율성 있는 사람이라고 생각하느냐와 같이 자신에 대해서 느끼고 있는 유능감, 자신감을 의미하며 애매하고 예상할 수 없는 긴장되는 상황에서 개인이 특별한 행동을 잘 조직하고 수행할 수 있다는 개인의 인지적 판단으로 정의하기도 한다.

한편 반드라는 인간의 행동에 영향을 미치는 기대를 크게 두 가지로 나누었는데, 결과기대와 자아효능기대이다. 어떠한 상황에서 어떠한 일을 수행할 때 잘 할 수 있을 것이라는 판단은 결과 기대이며, '잘 해낼 수 있다' 또는 '자신이 없다'와 같은 자신의 행동에 대한 신념은 자아효능기대에 해당된다. 다시 말해 자아효능기대란 어떤 개인이 결과를 얻는데 필요한 행동을 성공적으로 해낼 수 있다는 신념이며, 결과기대는 어떤 방향으로 행동하면 어떤 결과를 얻을 것인가에 대한 개인의 평가이다. 그에 의하면 결과기대는 사람들의 행동 동기에 영향을 주지 않으며 결과기대보다는 자아효능기대가 동기와 더 밀접한 관련이 있다고 했다. 자기효능감이 높은 사람은 다시 말해 어떤 결과를 초래할 행동들을 성공적으로 수행할 자신이 많다고 생각하는 사람일수록 그러한 활동을 시도할 가능성과 지속할 가능성이 많다는 것이다. 또한 자기효능감이 높은 사람은 실패를 능력부족 보다는 노력부족으로 귀인 하는 경향이 있어서 성공 지향적인 사람이라고 보았다. 이런 사람들은 실패 후에도 빠른 속도로 효능감을 회복한다. 반대로 효능감에 대한 기대가 부정적이고 낮은 사람일수록 실패를 능력부족으로 귀인 하는 경향이 있어서 두려움과 절망을 가지고 마지못해 그 과제 수행에 임하거나 아니면 피하려고 한다는 것이다. 따라서 과제수행 결과는 개인의 자기효능감에 따라 결정되는 것이지 개인의 객관적인 능력 자체에 의해 결정되는 것이 아니라는 것이다. 자기효능감은 목표와 관련된 과제 수준 선호에도 관여한다. 자아효능감이 높은 사람일수록 도전적이고 어려운 목표를 선호한다. 높은 목표는 높은 수행감을 가져오고, 그 결과는 긍정적인 정서반응으로 나타나 다시 높은 자기 효능감을 갖게 하는 긍정적 순환 속으로 들어가도록 한다.

자기효능감 길러주기

자기 효능감은 자신의 능력에 대한 단일한 기대나 신념이 아니라 자신감, 자기조절효능감, 과제난이도 선호, 귀인과 같은 다양한 요소로 구성되어 있다. 자신감이란 자신의 가치와 능력에 대한 개인의 확인 또는 신념 정도라고 할 수 있다. 또한 자신감은 자신의 능력에 대한 인지적인 판단 과정을 통해 성립되고 정서반응으로 표출된다고 하였다. 반드라는 자기효능감을 상황-특수적인 개념에서 어떤 결과를 이루기 위해 필요한 행동을 조직하고 수행할 수 있는 개인적 능력에 대한 판단으로 정의했지만 이를 일반적 개념으로 확대한다면 자신감의 정의 중에서 자신의 가치에 대한 개인의 확신을 제외한 자신의 능력에 대한 개인의 확신 또는 신념으로 정의할 수 있다. 또한 자기효능감을 과제수행에 필요한 행위를 조직하고 실행해 나가는 학습자 자신의 능력에 대한 판단이라고 정의하면서, 자기효능감이 높은 사람일수록 자신감을 가지고 도전적인 과제를 선택하고 과제를 더 끈기 있게 해내는 경향이 있다고 하였다.

자기조절효능감은 자기조절체계가 인간 행동의 기본이기 때문에 인간은 자신의 행동을 관찰하고, 자신의 목표 기준에 비추어 자신의 수행을 판단하며 긍정적이라면 새로운 목표를 설정하고, 부정적이라면 자신의 목표를 이루기 위해 부가적인 행동을 하는 반응을 보이게 된다. 따라서 자기조절효능감이란 개인이 어떤 과제를 달성하기 위해 자기조절, 즉 자기관찰, 자기 판단, 자기반응을 잘 사용할 수 있는가에 대한 효능기대라 할 수 있다.

과제 난이도 선호는 자기효능감 수준과 행동상황의 선택에 영향을 미친다. 자기효능감이 높은 개인은 도전적이고 구체적인 과제를 선택한다. 반면에 자기효능감이 낮은 개인은 자신의 기술을 뛰어넘는 위협적인 상황을 무서워하고 피하려 하며, 그들이 조절할 수 있다고 생각하는 상황만을 선택하고 행동한다. 과제난이도는 자신이 통제하고 다룰 수 있다고 생각하는 도전적인 과제를 선택하는 과정을 통해 표출된다. 본서에서는 자기효능감의 하위요인으로 자신감, 자기조절 효능감과 과제 난이도로 구성한다.

자기주도 학습 · 음악치료 프로그램과 자기효능감과의 관련성

자기주도 학습이 자기효능감에 미치는 영향에 대한 선행연구에서 자기주도적 학습 수준이 높을수록 자기효능감도 높은 것으로 보고되었으며 또한 자기주도적학습의 하위요인 모두가 자기효능감과 상관이 높은 것으로 나타났다. 하명윤의 자기주도 학습 증진프로그램이 중학생의 학습동기, 학습효능감 및 학업성취에 미치는 효과분석에서 자기주도 학습 증진프로그램은 중학생의 학습효능감을 증진시키는데 효과적으로 나타났다. 이는 학습상담 프로그램이 학생들의 학습효능감의 수준을 향상시켜 자신의 학습에 관련된 도전적인 목표를 설정하고 과제를 선택하여 과제를 성공적으로 수행하기 위해 노력하는 끈기를 보였음을 의미한다. 이에 자기주도 학습 증진 프로그램은 학생들의 학습효능감을 증진하는데 효과가 있음을 알 수 있다. 또한 자기주도 학습 프로그램을 경험한 실험집단이 통제집단에 비해 학업적 자기효능감 및 하위요인인 자기조절 효능감에서 통계적으로 유의미한 증가를 보였다고 하였다.

몬텔로(Montello)는 인간이면 누구나 음악적 치유능력이 있고 이를 수용해 통합적인 의미로서의 건강을 증진할 수 있다고 보았으며, 또한 음악은 자기효능감을 증진시킬 수 있는 도구로 사용될 수 있다고 하였다. 노르도프-로빈스는 활동을 통해 음악을 완성했을 때 성취감과 자존감의 향상을 가져올 수 있으며, 질 높은 음악의 완성을 통해 긍정적인 자아상과 자긍심이 증진되었다고 보고하고 있다. 또한 자신의 소중함이 담겨있는 의미 있는 가사로 만들어진 노래를 부르거나 다른 내담자로부터 노래를 듣게 될 때 스스로의 자기효능감이 증진될 수 있다고 하였다.

이와 같이 선행연구에서 음악치료와 자기주도 학습이 자기효능감 향상과 관련이 있는 것으로 나타났으며 자기효능감 이론에서 보여준 것처럼 자기효능감은 행동, 인지, 정서와 직접적 관련이 있으며 과거의 수행, 간접경험, 신체/정서 상태에 영향을 받는다. 1부와 2부에서 설명한 것처럼 자기주도 학습은 동기, 인지, 행동에 영향을 받으며, 음악치료는 정서, 행동에 영향을 주기 때문에 자기효능감과 음악치료, 자기주도 학습은 직접적인 관계가 있음을 확인할 수 있다.

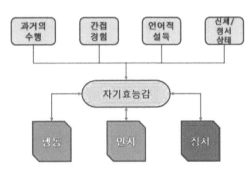

자기효능감 이론

민서홍은 집단 음악 프로그램이 초등학교 고학년의 자기효능감과 진로 성숙도에 미치는 영향에 대한 연구에서 자기효능감과 하위요소인 자신감, 자기조절효능감과 과제난이도 선호에서 유의미한 효과가 있음을 보고하였다. 특히 악기연주나 가사 만들기의 창작활동이 대상 학생들에게 자신감을 키워준 것으로 보고하고 있다. 임재영은 시설 아동들을 대상으로 한 집단 음악치료가 학업적 자기효능감과 자기조절효능감, 과제 난이도에서는 효과가 유의미한 효과를 얻었으나 자신감은 유의미하지 않다는 연구결과를 보고하였다. 김계영은 즉흥연주 활동을 시행하여 초등학교 아동의 자아개념이 향상되었다고 하였으며, 노래 만들기 기법이 치료 대상자의 자아존중감을 향상시켰다는 연구 보고도 있다. 김동주는 창의적 음악치료 프로그램이 아동의 자기효능감과 자신감을 증진시키며, 아동들의 자신감 결여, 자기조절력 부족, 과제회피, 실패에 대한 두려움, 무기력 등과 같은 실패내성을 완화하고 개선하는 것을 도울 수 있다 하였다. 양지은은 그룹 음악심리치료 프로그램이 장애아동 어머니의 양육스트레스와 자기효능감에 미치는 효과에 대한 연구에서 음악심리치료 프로그램이 자기효능감의 변화에 유의미한 효과를 보고하였다.

또한 사교육 참여가 초등학생의 수학에 대한 태도 및 수학 자기효능감에 미치는 영향에 대한 연구와 초등학생의 선행학습과 학문적 자아개념 및 자기효능감의 관계에서도 선행학습이 자기효능감에 영향을 주는 것으로 나타났다. 따라서 본서에서는 음악치료를 통합한 자기주도 학습 프로그램이 아동의 자기 효능감에 미치는 효과를 분석하고 더불어 보습학원의 경험 유·무가 통합 프로그램의 효과에 미치는 영향을 검증하고 효과가 있음을 보여준다.

1.4 정서지능
정서지능의 개념과 요인

정서는 인지 및 동기 행동에 영향을 주며, 인간의 생활 전반에 중요한 역할을 한다. 정서가 다른 요인들에 긍정적인 방향성을 갖고 영향을 미치게 하는 한편 인간이 자신의 능력을 최대한으로 발휘할 수 있도록 만드는데 원동력이 되는 또 다른 차원의 능력의 하나로 정서지능을 꼽을 수 있다. 정서지능이라는 용어는 샐로비와 메이어(Salovey & Mayer)가 최초로 사용하였는데 새롭게 등장한 개념은 아니다. 1924년에 손다이크(Thorndike)에 의해 '사회적 지능'이라는 유사한 용어가 사용되었으며, 그는 다른 유형의 지능과 다른 사회지능을 자신과 타인의 내부 상태, 동기행동을 인식하고 그 정보에 기초하여 적절하게 행동하는 능력이라고 정의하였다. 즉 손다이크는 사회지능이 인간 지적능력의 한 영역을 구성하는 측면이라고 주장한 것이다. 이후에 가드너(Gardner)는 다중지능이론을 제안하면서 지능이 단일한 특성이 아니라 상대적으로 상호독립적인 최소 8개의 차원으로 구성되어 있다고 하였다. 이중 대인 관계지능은 타인의 정서를 식별하고 적절하게 반응하는 능력이며 개인 내적지능은 자신의 정서에 쉽게 접근하여 그것을 구별하여 행동의 지침으로 삼을 수 있는 능력으로서 정서지능이론에 대한 개념을 제공하였다. 김삼곤은 성공지능이라는 개념을 제안함으로써 정서지능의 중요성을 학문적으로 뒷받침하고 있다.

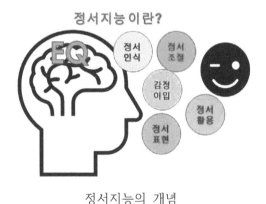

정서지능의 개념

본서에서는 살로비와 메이어, 골드만, 문용린의 이론을 바탕으로 정서지능을 정서인식, 정서표현, 감정이입, 정서조절, 정서활용능력으로 정서지능을 향상시킬 수 있는 능력으로 보고 '자신과 타인의 정서에 관한 인지적 능력이면서 상황에 맞게 정서를 효율적으로 조절 적응하여 자신의 삶을 계획하고 성취하기 위해 정서를 이용하는 능력'으로 정의한다.

　골드만은 그의 저서에서 정서지능을 EQ라는 대중적인 용어로 일반에게 널리 알렸다. 그는 가드너의 이론과 살로비와 메이어의 이론을 통합하여 정서지능을 자기인식능력, 정서조절능력, 자기 동기화능력, 타인정서인식능력, 대인관계능력의 다섯 가지 하위요인으로 나누어 설명하였다. 자기인식능력은 자신의 정서를 알아차리는 자각능력이며, 정서조절능력은 자기인식에 바탕을 두고 자신의 정서를 적절하게 처리하고 변화시키는 능력을 말 한다. 자기 동기화능력은 충동을 억제하는 자기통제와 자아몰입으로 목표를 성취하기 위해 노력할 수 있는 능력으로 모든 일의 수행에 바탕이 된다. '타인정서인식능력'이란 타인이 무엇을 원하고 요구하는가를 파악하여 감정이입하는 것으로 인간기술의 바탕이 된다. 마지막으로 '대인관계능력'은 타인의 정서를 다루는 기술로 대인관계 효율성 같은 심리적 능력을 뒷받침해 준다. 이와 같은 능력들은 얼마든지 향상될 수 있다. 이후 살로비와 메이어는 초기의 정의에서 정서지능을 사회적 지능의 한 하위 요인으로 표현했던 것을 능력이라고 표현하면서 정서에 대한 사고능력을 강조하였다. 정서지능의 초기에는 정서를 인식하고 조절하는 것을 언급하고 있을 뿐 정서에 대한 사고를 빠뜨리고 있다는 점에 주목하였다. 이를 바탕으로 정서를 정확하게 지각하여 평가하고 표현하는 능력, 정서에 접근하고 사고를 촉진하는 정서를 발생시킬 수 있는 능력, 정서가 포함되어 있는 정보를 이해하고 정서를 활용할 줄 아는 능력, 정서 발달과 지적성장을 위하여 정서를 조절하는 능력으로 재정의 하였다.

　문용린은 정서지능에 대한 살로비와 메이어의 초기 모형과 수정모형 및 골드만의 견해를 종합하여 정서지능의 구성요인을 정서인식 능력, 정서표현능력, 감정이입능력, 정서조절능력, 정서활용능력의 다섯 가지로 한정했다. 본서에서는 정서지능을 자기정서조절 및 정서활용, 정서인식, 타인정서조절 및 정서표현, 감정이입의 구성요인으로 구분하고자 한다.

자기주도 학습·음악치료 프로그램과 정서지능과의 관련성

정서지능과 학습과의 관계에 대한 연구에서 정서지능과 자기주도 학습력은 긍정적인 관계가 있는 것으로 이미 보고되었다. 최성용은 대학생의 정서지능과 자기주도 학습준비도와 진로결정 수준간의 상관에 관한 연구에서 정서지능과 자기주도 학습준비도는 약간의 상관관계가 있다고 보고하였다.

음악치료와 정서지능에 대한 연구를 살펴보면 김은선은 음악치료 프로그램이 초등학생의 정서지능과 학교 생활적응에 미치는 효과분석에서 음악치료 프로그램이 정서지능과 하위요인인 타인감정, 자기 동기부여, 자기감정관리와 타인감정 관리에는 향상 효과가 있으나 자기감정인식에는 유의미한 효과가 나타나지 않은 것으로 보고하고 있다. 최한나는 음악치료가 초등학교 저학년의 정서지능에 미치는 효과분석에서 정서지능과 정서지능의 모든 하위요인에서 유의미한 향상을 보였으나, 자기정서조절에서는 영향을 미치지 않은 것으로 보고하였다. 전윤경은 음악적 경험이 유아의 정서지능에 미치는 효과분석에서 음악적 경험이 유아의 정서지능은 물론 하위요인에서도 유의미한 효과가 있으며, 자기정서 인식능력은 음악활동의 기간이 길수록 향상된 효과를 보여주었다고 보고하였다. 신주연는 이주여성의 정서지능향상을 위한 음악치료 프로그램의 개발과 효과 연구에서 음악치료는 이주여성의 정서지능과 하위요인인 정서지각과 정서조절의 유의미한 향상을 나타냈으며 특히 이주여성의 자존감 향상효과와 우울감소의 효과가 있었음을 보고하였다. 박환영은 노래중심 음악치료활동이 초등학생의 정서지능에 미치는 영향에서 정서지능의 향상된 효과가 있었으며, 정서지능의 하위요인인 정서조절과 정서활용은 유의미한 효과가 있었으나 정서인식, 정서표현과 감정이입에서는 유의미한 효과가 없었다고 보고하였다. 이와 같이 자기주도 학습이 정서지능을 향상시켰다는 연구는 미흡하지만 음악치료와 관련된 선행연구에서는 음악적 경험이나 음악치료가 대상자의 정서지능에 많은 영향을 미치는 것으로 보고되었다.

또한 음악활동이 초등학생의 정서지능 향상에 미치는 영향은 음악활동이 아동의 정서지능 향상에 영향을 미친다 하였으며 음악활동경험이 정서지능, 음악적성, 음악 흥미도에 미치는 영향 연구에서도 음악활동경험이 정서지능에 영향을 미친다 하였다. 또한 다양한 음악 활동이 아동의 정서지능에 미치는 효과, 음악적 경험이 유아의 정서지능에 미치는 영향, 체험적 음악감상 활동이 유아의 정서지능에 미치는 영향 연구에서도 대상자의 정서지능에 영향을 미친다는 결과를 얻었다. 이와 같이 선행연구에서 살펴 본 바 음악활동은 정서지능 향상에 영향을 미치는 것으로 나타났다.

본서에서는 통합 프로그램이 아동의 정서지능에 미치는 효과를 분석하고 더불어 음악학원의 경험 유·무가 통합 프로그램의 효과에는 어떤 영향을 미치는지 검증하고 정서지능 하위변인에 대한 향상정도를 확인한다.

1.5 학업성취
학업성취의 개념과 요인

학업성취는 학습에 의해서 얻어지는 능력, 교육적인 효과로서 구체적 수단에 의해 측정된 것이라 할 수 있으며, 구체적 내용에 대해서는 학자마다 다양하게 규정하고 있다. 김미애는 교육목표에 입각하여 학습활동에서 나타나는 성적, 능력, 행동, 경향 등이라고 말했으며, 이규창은 학업성취란 교육목표에 입각하여 이루어진 학습활동의 결과물로서 학습자가 획득한 능력 및 행동경향의 기본적인 사항을 몸에 정착한 것이라고 했다. 또한 김상래는 학교의 학습결과로 나타난 학생의 지적발달의 정도를 학업성취도라 하였고, 신세호는 학교가 설계, 제공하는 교수학습과정을 통하여 얻어진 교육목표의 달성도를 의미한다고 하였다. 즉, 학업성취는 단순히 교과의 성적만을 뜻하는 것이 아니고 교육적 성과인 교육목표 달성도를 의미한다고 할 수 있다.

한편 학업성취는 교육목표달성의 정도를 나타내는 지표로서 국가·사회전체의 관심사이기도 하다. 학업성취는 학생 개개인의 학업적응뿐만이 아니라 부모, 교사, 또래와의 관계 등에 밀접히 관련됨과 아울러 자신감 등 심리내적 요인에 작용함으로써 학생의 생활전반에 영향을 미치는 중요한 요인이다. 또한 학업성취는 상급학교 진학에 큰 영향을 주며 사회적 지위를 획득하는데 결정적 영향을 미친다고 보기에 학생 자신은 물론 학부모들의 가장 큰 관심사 중의 하나이다. 곧 학업성취가 한 개인의 지위, 위신, 사회적 성취 등의 획득에 중요한 요인이라는 의미이기도 하다.

따라서 학업성취는 학습노력의 결과인 인지적 특성 및 학업태도, 학업자기개념, 정신건강 등 정의적 측면이 종합적으로 적용하여 이루어진 것으로 학교에서 학습을 통하여 습득된 지식, 지적능력, 태도, 가치관 등 학습결과를 총칭한다.

학업성취

　학업성취를 결정하는 요인은 단순한 요인들이 작용하기보다는 많은 요인들이 서로 연관성을 가지며 직·간접으로 작용하게 된다. 첫째 환경적인 요인으로 가정환경, 학교 및 학교환경, 사회 및 문화적 배경, 둘째로는 학습자 자신의 요인으로 지능, 성격, 동기, 적성, 학습태도, 학습 자아개념, 기대 등이며 셋째로는 교수의 수업과 관련된 변인으로 수업방법, 교재의 체제와 방법, 교사의 설명 정도, 수업기술 등이 포함된다.

자기주도 학습 · 음악치료 프로그램과 학업성취와의 관련성

　자기주도 학습이 학생들의 학업성취에 영향을 주는 효과에 관한 경험적 연구결과는 자기주도 학습이 학습과제 유형과 관계없이 학생들의 학습과 학업성취의 중요한 예언치 임을 밝혀주고 있다. 허은영의 자기주도 학습 프로그램과 학업성취도 연구에서 자기주도 학습 프로그램을 경험한 집단에서 학업성취도가 향상되었음을 보고하였다. 양애경의 연구에서 학습자들의 학습동기 및 자기주도 학습이 높을수록 그들의 학업성취도가 높은 것으로 보고되었다. 자기주도 학습이 타인주도 학습에 비해 학습자의 동기를 유발하고 자기능력 수준에 맞게 학습 진도를 조절할 수 있어서 학업성취도에 효과적이라는 관점에서 그 중요성이 중시되고 있다. 김현진은 초등학교 학습부진아를 위한 현실요법 적용 자기주도 학습능력 증진 프로그램 개발 및 효과검증에서 자기주도 학습능력 증진 프로그램은 청소년 학습전략에 전반적으로 긍정적인 영향을 주었으며, 특히 프로그램에 참여한 학생들은 학업성취와 밀접한 관련이 있는 학습동기 및 자아효능감이 높게 나타났다.

음악은 인지발달을 촉진시키기 때문에 아동의 학습능력 향상에도 활용할 수 있다. 정현주는 음악학습에 필요한 주의력, 관찰력, 독립적 사고, 문제 해결력, 비판적 사고 등은 다른 학습과정에도 필요한 부분이므로 학습기술에 전이되어 학습기술이 강화된다고 하였다. 매드슨과 앨리(Madsen & Alley)는 음악활동이 주의집중력을 향상시키기 때문에 학습능력의 증진에도 효과적이라고 하였다. 임지혜는 노래심리치료를 통한 청소년의 시험불안 감소에 관한 연구에서 노래심리치료 프로그램이 시험불안 및 학업에 필요한 스트레스 감소에 긍정적 영향을 미친다고 보고하였다. 그러나 기존의 연구문헌들을 검토해 보면 음악치료가 아동의 인지력과 특정한 분야의 학습능력의 향상을 가져오며, 자아존중감 및 주의 집중력 향상에 도움을 주어 학습동기를 증진하고 학업성취를 높일 것으로 기대되지만 학업성취에 음악치료가 얼마만큼 직접적으로 영향을 미칠 수 있는지는 아직 연구가 미흡하다.

또한 이경주는 초등학교 고학년의 수학선행학습과 수업참여도와의 상관관계연구에서 선행학습을 하는 도중 생긴 의문점을 인터넷을 통해 스스로 찾아보고 해결하는 과정을 통하여 자신감과 자기주도적인 학습능력의 향상에 유의미한 영향을 미쳤다고 하였다. 선행학습을 통하여 보다 위계적으로 높은 단계의 내용을 학습하게 되면 이전까지는 어렵게 생각했던 내용을 쉽게 느끼며 교과에 대한 태도가 긍정적으로 변하여 스스로 공부하게 된다. 본서에서는 음악치료를 통합한 자기주도 학습 프로그램이 아동의 학업성취에 미치는 효과를 분석하고 더불어 보습학원의 경험 유·무가 통합 프로그램의 상호작용 효과에는 어떤 영향을 미치는지 검증하고 확인한다.

통합프로그램 진행강사

아직 음악치료가 통합된 자기주도 학습 프로그램 관련 자격이 없기 때문에 가장 바람직한 통합 프로그램 진행강사 자격 기준은 자기주도 학습지도사 자격과 음악치료사 자격을 갖춘 교육관련 종사자가 좋을 듯하다. 음악치료는 내담자의 정신적 신체적 치료를 목적으로 하기 때문에 음악치료사 자격이 필수적이지만 자기주도 학습에 통합된 음악치료는 치료적인 것보다 정서지능을 위한 보조적인 음악활동이기 때문에 자기주도 학습지도사 자격이 있는 음악교사나 음악학원 강사가 현시점에서는 가장 적합한 직업군이라 할 수 있겠다. 아울러 본래의 자기주도 학습보다 즐겁고 신나는 음악활동이 통합된 이 프로그램이 개인주의와 경쟁사회로 인해 정서적으로 메말라가며 학습으로 힘들어하는 많은 아동들에게 유용하게 사용되기를 희망한다.

2. 통합 프로그램의 모형과 내용

2.1 통합 프로그램 연구모형

자기주도 학습과 음악치료의 이론적인 검토를 토대로 음악치료를 통합한 자기주도 학습 프로그램을 개발하고 그 효과를 검증하기 위한 연구와 개발단계는 다음과 같다.

첫째, 음악치료를 통합한 자기주도 학습 프로그램에 대한 이론적 검토를 통해서 통합 프로그램의 개발근거를 확립한다.

둘째, 전문가 협의와 검토단계에서는 자기주도 학습과 음악치료의 전문가를 섭외하여 선정하고 통합 프로그램의 개발방법, 대상자 선정, 예상 문제점, 효과변인 선정, 실험과 검증방안 등을 계획하고 검토한다.

셋째, 예비 프로그램 구성 및 실시단계에서는 작성된 세부 프로그램 초안의 적합성 및 운영상 문제점을 확인하고 대안을 마련하기 위한 예비 프로그램을 실험운영하고 문제점을 해소한다.

넷째, 최종 프로그램 구성단계에서는 전문가 협의와 예비 프로그램 실험 운영을 통한 문제점을 확인하고 수정·보완하여 최종 프로그램을 완성한다.

다섯째, 최종 프로그램이 학습동기, 자기효능감, 정서지능, 학업성취도에 미치는 효과를 검증한다. 제시한 연구·개발 모형은 다음과 같다.

통합프로그램 개발 및 효과 모형

2.2 통합 프로그램 개발 목적과 절차
통합 프로그램 개발 목적

통합이란 통합의 대상이 되는 요소나 부분들이 서로 결합하여 요소나 부분들이 처음에 갖고 있지 않는 전체성을 만드는 과정이나 상태를 의미하며 통합을 통해 시너지 효과를 기대하는 것을 말하는 것으로 통합이라는 용어는 기법의 혼합을 넘어선 개념적 혹은 이론적 창조를 의미하는 경향이 있다. 여기서 통합이라는 용어를 분명하게 정의하기 위해서는 인간발달 이론에서 인간을 보는 세 가지 관점인 신체적, 정서적, 인지적 요소의 관점을 생각해야 한다. 인간 개인을 총체적 존재로 보고 그 구성 요소들을 3가지 하위요소들로 구분하여 신체적 요소, 사회·정서적 요소, 인지적 요소로 나눌 수 있다. 따라서 효율성이라는 차원에서 세 가지 요소들이 조화롭게 통합된 프로그램이 필요하다.

전술한 이론적 검토로부터 인지적 요소가 짙은 자기주도 학습과 사회·정서적 요소가 짙은 음악치료를 통합하고자 하는 근거를 찾을 수 있다. 인간의 성격을 구성하는 하위 성격 요소들을 통합하여 전체로서 충분히 기능적인 개인으로 성장 발달하는 것은 교육의 목표인 동시에 자기주도 학습과 음악치료의 목표이기도 하다. 음악치료가 말보다 심층적 경험과 감정을 표현할 수 있어서 좋은 의사소통의 수단이 되며, 자기감정을 음악으로 표현하는 일 자체가 창조적 활동으로써 감정을 정화·승화시킬 수가 있고, 표현하고자 하는 대상의 통찰과 조직화를 통해서 정신기능을 회복하는 데 도움을 주므로, 치료적 효과는 물론 자기통합이 좀 더 용이하다고 할 수 있다.

본서에서는 자기주도 학습의 인지적 접근을 이루는 주제와 활동에 맞추어 정서적 기능을 가진 음악 치료적 표현 요소들을 결합시켜 통합 프로그램을 개발하고 이것이 아동의 학습동기, 자기효능감, 정서지능과 학업성취도에 미치는 효과를 분석하고 확인한다.

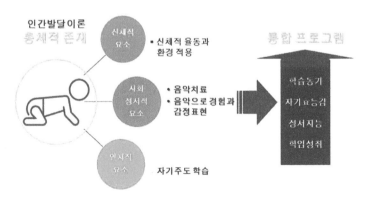

통합 프로그램 개발 목적

통합 프로그램 개발 절차

자기주도 학습과 음악치료의 통합 프로그램 개발절차는 다음과 같다.

첫째, 문헌연구와 선행연구 등을 분석하여 자기주도 학습과 음악치료의 통합 프로그램의 개발근거와 목표를 설정하고 프로그램의 난이도나 학습방법 성과 등을 고려한 대상자를 선정하였다.

둘째, 통합 프로그램 개발절차를 위해 프로그램개발과 교육과정 개발 등에 관한 선행연구(정판동, 박주연, 신주연)를 분석하여 참조하였다.

셋째, 자기주도 학습과 음악치료와 관련하여 학습동기, 자기효능감, 정서지능, 학업성취도 등의 이론과 선행연구들을 분석하고 기 개발된 자기주도 학습 프로그램과 음악치료 프로그램을 검토한 자료를 근거로 각 프로그램의 목적과 활동목표를 설정하였다.

넷째, 이와 같은 목표를 달성하기 위해서 각 프로그램의 세부 활동목표와 내용, 교수-학습방법을 선정한 시안 프로그램을 만들었다. 가능한 한 통합 프로그램이 두 프로그램의 물리적인 통합보다는 융합될 수 있도록 통합 프로그램을 작성하였다.

다섯째, 원활한 통합 프로그램의 운영과 방법을 확인하기 위해 예비실험을 실시하고 여기에서 발생한 제한점과 문제점 등을 고려한 최종 통합 프로그램을 구성하였다.

여섯째, 통합 프로그램의 자료제공, 프로그램 내용구성, 실험과정 등의 확정은 4명의 전문가 집단으로부터 3차례의 의견수렴을 통해서 결정했으며, 의견과 논의 및 수렴과정은 필자가 직접 관여하였다. 전문가 집단으로는 S센터 대표(자기주도 학습관련 매체개발, 외래교수), 학교 방과 후 자기주도 학습 프로그램 운영자, Y음악치료 연구소장(예술치료전공 박사), H 음악치료 재활센터 연구원(음악치료학 박사) 등 이론과 현장 실무를 겸비한 인력으로 구성하였다.

통합프로그램의 이해

통합프로그램 개발근거 및 목표설정

대상자 선정

통합프로그램 설계
전문가집단 확인 및 의견수렴

각 회기별 목표설정

음악치료를 통합한 자기주도학습 프로그램
내용 · 초안 및 전문가 검토(12회기)

음악치료를 통합한 자기주도학습 프로그램
예비실험 실시(5회) 및 프로그램 수정 · 보완

통합프로그램 개발 완성

통합프로그램 개발절차

일곱째, 자기주도 학습과 음악치료의 매끄러운 통합 프로그램을 개발 운영하기 위하여 각 회기별 주제에 맞는 도입, 전개, 마무리에 해당하는 음악선정과 운영방법 등을 전문가와 협의하였다. 이를 토대로 보다 세밀한 통합 프로그램이라 할수 있는 각 회기별 지도안을 작성·개발하였다. 통합 프로그램의 교육훈련 지도안은 자기주도 학습 프로그램을 운영해 본경험이 있는 교사라면 쉽게 운영할 수 있도록 제시하였다. 다음 그림은 통합 프로그램 개발절차를 보여 주고 있다.

2.3 통합 프로그램 구성전략과 내용

통합 프로그램은 자기주도 학습과 음악치료를 통합하여 아동들에게 학습동기, 자기 효능감, 정서지능과 학업성취를 향상시키고자 하는데 목적이 있다.

학습프로그램 구성전략으로는 평생학습사회와 포스트 코로나로 인한 교육환경의 변화로 불가피하게 증대될 비대면 인터넷 학습에 적응할 수 있는 자기주도 학습능력을 극대화하도록 구성한다. 전체적인 프로그램 주제 활동전략은 즐겁고 재미있도록 음악과 율동을 조합하고 학습 미라미드 원리에 의한 적합한 교수방법을 선택하여 오래 기억할 수 있는 직접 경험학습을 하도록 한다.

주제 활동의 순서로는 동기조절, 인지조절, 행동조절 순으로 하고 정서조절의 주제 활동은 매 주제 활동에 배분하여 프로그램 활동이 지루하지 않고 활력이 넘치도록 구성한다. 아래 그림은 통합 프로그램의 세부 학습전략을 보여준다.

통합 프로그램 학습 전략

세부적인 통합 프로그램 구성내용은 매 회기마다 통합 프로그램 도입부에서 자기주도 학습의 개략적인 정보를 제공한다. 전개 부분에서는 자기주도 학습을 수행하기 위한 과제나 활동 사항을 개인이나 그룹으로 직접 해결할 수 있도록 한다. 마무리 부분에서는 전체적인 내용을 한번 상기시키도록 하고 다음 회기의 내용을 제시한다. 매 회기 흥미와 즐거움을 통하여 동기부여와 자신감을 가질 수 있도록 각 회기 주제에 맞는 음악치료와 연계한다. 또한 자기주도 학습의 세부적인 내용을 내면화하는데 주안점을 두었다.

음악치료를 통합한 자기주도 학습 프로그램의 구성은 동기조절영역, 인지조절영역, 행동조절영역과 인지·행동조절영역으로 하고 통합 프로그램의 각 회기에 적합한 주제가 안배될 수 있도록 하였다. 이에 1회기는 도입, 2~5회기는 동기조절, 6~7회기는 인지조절, 8~9회기는 행동조절, 10~11회기는 인지·행동조절, 12회기는 종결로 하였다.

본서에 사용된 통합 프로그램의 전체 구성내용은 <표3-1>과 같다.

<표3-1> 음악치료를 통합한 자기주도학습 프로그램

영역	회기 (70‘)	주제	자기주도학습 구성요소	음악치료 구성요소
도입	1회기	사전검사	학습동기검사지, 자기효능감 검사지, 정서지능 검사지	인사노래와 율동으로 검사에 대한 긴장 및 방어 해소
동기조절	2회기	나 자신 탐색 하기	-별칭 짓기 -서약서 쓰기 -활동지 '나는 어떤 사람일까'를	-인사노래와 율동 -그리그 '노르웨이 춤곡'에 맞춰 별명으로 '따라 하기'게임

			작성해보고 소개하기	
	3회기	꿈 세우기	-직업군을 살펴보고 내가 원하는 직업에 대해서 생각해 보기 -빙고판을 채워보고 직업카드 분류하기 -원하는 직업을 갖기 위해 어떠한 노력을 해야 하는지 발표하기 -꿈을 이루기 위한 비전 선언문 작성하기	-인사노래와 율동 -스토리텔링: 다양한 직업(배경음악: 마르첼로의 '오보에 협주곡') -마르첼로 '오보에 협주곡'을 듣고 Tutti부분에서는 모자리자 흉내를 내고 Oboe연주부분에서는 돌아가면서 자신이 희망하는 직업인 흉내 내기
	4회기	공부의 목적 알기	-활동지'공부의 의미알기'를 통해 공부하는 이유 찾고 토론 -'나의 미래 프로필'을 만들어 발표하기	-인사노래와 율동 -스토리텔링: 왜 공부를 하는가?(배경음악: 베토벤의 '엘리제를 위하여') -베토벤의 '엘리제를 위하여' 들으면서 '공부' 하면 떠오르는 느낌을 소고로 표현해보기(즉흥연주)
	5회기	학습 진단 하기	-활동지 '학습습관 진단검사'를 통해 자신의 학습습관의 강점과 보완해야 할 점등에 대해서 분석한 후 발표하기	-인사노래와 율동 -스토리텔링: 공부를 잘 하는 방법(배경음악: 파헬벨의'캐논') -파헬벨의 '캐논'에 맞춰 자신의 공부비법을 인터뷰 하기 -박 분할 활동
인지조절	6회기	집중력 키우기	-1분 집중력 훈련 -시각 고정 훈련 -명상(드뷔시의 '아라 베스크')	-인사노래와 율동 -스토리텔링: 집중력높이는 방법(배경음악: 드뷔시의 '아라베스크') -집중하고 있다가 자신이 맡은 음이 나올 때 연주하기(터치벨)
	7	기억	-30개의 단어장을	-인사노래와 율동

	회기			
	회기	력 높이 기	30초씩 보여준 후 기억나는 단어 적어보기 -분류해서 정리해보기	-스토리텔링: 기억력 높이기(배경음악: 차이코프스키의 현을 위한 세레나데 중 '왈츠') -오케스트라 배치도 기억했다가 알아맞히기 -악기소리 기억했다가 알아맞히기 -난타봉 리듬릴레이
행동조절	8 회기	학습 환경 만들 기	-활동기 '학습 환경 진단 검사'를 통해 자신의 심리적, 환경적, 신체적, 외부적 환경에 대해서 살펴보고 개선 방법도 생각해 본 후 발표하기	-인사노래와 율동 -스토리텔링: 공부하기 좋은 환경(배경음악: 고세크의 '탕부랭') -정리되지 않은 환경(A)과 정돈된 환경(B)을 악기로 표현(즉흥연주) -고세크의 '탕부랭'에 맞춰 책상에 있어야 할 것과 없어야 할 것 구분하기
	9 회기	시간 관리 하기	-동화 듣고 우선순위 정하기 -활동지 '일주일동안 해야 할 일과 하고 싶은 일'을 통해서 일의 우선순의 정하기	-인사노래와 율동 -스토리텔링: 시간의 소중함(배경음악: 죠플린의 '엔터테이너')를 눈을 감고 감상한 후 몇 분정도의 곡인지 알아 맞춰보기(2분 6초) -눈 감고 듣는 중 1분이 되었다고 생각되는 시점에서 손들기 -소고로 '모나리자' 악센트 게임
인 지 · 행 동 조 절	10 회기	학습 과정 (예 습, 수업 복습) 인식 하기	-예습, 수업, 복습에 대한 학습과정 인식 시키기(동영상과 ppt)	-인사노래와 율동 -스토리텔링: 예습, 복습이 점수에 주는 영향(배경음악: 생상의 동물의 사육제 중 '수족관') -배우지 않은 노래를 예습, 복습, 연주회 과정을 통해 학습과정 이해하기(리코더)
	11	시험	-21일 플랜 짜기	-인사노래와 율동

	회기	준비의 효율적인 방법 알기	-시험 보는 방법 -시험 후 할 일	-스토리텔링: 시험 전 증후군과 시험 볼 때 드는 생각이나 자세(배경음악: 모차르트의 '작은 별 변주곡') -변주되는 여러 형태의 음악 속에서 멜로디 놓치지 않고 터치벨로 연주
종결	12 회기	사후 검사	학습동기검사지, 자기효능감 검사지, 정서지능 검사지	-인사노래와 율동 -가사 바꿔 부르기 ('어른이 되면')

통합 프로그램에 사용되는 음악은 클래식, 가곡, 대중가요, 민요, 동요, 종교음악 등 여러 장르의 음악을 활용할 수 있지만 본서의 통합 프로그램에서는 고전음악이 흥미유발, 상상력, 정서안정, 자기표현력, 내재된 감정표현을 이끌어 내며 나아가 자기조절력과 과제선호를 증진시키는 기능이 있다는 연구결과에 따라 클래식을 회기의 활동 분위기에 맞게 선정하였다.

1회기에는 프로그램이 진행되는 동안 도입부에 부를 인사노래로 바흐의 농부칸타타를 선정하였다. 칸타타는 '노래하다'라는 뜻의 이탈리아어 칸타타에서 유래한 4~6개의 악장으로 이루어진 바로크 시대의 성악곡 형식을 말한다. 안정된 4박자곡으로 프로그램을 실행하기 전 반갑다는 인사노래와 함께 율동을 함으로써 긴장을 풀고 집중시켜 시작 분위기를 만들기에 적당한 노래이다. 노래 부르기는 자기감정 조절과 자기효능감을 증진시키는 데 도움을 주는 요소이며, 음악과 신체활동 또한 음악에 맞춰 자신의 신체를 조절하여 동작할 수 있다는 자신감을 얻고 스스로 만족감을 경험하게 하며, 구성원의 통합 및 자연스러운 교제를 돕고 또래집단에 더욱 잘 수용될 수 있다.

2회기에 선정한 곡은 그리그 '노르웨이 춤곡'이다. 차분하게 선율이 흐르는 전반부와 긴박하게 흘러가는 발전부, 그리고 다시 차분하게 마무리되는 형식으로 서로의 별명을 소개하고 '따라 하기 게임'을 하면서 빠르게도 했다가 느리게도 했다가 음악에 맞춰 활동하는 동안 상대에게 집중하고 몰입하게 해준다. 음악에 맞춰 타인을 관찰하고 모방함으로써 타인의 감정을 이해하고 주의 집중력과 분별력이 생기게 된다.

3회기에 선정한 곡은 마르첼로의 '오보에 협주곡'이다. 오보에 독주부분과 합주부분으로 나뉘어서 연주되는데 합주에서는 비슷한 패턴이 반복된다. 합주에서는 스토리텔링에서 이야기했던 여러 개의 직업을 가진 레오나르도 다빈치의 그림인 모나리자를 모두 흉내 내보고 오보에 연주부분에서는 자신이 희망하는 직업인의 흉내를 내보는 활동으로 비슷한 패턴으로 반복되면서 안정감 있게 흐르는 오보에 선율이 적합하다.

레오나르도 다빈치와 그림 모나리자

4회기에 선정한 곡은 베토벤의 '엘리제를 위하여'로 스토리텔링에 등장한 베토벤의 곡 중 학생들이 많이 알고 있는 '엘리제를 위하여'를 배경음악으로 선정하였다. 4회기 활동으로 사용되는 즉흥연주는 감정적 경험을 즉각적으로 표현하도록 돕는데 필요하며 감정을 정화시키고 창의적인 사고를 갖게 하는데 있어서 중요한 활동으로, 신체적, 감성적, 지적, 사회적 자아와 타인의 인식, 자아, 타인 그리고 환경에 대한 통찰력, 자기표현, 대인 의사소통, 자아의 통합, 그리고 대인관계를 증진시키는 중요한 접근법이다.

5회기에 선정한 곡은 파헬벨의 '캐논'이다. 4박자의 고정박으로 빠르지 않으면서 규칙적으로 흘러나오는 음악으로 네 박자, 두 박자, 한 박자의 박분할 활동을 하기에 매우 적합한 곡이다. 리듬치기는 기초적인 음악기능으로서 집중력과 표현력을 향상시키며 자기조절력과 자기효능감을 증진시키며 이 활동은 제시된 리듬이나 주제에 따라 리듬을 치도록 하여 집중력, 순발력, 기억력 등을 자극시킨다.

6회기에 선정한 곡은 드뷔시의 '아라베스크'며 페달의 울림이 풍부한 피아노 선율로 물속에서 헤엄치는 듯한 느낌을 주며 강약이 잔잔하게 들어가 있어서 조용히 명상하기에 적합한 곡이다. 또한 집중하고 있다가 자신이 맡은 음이 나올 때 핸드벨로 연주하기 위한 곡으로 학교종, 나비야, 비행기를 선정하였는데 누구나 쉽고 부담 없이 참여하면서 성취감을 느낄 수 있도록 선정하였다. 터치벨을 통해 집중하고 있다가 자신이 맡은 음이 나올 때 연주함으로써 관찰력, 주의 집중력, 분별력, 자기효능감 등이 증진된다.

7회기에 선정한 곡은 차이코프스키의 현을 위한 세레나데 중 '왈츠'로 기억력을 높이기 위한 활동으로 오케스트라의 대표적인 4개의 현악기인 바이올린, 비올라, 첼로, 콘트라베이스를 외우는 방법과 오케스트라 배치도를 보고 위치 알아맞히는 활동을 하기 위한 것이다. 현악기로 구성되어 있으면서 3박자의 신나는 춤곡으로 구성되어 있는 이 곡의 왈츠가 매우 적합하다.

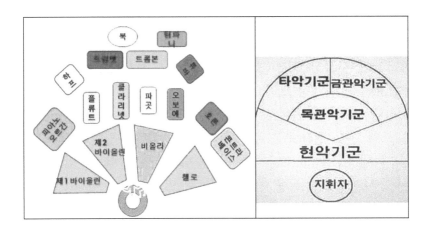

오케스트라 배치도

7회기 활동으로 난타봉 리듬릴레이는 1번 학생이 정해진 박자에 맞게 창작한 리듬을 2번 학생이 모방한 후 자신만의 리듬을 만들어 낸다. 3번 학생은 1번, 2번 학생이 만들었던 리듬을 모방한 후 자신만의 리듬을 만들어 다음 학생에게 넘기는 식으로 집중하고 기억하지 않으면 수행하기 힘든 활동으로 관찰력, 주의 집중력, 분별력 등에 영향을 준다.

8회기에 선정한 곡은 고세크의 '탕부랭'으로 프로방스 지방의 춤곡이다. 주로 목관악기로 연주(통합프로그램에서는 플롯)되며 단순한 반주의 빠른 2박 리듬이 특징인 곡이다. 가볍고 흥겹게 반복되는 멜로디에서는 모두 함께 노래를 하고 플롯으로 복잡하게 고조되는 곳에서는 한 명씩 나와서 책상에 없어야 할 것들을 과감하게 휴지통에 버리는 활동을 할 수 있도록 가볍고 흥겨운 부분과 복잡하게 고조되면서 결단을 내려야만 할 것 같은 느낌을 모두 가지고 있다. 정리되지 않은 환경과 정돈된 환경을 피아노로 즉흥적으로 표현함으로 신체적, 감성적, 지적, 사회적 자아와 타인의 인식, 자아, 타인 그리고 환경에 대한 통찰력, 자기표현, 대인 의사소통, 자아의 통합, 그리고 대인관계를 증진시킨다.

9회기에 선정한 곡은 죠플린에 선정한 곡은 '엔터테이너'로 가볍고 흥겨운 피아노곡으로 눈을 감고 감상한 곡이 몇 분 정도의 곡인지 알아맞춰보는 활동과 감상 중 1분이 되었다고 생각될 때 손을 들어보는 활동을 하기에 적합한 길이의 곡이다. 9회기 활동으로 소로를 통한 리듬치기는 순발력, 기억력, 집중력, 자기조절력 등을 증진 시킬 수 있다.

10회기에 선정한 곡은 생상의 동물의 사육제 중 '수족관'으로 명상을 위한 곡이다. 잔잔하고 부드러우며 특히 두 음 사이를 빠르게 미끄러지듯이 연주하는 방법인 글리산도로 연주하는 부분은 몽환적인 느낌을 준다. 서로의 감상 느낌을 이야기했을 때 다양한 느낌을 끌어내기에 적합한 곡이다. 또한 리코더를 통해 예습, 수업, 복습의 학습과정을 이해하기 위한 곡으로 난이도가 적절하여 포기하지 않고 도전하고 싶은 생각이 들도록 '이 몸이 새라면'과 '숲속 초막집'을 선정하였다. 배우지 않은 곡을 리코더로 예습 과정을 거치고 복습으로 여러 번 연습한 후 여러 학생들 앞에서 연주를 해 봄으로서 무엇보다도 나는 할 수 있다는 자신감이 증진될 것으로 기대된다.

11회기에 선정한 곡은 모차르트의 '작은 별 변주곡'으로 집중력을 키우기 위한 활동으로 매우 적합한 곡이다. 낯익은 선율에 여러 형태로 변주되어 있는 12개의 곡으로 이루어져 있다. 그 변주곡 속에서 주 멜로디가 나올 때를 맞춰서 터치벨로 연주해야 하기 때문에 반드시 집중해야한다. 변주되는 여러 형태의 음악 속에서 멜로디를 놓치지 않고 집중해서 완수해야하는 과정을 통해서 특히 집중력이 좋아질 것으로 기대된다.

12회기에 선정한 곡은 가사 바꿔 부르기를 위한 곡으로 '어른이 되면'이다. "내가 커서 어른이 되면 무엇이 될까"부분은 모두 같이 불러주고 돌아가면서 가사를 바꿔서 자신의 미래희망을 이야기하며 의지를 키우기에 활용도가 높은 곡이라고 할 수 있다. 노래의 가사나 멜로디를 일부 바꾸어보면서 창의력과 표현력을 향상시키며 노래가 완성되면 자신감과 자기 효능감을 증진시키는 이 활동은 감정 표현과 개인의 통찰력을 증가시키는 방법으로 사용되는 기법으로 미래에 관련된 내용을 담은 노래를 부르면서 긍정적인 미래를 기대하는 노래 부르기를 통해서 앞으로의 미래를 꿈꾸도록 도와 줄 수 있다.

2.4 통합 프로그램 주제 활동 및 진행과정 실제(예시)

매 회기 활동마다 통합 프로그램 안에서는 음악치료의 요소인 음악활동과 자기주도 학습이 따로따로 분리 배정되어 있지 않고 프로그램 내용 안에 함께 스며들어 유기적인 역할을 할 수 있도록 구성하였다. 여기서는 제 8회기 '학습 환경 만들기'를 한 예로 들어 보다 구체적으로 프로그램 내용 및 활동사항을 기술하기로 한다. 8회기 프로그램은 <표3-2>와 같다.

<표3-2> 8회기 프로그램

주 제	학습 환경 만들기	
목 표	집중하기 좋은 학습 환경을 구성한다.	
준비물	음악CD, PPT, 활동지, 피아노	
진행순서	활 동 내 용	준비물 및

		유의점
도 입	◪ **인사노래** - 바흐의 '농부칸타타'에 맞춰 인사노래와 율동 ◪ **스토리텔링** - 여러 장의 사진을 보고 자신이 원하는 공부방에 대해서 이야기 해 본다.(배경음악: 고세크의 '탕부랭')	* 음악 CD * ppt
전 개	◪ **학습 환경 진단검사** - 활동지를 통해 자신의 심리적, 환경적, 신체적, 외부적 환경에 대해서 살펴보고 개선방법도 생각해 본 후 발표한다. ◪ **즉흥연주** - 정리되지 않은 환경(A)과 정돈된 환경(B)을 악기로 표현 - A사진을 보여주면 정리되지 않은 환경을, B사진을 보여주면 정리된 환경을 피아노로 표현한다. ◪ **책상에 있어야 할 것과 없어야 할 것 구분** - 고세크의 '탕부랭'에 맞춰서 같은 멜로디에서는 다 함께 노래하고 발전부에서는 한명씩 나와 책상에 있어야 할 것은 책상에 없어야 할 것은 휴지통에 넣는다.	*피아노 *음악 CD *활동지
정 리	◪ **정리 및 느낀 점 나누기** - 프로그램을 통해 느낀 점 발표하기. - 나의 다짐에 각자의 이름을 넣어서 외치기 - 과제제시: 나의 하루 시간표(한 시간 간격으로) 써오기	*활동지

도입부로 인사노래와 율동을 하면서 친구들과 인사를 한다. 여러 장의 사진을 보고 자신이 원하는 공부방에 대해서 이야기해본다. 이때 배경음악으로 고세크의 '탕부랭'이 흘러나오게 된다. 학생들이 꿈꾸는 잘 정돈된 방과 그 반대의 사진을 여러 장 준비하여 각자 자신의 현재 방, 원하는 방 등

을 주제로 스토리텔링 한다.

전개 부분은 크게 세 가지 활동으로 구성된다. 첫 번째 활동으로는 나의 학습 환경 관리능력이 얼마나 되는지 진단해보고 자신의 심리적, 환경적, 신체적, 외부적 환경에 대해서 살펴본 후 개선방법을 생각하고 각자 발표하도록 한다. 먼저 활동지 10문항에 각각의 점수를 준 후 모두 더해 나의 학습 환경 관리능력에 무슨 문제점이 있는지 알아본다. 다음 <표3-3>은 나의 학습 환경 관리 점수를 알아보는 활동지이다.

<표3-3> 나의 학습 환경관리 점수 활동지

> ### < 나의 학습 환경관리 점수 >
> (0: 별로 그렇지 않다   1: 보통이다   2: 조금 그렇다   3: 아주 그렇다)
>
> 1. 학교 책상 위에는 수업시간에 필요한 물건만 놔둔다.(0. 1. 2. 3)
> 2. 학교 책상 서랍 속이 정리가 잘 되어있다.(0. 1. 2. 3)
> 3. 학교 사물함이 항상 정돈되어있다.(0. 1. 2. 3)
> 4. 밤에는 잠을 푹 자서 수업시간에 졸지 않는다.(0. 1. 2. 3)
> 5. 몸에 좋은 음식을 먹으려고 노력한다.(0. 1. 2. 3)
> 6. 적절한 운동을 해서 공부할 수 있는 체력을 기른다.(0. 1. 2. 3)
> 7. 집에 있는 책상 서랍은 종류별로 정리가 잘 되어있다.(0. 1. 2. 3)
> 8. 집 책꽂이의 책은 크기에 맞추어 정리한다.(0. 1. 2. 3)
> 9. 주변이 지저분하면 눈에 거슬린다.(0. 1. 2. 3)
> 10. 주변 정리가 되어야 공부할 때 기분이 좋다.(0. 1. 2. 3)

또한 주의집중력을 방해하는 환경과 해결방안을 찾기 위한 활동으로 심리적 요인, 환경적 요인, 신체적 요인, 외부적 요인을 스스로 찾아 볼 수 있도록 하고 해결방안을 찾아 발표할 수 있도록 하는 활동으로 <표3-4>는 주의집중력을 방해하는 환경과 해결방안 찾아내기의 활용지이다.

<표3-4> 주의집중력을 방해하는 환경과 해결방안 찾아내기 활동지

구분	내용	해결책
심리적 요인 (걱정, 두려움, 과도한 의욕, 의욕 부족 등)		
환경적 요인 (소음, 정리되지 않은 방이나 책상 등)		
신체적 환경 (피로, 수면부족 등)		
외부적 요인 (휴대폰, 텔레비전, 컴퓨터게임, 스마트폰 등)		

두 번째 활동은 즉흥연주이다. 정리되지 않고 지저분한 공부방 환경의 사진 A와 깨끗하게 정리정돈된 사진 B를 준비하고 두 사진 중 진행자가 제시한 사진을 보고 본인들이 느끼는 느낌대로 연주를 하게 한다. 세 번째 활동으로는 스마트 폰, 텔레비전, 게임기, 만화책, 연필, 형광펜, 연습장, 시계, 문제집, 교과서, 공책, 과자 등의 그림이 그려져 있는 여러 장의 카드 중 책상에 있어야 할 것과 없어야 할 것을 구분하는 활동이다. 고세크의 '탕부랭'에 맞춰서 같은 멜로디에서는 다 함께 노래하고 발전부에서는 한 명씩 나와 책상에 있어야 할 것은 책상에, 없어야 할 것은 휴지통에 넣도록 한다. 이때 버릴 그

림이 있는 카드는 가위로 자르거나 찢거나 구겨서 버려도 된다.

마지막 정리단계에서는 8회기 프로그램을 통해 느낀 점을 서로 발표하고 첫 회기시간부터 해왔던 나의 다짐에 각자의 이름을 넣어서 외치면서 각자의 다짐을 상기시킨다. 그리고 다음 9회기 시간관리 활동을 위한 과제제시로 '한 시간 간격으로 나의 하루 일과 시간표 써오기'를 제시한 후 활동을 마친다.

3. 통합 프로그램의 효과 검증

통합 프로그램 효과 검증에서는 '음악치료를 통합한 자기주도 학습 프로그램 효과 검증'의 논문부문의 효과 검증을 요약 발췌한 것이다. 가능한 실험적 통계수치나 여러 변인에 대한 검증분석 등은 생략하였으나 실험논문에서 사용되는 전문용어와 측정하고자 하는 변인의 향상 정도를 나타내는 전문적 통계용어 등으로 내용이 생소하고 지루할 수 있을 것 같다. 일반 독자들은 책장을 그냥 넘기는 정도의 건너뛰기나 훑어보기를 해도 괜찮으리라 생각한다. 다만, 필자가 제시한 통합 프로그램 운영을 원하는 독자는 측정하고자 하는 학습동기, 자기효능감, 정서지능, 학업성취도의 향상 정도는 물론 각 변인의 하위 변인까지 효과 검증 분석을 확인하였으면 한다. 독자께서 적용하고자 하는 활동 대상자의 특성과 목적에 따라 통합 프로그램을 수정·보완할 필요가 있기 때문이다. 그러기 위해서는 제시된 통합 프로그램의 효과 검증에서 부족한 부분과 보완해야할 부분을 찾아야 할 것이다. 통합 프로그램의 효과 검증에 들어가기 전에 필자가 원하는 수정·보완해야 할 부분과 변명으로는 학업성취도 효과 측정 시기를 프로그램 실험·실시 후 일정 기간이 지난 후 실시해야 올바른 결과를 얻을 수 있을 것이라는 점이다. 통합 프로그램 활동이 끝나고 자기주도 학습능력 향상 후 일정 기간이 지난 다음 공식적인 시험 결과로 학업성취 정도를 확인하는 것이 바람직한 효과 측정 방법일 것이다. 또한 통합프로그램 활동 시 수정·보완 사항으로는 프로그램 1회기 당 활동시간 연장(70분→90분)과 회기 횟수 늘리기(12회기→15회기)이며 적용 대상자들이 즐겁게 프로그램에 참여할 수 있는 음악, 회기 활동주제에 최적의 음악 선정 등을 고려사항으로 들 수 있다.

3.1 효과검증 과정 및 측정도구

실험대상

전라남도 △△군에 소재하고 있는 H 초등학교 4학년 아동 45명을 대상으로 하여 실험집단(22명)과 비교집단(23명)으로 구성하였다. 연구자가 관찰하고 싶은 집단과 잘 비교해 볼 수 있도록 집단을 하나 더 선정해서, 최초 조건에서 두 집단을 관찰하고, 연구자가 관찰하고 싶은 집단에만 독립변인의 "활동"을 적용하고, 그 이후 두 집단을 다시 관찰해서 두 집단의 종속변인 수치가 어떻게 증감하는지 살펴본다. 즉, 연구자가 실험을 적용한 집단은 실험집단이 되고, 비교하기 위해서 처음 상태로 놓아둔 집단은 비교집단 혹은 통제집단이 된다.

본 실험에서 초등학교 4학년 아동을 선정한 이유는 피아제 (Piaget)의 발달단계이론을 고려한 논리적인 사고가 가능한 단계이기 때문에 통합 프로그램의 효과를 검증하기에 가장 적당하다고 판단되었다.

연구대상자의 일반적 현황과 특징은 <표3-5>과 같다.

<표3-5> 실험대상자의 특성

구분		집단					
		실험		비교		전체	
		대상인원	%	대상인원	%	대상인원	%
성별	남	11	50.0	13	56.5	24	53.3
	여	11	50.0	10	43.5	21	46.7
보습학원경험	유	12	54.5	14	60.9	26	57.8
	무	10	45.5	9	39.1	19	42.2
음악학원경험	유	11	50	12	52.2	23	51.1
	무	11	50	11	47.8	22	48.9
전체		22	48.9	23	51.1	45	100

실험절차

본 실험을 위하여 H 초등학교 4학년 2개 반을 실험집단과 비교집단으로 배정하고 실험집단에 대해서는 2015년 4월 17일부터 2015년 7월 3일까지 주 1회, 매 회기 70분씩 총 12회기에 걸쳐 프로그램 진행을 실시하였다. 통합 프로그램의 진행과 강의는 필자가 직접 하였으며, 학교장의 허락 하에 학교 정규시간에 프로그램을 진행하였다. <표3-6>는 연구 실험 절차를 보여주고 있다. 실험집단에게 통합 프로그램 실시 중 비교집단은 20분 동안 자율학습을 실시하였고, 50분 동안 미술시간에 참여하였다. 자율학습 내용으로는 주로 학생들의 독서 능력 향상을 위한 독서활동으로서 사선을 치면서 줄글 읽기를 하였다. 실험집단 대상으로 통합 프로그램 12회기를 운영하고 실험집단의 변화 여부와 변화 정도를 측정하기 위해 프로그램에 참여하지 않은 비교집단과 실험집단을 비교 측정한다.

<표3-6> 연구실험 절차

연구절차	내 용	실시기간
1. 사전검사	2015학년도 교과학습 진단평가 실험집단과 비교집단의 사전검사 실시	2015. 3. 10 2015. 4. 17
2.프로그램적용실시	실험집단 : 통합프로그램 실시 비교집단 : 비교집단의 프로그램 운영	2015. 4. 17 ~ 2015. 7. 3
3. 사후검사	1학기 기말고사 실시 실험집단과 비교집단의 사후검사 실시	2015. 7. 3 2015. 7. 7

측정도구

본 실험의 **학습동기 측정도구**는 초등학교 고학년 수준으로 수정·보완한 검사 도구를 현재 학습 환경에 맞게 수정·보완하여 초등학교 4, 5학년 100명을 대상으로 예비조사를 실시하여 신뢰도분석을 실시하였다. 학습동기척도는 외적동기척도, 내적동기척도, 수업동기척도, 계속동기척도 등 총 4개의 하위 척도, 25개의 문항으로 구성이 되어 있다. 전체 신뢰도는 Cronbach α .937이다.

자기 효능감 척도도 동일한 방법으로 신뢰도분석을 실시하였으며 자신감, 자기조절 효능감, 과제 난이도 문항으로 구성하였다.

정서지능 검사척도는 자기정서조절 및 정서활용, 정서인식, 타인정서조절 및 정서표현, 감정이입 등 4개의 하위 영역으로 구성되어 있다.

학업성취도 검사로는 대학입학 학력고사나 공식적인 각 급 학교의 성적 평가 결과를 활용한다. 초등학생의 학업성취도 검사는 학교에서 실시하는 중간고사나 기말고사를 활용하는 것이 가장 일반적이어서 본 실험에서는 사전검사로 2015년 1학기 교과학습 진단평가 국어, 수학, 사회 3개 교과의 성적 결과를 활용하고, 사후검사로는 2015년 1학기 기말고사 성적 결과를 활용하였다. 성취도 검사를 3개 교과로 한정한 것은 학교교과를 언어영역과 수리·탐구영역 그리고 사회생활영역으로 구분하고 있음에 따라 각 영역을 대표하는 국어, 수학, 사회 교과 성적을 활용하였다.

자료 분석은 음악치료를 통합한 자기주도 학습 프로그램이 학습동기, 자기효능감, 정서지능, 학업성취도에 미치는 효과를 확인하기 위하여 프로그램을 진행하기 전과 후에 실험집단과 비교집단 학생들의 학습동기, 자기효능감, 정서지능, 학업성취

215

도를 측정하였다. 각 변인의 사전 점수를 공변인으로 하여 공변량분석을 실시하였고 보습학원 및 음악학원의 수강경험 유무에 따른 통합 프로그램의 효과 차이를 분석하기 위해 이원 공변량분석을 활용하였다. 학습동기, 자기효능감, 학업성취도 변인에 있어서는 보습학원 경험 유무와 정서지능 변인에 있어서는 음악학원 경험 유무의 상호작용 효과를 분석하였다. 모든 분석은 SPSS Win 21을 활용하였다.

3.2 실험결과
통합 프로그램이 학습동기에 미치는 효과

음악치료를 통합한 자기주도 학습 프로그램이 학습동기와 학습동기의 하위 변인인 외적 동기, 내적 동기, 수업 동기, 계속 동기에 미치는 효과를 분석하기 위한 이원 공변량분석 결과는 다음과 같다.

학습동기의 사전-사후 검사 평균치 분포는 <표3-7>에 제시되었고 통합 프로그램이 학생들의 학습동기에 미치는 효과를 분석하기 위해 이원 공변량 분석한 결과는 <표3-8>에 제시되어있다.

<표3-7> 학습동기의 사전·사후 평균치 분포

집단	보습학원 경험	시기			
		사전		사후	
		M	SD	M	SD
실험	전체	2.571	.591	2.949	.449
	유	2.630	.616	2.857	.513
	무	2.500	.583	3.060	.352
비교	전체	2.666	.430	2.664	.544
	유	2.643	.313	2.723	.443
	무	2.702	.589	2.573	.691

<표3-8> 학습동기의 이원 공변량분석 결과

변량원	SS	df	MS	F	p
학습동기(사전)	5.322	1	5.322	41.912	.000
집단	1.595	1	1.595	12.562	.001
보습학원	.029	1	.029	.225	.638
집단 * 보습학원	.632	1	.632	4.977	.031
오차	5.079	40	.127		
합계	365.357	44			

<표3-7>과 <표3-8>에 제시된 바와 같이 통합 프로그램 실시 후의 실험집단의 학습동기 평균(2.949)이 프로그램에 참여하지 않은 비교집단의 평균(2.664)보다 유의하게 높아 (F=12.562, p<.01) 통합 프로그램이 학습동기 향상에 효과적인 것으로 나타났다. 또한 통합 프로그램 참여 여부와 보습학원 경험 여부는 유의한 상호작용 효과를 보이는 것으로 나타났다(F=4.977, p<.05). 즉, 보습학원에 다닌 경험이 없는 학생들(M=3.060)이, 경험이 있는 학생들 (M=2.857)에 비해 학습동기에 미치는 효과가 더 큰 것으로 나타났다. 이를 그림으로 나타내면 <그림3-1(a), (b)>와 같다. 다시 한 번 종합해서 표현하면 학습 동기는 통합 프로그램에 참여한 학생이 참여하지 않은 학생에 비해 향상되었으며, 통합 프로그램에 참여한 학생들 중에 보습학원에 다닌 학생들보다 보습학원에 다닌 경험이 없는 학생들이 학습동기가 더 향상되었다. 이는 통합 프로그램에 참여하기 전까지는 보습학원에 다닌 경험이 있는 학생이 전혀 학원에 다니지 않은 학생보다 학습동기가 더 있는 것으로 나타났다.

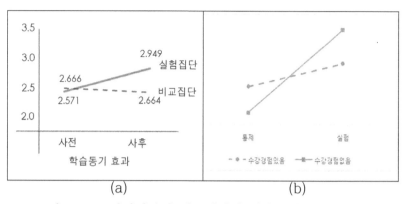

(a)   (b)

<그림3-1> a 실험집단과 비교집단의 학습동기
b 비교보습학원 경험 유·무와 통합 프로그램의
상호작용 효과

학습동기와 동일한 방법으로 하위 변인의 실험 결과를 종합 분석하면 학습동기의 하위 변인 중 외적 동기, 내적 동기, 수업 동기, 계속 동기 공히 향상되었다. 그중 수업 동기는 보습학원 경험 여부와는 상관관계가 없음을 보여주었다. 이을 쉽게 표현하기 위해서 통합 프로그램 참여집단인 아래 그림의 실선인 실험집단과 참여하지 않은 점선의 비교집단의 학습동기와 그 하위 변인인 계속 동기, 수업 동기, 내적 동기, 외적 동기를 그래프로 표현하였다. 그림에서 본 바와 같이 학습동기와 그 하위 변인 모두 다 거의 동일한 정도의 향상을 보여주었다. 그러나 보습학업 경험 유무에 대한 결과에서는 학습동기에서와 같이 보습학원 경험이 없는 학생들이 더 높은 향상을 보였다. 다만 학습동기의 하위 변인 수업 동기는 보습학원 경험 여부와 상관관계가 없는 것으로 나타났다.

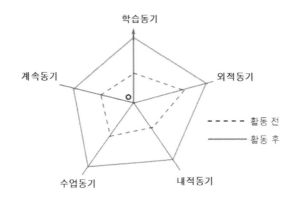

학습동기 향상효과

통합 프로그램이 자기효능감에 미치는 효과

음악치료를 통합한 자기주도 학습 프로그램이 자기효능감과 자기효능감의 하위 변인인 자신감, 자기조절 효능감, 과제 난이도에 미치는 효과를 분석하기 위한 이원 공변량분석 결과는 다음과 같으며 자기효능감의 사전-사후 검사 평균치 분포는 <표4-16>에 제시되었고 통합 프로그램이 학생들의 자기효능감에 미치는 효과를 분석하기 위해 이원 공변량 분석한 결과는 <표3-9>에 제시되어 있다.

<표3-9>자기효능감의 사전·사후 평균치 분포

집단	보습학원 경험	시기			
		사전		사후	
		M	SD	M	SD
실험	전체	2.636	.311	2.988	.284
	유	2.620	.373	2.902	.272
	무	2.657	.235	3.091	.275
비교	전체	2.544	.404	2.645	.397
	유	2.519	.274	2.717	.323
	무	2.585	.569	2.531	.491

<표3-10> 자기효능감의 이원 공변량분석 결과

변량원	SS	df	MS	F	p
자기효능감(사전)	2.426	1	2.426	41.246	.000
집단	1.072	1	1.072	18.217	.000
보습학원	.011	1	.011	.193	.663
집단 * 보습학원	.425	1	.425	7.217	.010
오차	2.353	40	.059		
합계	362.463	45			

<표3-9>와 <표3-10>에 제시된 바와 같이 통합 프로그램 실시 후의 실험집단의 자기효능감 평균(2.988)이 프로그램에 참여하지 않은 비교집단의 평균(2.645)보다 유의하게 높아 (F=18.217, p<.01) 통합 프로그램이 자기효능감 향상에 효과적인 것으로 나타났다. 또한 통합 프로그램 참여 여부와 보습학원 경험 여부는 유의한 상호작용 효과를 보이는 것으로 나타났다(F=7.217, p<.01). 즉, 보습학원에 다닌 경험이 없는 학생들(M=3.091)이, 경험이 있는 학생들(M=2.902)에 비해 자기효능감에 미치는 효과가 더 큰 것으로 나타났다. 이를 그림으로 나타내면 <그림3-2 (a), (b)>와 같다.

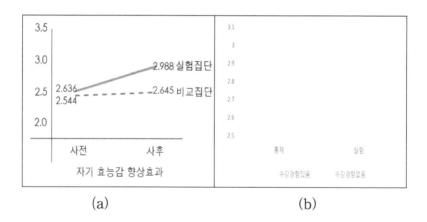

(a)   (b)

<그림3-2> (a) 실험집단과 비교집단의 자기효능감
(b)보습학원 경험 유·무와 통합 프로그램
상호작용 효과

또한 통합 프로그램이 자기효능감 하위 변인인 자신감과
자기조절 효능감은 향상 효과가 있을 것으로 나타났으나 과제
난이도에는 영향이 적게 나타나 효과가 미미한 것으로 나타났
다. 보습학원 경험 유·무에 대한 영향은 자신감과 과제 난이
도에는 영향을 미쳐 보습학원을 경험하지 않은 아동들이 영향
을 많이 받아 향상 효과의 폭이 더 크게 나타났으며 자기조절
효능감에는 영향이 없는 것으로 나타났다. 이와 같은 결과와
그림에서 본 바와 같이 통합 프로그램은 자기효능감과 하위
변인인 자신감, 자기조절 효능감의 향상 효과가 있으며, 과제
난이도에는 영향이 미미하였다. 보습학원 경험이 없는 학생이
경험이 있는 학생보다 모든 효과 변인에서 영향을 많이 받아
향상 효과가 크나 자기 조절 효능감에는 별 영향이 없는 것으
로 나타났다.

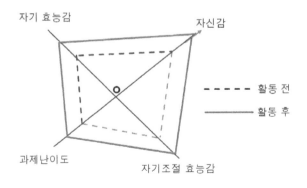

자기 효능감 향상 효과

통합 프로그램이 정서지능에 미치는 효과

음악치료를 통합한 자기주도 학습 프로그램이 정서지능과 정서지능의 하위 변인인 자기 정서조절 및 정서 활용, 정서 인식, 타인 정서조절 및 정서표현, 감정이입에 미치는 효과를 분석하기 위한 이원 공변량분석 결과는 다음과 같으며, 정서지능의 사전-사후 검사 평균치 분포는 <표4-24>에 제시되었고 통합 프로그램이 학생들의 정서지능에 미치는 효과를 분석하기 위해 이원 공변량 분석한 결과는 <표4-25>에 제시되어 있다.

<표3-11> 정서지능의 사전·사후 평균치 분포

집단	음악학원 경험	시기			
		사전		사후	
		M	SD	M	SD
실험	전체	2.862	.602	3.105	.531
	유	2.912	.560	2.990	.541
	무	2.811	.564	3.221	.519
비교	전체	2.801	.405	2.811	.466
	유	2.944	.422	2.968	.515
	무	2.645	.338	2.640	.353

<표3-12> 정서지능 사후평균의 이원 공변량분석 결과

변량원	SS	df	MS	F	p
정서지능(사전)	7.276	1	7.276	115.659	.000
집단	.676	1	.676	10.746	.002
음악학원	.148	1	.148	2.346	.133
집단 * 음악학원	.432	1	.432	6.869	.012
오차	2.516	40	.063		
합계	404.546	45			

<표3-11>와 <표3-12>에 제시된 바와 같이 통합 프로그램 실시 후의 실험집단의 정서지능 평균(3.105)이 프로그램에 참여하지 않은 비교집단의 평균(2.881)보다 유의하게 높아 (F=10.746, p<.01) 통합 프로그램이 정서지능 향상에 효과적인 것으로 나타났다. 또한 통합 프로그램 참여 여부와 보습학원 경험 여부는 유의한 상호작용효과를 보이는 것으로 나타났다(F=6.869, p<.05). 즉, 보습학원에 다닌 경험이 없는 학생들(M=3.221)이, 경험이 있는 학생들(M=2.990)에 비해 정서지능에 미치는 효과가 더 큰 것으로 나타났다. 이를 그림으로 나타내면 <그림3-3 (a), (b)>와 같다.

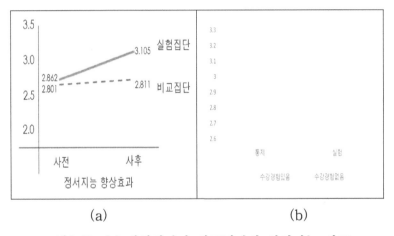

(a)   (b)

<그림3-3> (a) 실험집단과 비교집단의 정서지능 비교
(b)음악학원 경험 유·무와 통합 프로그램의
상호작용 효과

통합 프로그램이 정서지능의 하위 변인인 자기 정서조절 및 정서 활용 향상에 효과적이며 음악학원 경험 유무에 관계없이 영향을 미친 것으로 나타났다. 정서 인식 향상에도 효과적이며 음악학원 경험이 없는 학생이 더 효과적인 것으로 나타났다. 또한 통합 프로그램이 타인 정서조절 및 정서표현 향상에도 효과적이나 음악학원 경험 유무하고는 영향이 없는 것으로 나타났다. 감정이입 향상에는 통합 프로그램이 효과가 거의 없으며 음악학원 경험이 없는 학생은 효과가 있는 것으로 나타났다. 그림에서 확인할 수 있듯이 통합 프로그램에 참여한 학생은 정서지능과 그 하위 변인 자기 정서조절 및 정서 활용, 정서 인식, 타인 정서조절 및 정서표현은 향상 효과가 있으나 감정이입에는 향상 효과가 거의 없었다. 다만, 음악학원 경험이 없는 학생은 감정이입에도 향상 효과 있는 것으로 나타나 모든 음악학원에서의 음악 활동은 타인 정서조절 및 정서표현을 제외한 모든 정서지능 향상에 영향을 주는 것으로 예측할 수 있다.

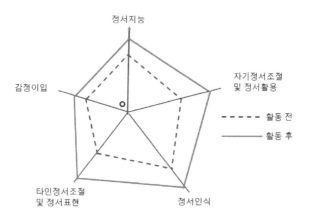

정서지능 향상 효과

통합 프로그램이 학업성취에 미치는 효과

 음악치료를 통합한 자기주도 학습 프로그램이 학업성취도에 미치는 효과를 분석하기 위한 이원 공변량분석 결과는 다음과 같다.

사회 과목 학업성취도의 사전-사후 검사 평균치 분포는 <표 3-13>에 제시되었고 통합 프로그램이 학생들의 사회 과목 학업성취도에 미치는 효과를 분석하기 위해 이원 공변량 분석한 결과는 <표3-14>에 제시되어 있다.

<표3-13> 사회과목 학업성취도의 사전·사후 평균치 분포

집단	보습학원 경험	시기			
		사전		사후	
		M	SD	M	SD
실험	전체	76.55	19.858	86.83	11.257
	유	76.17	24.811	87.50	13.534
	무	77.00	12.936	86.00	8.393
비교	전체	89.13	9.850	83.57	11.078
	유	89.71	8.407	86.14	7.015
	무	88.22	12.266	79.56	15.092

<표3-14> 사회 과목 학업성취도의 이원 공변량분석 결과

변량원	SS	df	MS	F	p
사회(사전)	1038.533	1	1038.533	10.201	.003
집단	574.918	1	574.918	5.647	.022
보습학원	169.659	1	169.659	1.666	.204
집단 * 보습학원	51.704	1	51.704	.508	.480
오차	4072.404	40	101.810		
합계	331796.000	44			

<표3-13>와 <표3-14>에 제시된 바와 같이 통합 프로그램 실시 후의 실험집단 사회 과목 학업성취도 평균(86.83)이 프로그램에 참여하지 않은 비교집단의 평균(83.57)보다 유의하게 높아(F=5.647, p<.05) 통합 프로그램이 사회 과목 학업성

취도 향상에 효과적인 것으로 나타났다. 그러나 통합 프로그램 참여 여부와 보습학원 경험 유·무 간에 유의한 상호작용 효과를 보이지 않는 것으로 나타났다(F=.508, p>.05). 즉, 보습학원의 경험 유무에 상관없이 실험집단에서 통합 프로그램이 사회 과목 학업성취도 향상에 영향을 미친 것으로 나타났다.

그러나 국어 과목과 수학 과목에서는 통합 프로그램이 학업성취도에 향상에 효과가 거의 없는 것으로 나타났으며 보습학원 경험 여부에도 유의한 상호작용 효과를 보이지 않아 성취도에 전혀 영향이 없는 것으로 나타났다.

따라서 통합 프로그램은 자기주도 학습 능력과 정서지능 향상을 위한 핵심 전략인 학습동기, 자기효능감, 정서지능, 학업성취도의 향상에 효과가 있으나 하위 변인인 몇 개의 변인에서는 향상 효과가 미미하거나 없는 것으로 나타났다.

다음<표3-15>은 통합 프로그램의 전체적인 변인 향상 효과와 보습학원 경험 유무(음악학원 포함)의 상호작용 효과를 보여 주고 있다. 상호작용 효과가 있는 것은 보습학원 경험 유·무에 영향을 받고 상호작용 효과가 없는 것은 보습학원 경험 유·무에 영향을 받지 않는다는 것으로 이해하면 된다.

<표3-15> 통합 프로그램 효과와 상호작용 효과

효과변인	통합 프로그램 효과	보습학원 경험 유·무에 따른 상호작용효과
학습동기	○	○
외적동기	○	○
내적동기	○	×
수업동기	○	×
계속동기	○	○
자기효능감	○	○
자신감	○	○
자기조절효능감	○	×
과제난이도	×	○
정서지능	○	○
자기정서조절 및 정서활동	○	×
정서인식	○	○
타인정서조절 및 정서표현	○	×
감정이입	×	○
국어 학업성취도	×	×
수학 학업성취도	×	×
사회 학업성취도	○	×

3.3 통합 프로그램 효과분석

음악치료를 통합한 자기주도 학습 프로그램의 효과분석에 대해 독자들과 함께 의견을 나누어 보고자 한다. 통합프로그램 효과분석이 보다 객관적이고 오류를 최소화하기 위해서 측정 도구의 신뢰도 확보는 물론 측정 데이터를 원본 그대로 통계

전문가에게 의뢰해서 통계 결과가 작성되고 그 결과에 대한 기본적인 통계분석 의견을 받았으며 필자인 윤현화의 박사학위 논문 결과를 그대로 인용한 것임을 밝혀드리며 효과분석의 의미를 서술하고 의견을 제시한다.

첫째, 자기주도 학습과 음악치료의 통합 프로그램은 아동들의 학습동기 향상에 효과를 나타냈다. 음악치료를 통합한 자기주도 학습 프로그램을 실시한 후 실험집단의 학습동기 평균이 프로그램에 참여하지 않은 비교집단의 평균보다 유의미하게 높게 나타났으며, 통합 프로그램과 보습학원 경험 유·무는 유의한 상호작용 효과를 보이는 것으로 나타났다. 또한 학습동기의 하위 변인인 외적 동기, 내적 동기, 수업 동기, 계속 동기의 실험집단 평균은 비교집단의 평균보다 유의미하게 높은 것으로 나타나 통합 프로그램이 학습동기의 각 하위변인에서도 향상된 효과를 나타냈다. 또한 통합 프로그램과 보습학원 경험 유·무의 상호작용 효과는 외적 동기와 계속 동기에서 유의미하게 나타나 학원 경험이 없는 학생들의 학습동기 향상이 큰 반면, 내적 동기와 수업 동기에서는 상호작용 효과가 없는 것으로 나타났다.

허은영의 창의적 재량활동 자기주도 학습 프로그램이 중학생의 학업적 자기효능감, 학습동기, 학업성취도에 미치는 효과 분석에서 학업 동기 및 하위 영역에서 통계적으로 유의미한 향상 효과를 보고한 것과 일치되는 결과이다. 또한 학습 동기는 물론 학습동기의 하위 요소들에 긍정적 영향을 미친다는 선행연구들과 유사한 결과이다. 이러한 결과는 음악활동과 음악치료가 아동의 인지력과 특정한 분야의 학습능력의 향상을 가져오며, 집중력 향상과 학교생활 적응에 도움을 주어 학습동기를 증진하고 학업성취도를 높인다는 연구결과도 있지만 일반 학생들 보다 지적·정서적 장애를 가지고 있는 아동들을 대상으로 하는 경우가 많다. 따라서 자기주도 학습 프로그램에 음악치료가 통합되면서 학습동기의 모든 하위 요소들에서 효과를 분명하게 나타낸 것으로 판단한다. 아울러 외적 동기와 계속 동기에 있어서 보습학원에 다닌 경험이 없는 학생들에게 더 큰 프로그램 효과가 나타나고 있음은 시사하는 바가 크다.

둘째, 음악치료를 통합한 자기주도 학습 프로그램은 아동의 자기 효능감 향상에 효과가 있는 것으로 나타났다. 통합 프로그램을 실시한 실험집단의 자기효능감 평균이 프로그램에 참여하지 않은 비교집단의 평균보다 높게 나타났으며, 통합 프로그램과 보습학원 경험 유무는 유의한 상호작용 효과를 보이는 것으로 나타났다. 또한 자기효능감의 하위 변인인 자신감과 자기조절 효능감의 실험집단 평균은 비교집단의 평균보다 유의미하게 높은 것으로 나타나 통합 프로그램이 자신감과 자기조절 효능감에서는 유의미한 향상 효과를 나타냈다. 그러나 과제 난이도의 실험집단 평균은 비교집단의 평균보다 유의미하지 않게 나타나 효과가 없는 것으로 나타났다. 또한 통합 프로그램과 보습학원 경험 유·무의 상호작용 효과는 자신감과 과제 난이도에서 유의미하게 나타난 반면, 자기조절 효능감에서는 상호작용 효과가 없는 것으로 나타났다.

김서연은 자기주도적 학습 프로그램이 자기효능감 및 자기주도학습력에 미치는 영향 연구에서 자기효능감 및 자신감은 향상 효과가 있으나 자기조절 효능감과 과제 난이도에서는 효과가 없는 것으로 보고하였으며, 한혜진 또한 자기효능감과 자신감은 향상 효과가 있으나 자기조절 효능감과 과제 난이도에서는 향상된 효과가 없다고 보고하였다. 이는 통합 프로그램의 향상효과와 일치하는 결과이나 자기조절효능감은 통합 프로그램만이 향상된 효과로 나타났다. 김계영은 즉흥연주 활동을 시행하여 초등학교 아동의 자아개념이 향상되었다고 하였으며, 노래 만들기 기법이 치료 대상자의 자기효능감을 향상시켰다는 연구 보고는 통합 프로그램이 보습학원 경험 유무의 상호작용 효과의 영향이 있다는 것과 일치한다. 아울러 음악치료를 통합한 자기주도 학습 프로그램은 자기효능감의 하위 변인인 자신감에 있어 보습학원에 다닌 경험이 없는 아동들에게 더 큰 프로그램 효과가 나타난 것은 의미 있는 일이다. 또한 과제 난이도에서 보습학원 경험이 없는 학생은 향상 효과가 뚜렷하나 보습학원 경험이 있는 아동에게 효과가 없는 것은 보습학원 경험을 통해서 이미 과제 난이도 선호가 생성된 것으로 추론할 수 있으나 보다 정확한 확인이 필요하다.

셋째, 음악치료를 자기주도 학습 프로그램은 아동의 정서지능 향상에 효과를 나타냈다. 음악치료를 통합한 자기주도학습 프로그램을 실시한 실험집단의 정서지능 평균이 비교집단의 평균보다 높게 나타났으며, 통합한 프로그램과 음악학원 경험 유·무는 유의한 상호작용 효과를 보이는 것으로 나타났다. 또한 정서지능의 하위 변인인 자기 정서 조절 및 정서 활용, 정서 인식, 타인 정서조절 및 정서표현은 실험집단 평균이 비교집단의 평균보다 유의미하게 높게 나타나 통합 프로그램이 정서지능의 하위 변인에서도 향상 효과가 나타났다. 다만, 감정이입은 유의한 향상 효과가 없는 것으로 나타났다. 통합 프로그램과 음악학원 경험 유·무의 상호작용 효과에서는 정서 인식, 감정이입에서 유의미하게 나타난 반면, 자기 정서조절 및 정서 활용, 타인 정서조절 및 정서표현에서는 상호작용 효과가 없는 것으로 나타났다.

박환영은 노래중심 음악치료 활동이 초등학생의 정서지능에 미치는 영향 연구에서 정서조절, 정서 활용은 유의미한 향상 효과를 보였으나 정서 인식, 정서표현, 감정이입은 유의미한 효과가 없는 것으로 보고하였다. 김은선은 음악치료 프로그램이 초등학생의 정서지능과 학교생활 적응에 미치는 영향 연구에서 정서지능과 하위 변인에서 향상 효과를 나타냈으나 자기정서 인식에서는 유의미한 결과를 얻지 못했다고 보고했다. 이와 같은 결과는 본 연구의 통합 프로그램의 결과와 대부분 일치하고 일부 하위 변인에서 상이한 결과를 나타냈으나, 자기주도 학습력을 향상시키는 통합 프로그램은 중요한 의미를 부여할 수 있다. 선행연구에서 정서지능과 자기주도 학습의 직접적인 연구가 많지 않으나, 음악치료와 정서지능에 대한 연구는 수없이 많다. 그러나 대부분의 음악치료 연구가 부모의 지원을 받지 못하는 시설 아동이나 학습 장애, 학교 부적응 아동들을 대상으로 한 연구였으므로 통합 프로그램과 직접적인 비교는 어려우나 정서지능의 향상효과는 일치하는 결과로 해석할 수 있다. 랭거(Langer)는 인간 감정은 언어의 형태보다 음악의 형태에 더 잘 일치되므로 음악은 인간의 감정을 언어가 표현할 수 있는 것보다 더 효과적으로 표현할 수 있고 감정의 본질을 자세하게 드러낼 수 있다고 하였고, 정현주에 따르면 음악활동은 경쟁적이지 않은 분위기 속에서 협력하게 하며 신체나 악기로 자신의 감정을 표현하는 음악적 대화는 만족감과 사회적 수용감을 느끼게 해줄 수 있다고 하였다. 이는 통합 프로그램과 음악학원 경험 유무의 상호작용 효과에서 정서 인식, 감정이입에서 유의미하게 나타난 결과와 일치하는 것으로 경험적 음악활동을 통해서 이미 정서지능의 향상 효과를 얻은 결과라 할 수 있다. 이와 같은 일반적이고 경험적인 음악활동이 정서지능에 향상효과가 있다는 연구결과는 많다. 아울러 정서 인식과 감정이입에 있어서 음악학원에 다닌 경험이 없는 학생들에게 더 큰 프로그램 효과가 나타나고 있음은 예측할 수 있는 당연한 결과이지만 음악학원의 경험 유·무에 따른 결과는 평상시 학생의 음악활동에 매우 중요한 의미를 두어야 할 것이다.

넷째, 음악치료를 통합한 자기주도 학습 프로그램은 아동의 학업성취에서는 사회 과목은 유의한 향상 효과가 있었지만 그 외의 과목에는 영향을 미치지 못하였다. 음악치료를 통합한 자기주도 학습 프로그램을 실시한 실험집단의 사회 과목 평균이 프로그램에 참여하지 않은 비교집단의 평균보다 높게 나타났으나, 국어, 수학 과목은 통합 프로그램과 보습학원 경험 유·무 간에 유의한 상호작용 효과를 보이지 않는 것으로 나타났다.

장봉석·신인수은 자기주도 학습 프로그램이 초등학생의 발달과 학업성취에 주는 효과의 메타분석 연구에서 자기주도 학습 영역별 효과 크기는 행동 조절 영역, 인지조절, 동기조절과 학업성취 순으로 나타났으며 프로그램 효과는 프로그램 운영 횟수, 운영기간, 1회당 프로그램 운영시간이 길수록 효과가 크게 나타났다고 보고하였다. 또한 과목의 향상 효과 크기는 국어, 수학, 사회로 나타났다. 하명윤은 자기주도 학습 증진 프로그램 연구에서 학업성취의 향상 효과를 보고하였다.

이와 같은 결과는 통합 프로그램이 학업성취도 향상에 긍정적인 영향을 미칠 가능성은 보여 주었으나 확실한 효과분석을 위해서는 통합 프로그램의 보완, 통합 프로그램 운영 기간, 1회기 당 프로그램 운영시간은 물론 실험 후 어느 정도 기간을 두고 학업성취도 측정을 할 것인가 등에 대한 고려가 더 필요함을 시사하고 있다. 본서에서 적용된 통합 프로그램 효과 검증은 통합프로그램 활동이 끝나고 바로 1주 후에 중간고사를 치른 성적 결과로 학업성취도 향상 여부를 측정하는 것은 무리가 있는 것으로 해석해도 무방할 것 같다. 사회 과목은 기초지식의 영향이 적어 짧은 기간에도 효과를 얻을 수 있으나 산수나 국어는 자기주도 학습 능력이 향상된 후 일정 기간이 지나야 효과를 측정할 수 있을 것으로 기대된다.

반면, 음악치료가 학업성취도에 영향을 준다는 선행연구는 거의 없는 실정이다. 미셸(Mischell)은 스탠포드대학의 교직원과 대학원생들의 자녀들을 대상으로 4살 때부터 고등학교 졸업 때까지의 14년 동안 아동의 정서조절에 대한 종단연구를 하였다. 그 결과 연령이 증가함에 따라 정서조절 능력과 학업성취도는 정적인 상관관계를 나타내었다. 또한 정서 인식 능력과 감정이입 능력도 학업성취도와 정적인 상관관계를 나타내었다. 이처럼 정서지능과 학업성취도 간의 관계에 대한 연구들을 살펴보면 대부분의 국외 연구에서는 정서지능과 학업성취도 간에는 상관이 있음을 보고하고 있으나 국내 연구들에 있어서는 상관성이 없으며, 있더라도 아주 낮은 상관을 보고하고 있다. 이와 같이 음악치료와 학업성취가 직접적인 관계가 없더라도 정서지능을 매개로 하여 학업성취에 영향을 줄 수 있을 것으로 생각된다. 본 실험의 음악치료를 통합한 자기주도 학습 프로그램에서도 사회 과목은 성취도가 향상되었으나 기초지식이 필요한 과목들은 영향을 미치지 못하였다. 음악치료를 통합한 자기주도 학습 프로그램과 자기주도 학습 프로그램 효과를 비교했고 또한 통합 프로그램과 다른 음악치료 프로그램 결과를 비교해서 각각의 유사한 결과를 얻었다는 것은 하나의 통합 프로그램으로 서로 다른 두 프로그램을 대신할 수 있는 교육적 효과를 얻었다. 음악치료를 통합한 자기주도 학습 프로그램 결과가 기존의 자기주도 학습 프로그램보다 학생들의 학업성취도에 더 효과적이라고는 단언할 수는 없으나 자기주도 학습 프로그램만을 운영할 때보다 학생들에게 더 큰 흥미와 즐거움을 줄 수 있다는 것은 프로그램 운영을 통해서 확인할 수 있었다.

연구결과에서 나타난 것처럼 본 통합 프로그램은 보습학습이나 음악활동의 경험이 있는 아동들보다 경험이 없는 아동들에게 더 뚜렷한 학습동기, 자기효능감, 정서지능 향상 결과를 가져다 준 것으로 판단된다. 이와 같은 결과는 보습학원이나 음악학원을 경험한 학생은 이미 보습·음악학원의 경험을 통해서 학습동기, 자기효능감이나 정서지능 등에 어느 정도 영향을 받음으로써 그만큼 통합 프로그램의 향상 효과가 적은 것으로 판단된다.

제IV부
자기주도 학습과 음악치료의
통합 프로그램 실제

1. 통합 프로그램 운영을 위한 준비사항

2. 통합 프로그램 실제(1-12회기)

3. 통합 프로그램 진행 교안(강사용)

4. 참고자료

음악과 함께 하는
자기주도 학습은 즐거움을
동반한 스스로 학습능력과
정서지능 향상의 경험을
얻게 될 것입니다.

통합
프로그램

엘리제 융합학습 솔루션

1. 통합 프로그램 운영을 위한 준비사항

1.1 프로그램 준비

교과과정이라 할 수 있는 '음악치료를 통합한 자기주도 학습 프로그램'의 준비는 대단히 중요하다. 제시되어 있는 통합 프로그램을 그대로 활용하여도 전혀 문제는 없지만 적용 대상자와 활동목적에 따라 활동 주제와 활동 시간 조정, 효과 검증에서 부족하다고 느낀 점 등을 보완해서 통합 프로그램을 작성하는 것이 바람직하다.

통합 프로그램 작성 시 고려 사항은 다음과 같다.

프로그램 적용 대상자에 따라 활동 회기 횟수와 회기 당 활동 시간을 정하고 활동 주제와 목적에 따라 음악과 활동을 선정한다.

- 대상자: 초등학생(저학년, 고학년), 중학생, 고등학생, 대학생, 일반 성인
- 활동 회기와 활동 시간: 12-20회, 70분-120분
- 음악 선정: 대상자 수준과 활동 주제와 목적

활동 자료

활동을 위한 주 자료와 보조 자료를 미리 준비한다. 물론 프로그램 활동 시작 후 대상자의 반응과 적응 정도에 따라 추가하거나 수정·보완한다.

- 각 회기의 활동 주제 이론 및 활동 과정 설명자료: PPT
- 각 회기 활동지
- 악기 및 CD

활동 강의실

- 적정 대상 인원: 20명 미만

- 크기: 대상 인원이 앉을 책상과 의자 설치하고 약간 율동이 가능할 수 있는
  공간 여유
- 준비물: 개인별 책걸상, 빔 프로젝터, 보조 화이트보드, 활동 악기, 개인 활동물 등
- 강의실 레이-아웃: 모둠활동과 율동이 가능하도록 하는 것이 바람직
  A, B, C형처럼 모둠활동이 가능하고 활동 주제에 적합한 좌석 배치를 고려할 수 있다.

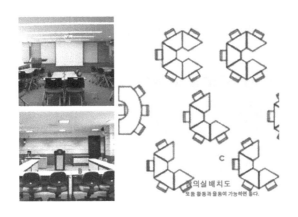

통합 강의실 예

1.2 통합 프로그램 활동 강사

- 자기주도 학습 지도사와 음악치료사 자격을 모두 보유한 선생님이라면 좋겠지만 자기주도 학습 지도사 자격만 있다면 음악 부분은 보조교사 활용이나 CD를 활용해도 무방할 것이다.
- 자기주도 학습 지도사 자격이나 활동 경험이 없는 음악교사

나 음악학원 강사의 경우 자기주도 학습에 관한 서적이나 프로그램 활동에 참여한 후 실무경험을 할 수 있는 기회를 갖기를 희망 한다.
- 모든 학생교육은 교사의 능력에 따라 성패가 좌우되기 때문에 교사의 자질향상은 무엇보다 중요하다 하겠다.

음악치료를 통합한 자기주도 학습 프로그램 주제 활동

2. 자기주도 학습과 음악치료의 통합 프로그램 실제(1-12회기)

< 1회기 >

주 제	사전검사	
목 표	프로그램 준비과정으로 사전검사를 한다.	
준비물	학습동기 검사지, 자기효능감 검사지, 정서지능 검사지	
진행 순서	활 동 내 용	준비물 및 유의점
도 입	◪ **검사에 대한 긴장 및 방어 해소** - 인사노래와 율동으로 긴장을 풀어준다.	* 음악 CD * 흥미유발
전 개	◪ **검사지 실시** - 학습동기 검사 - 자기효능감 검사 - 정서지능 검사	* 검사지 점검
정 리	◪ **정리 및 느낀 점 나누기** - 앞으로 진행 될 프로그램이 어떤 프로그램일 것 같은지 각자의 의견을 들어본다.	* 다음시간이 기대되게 한다.

< 2회기 >

주 제	내 자신 탐색	
목 표	내 자신에 대한 탐색을 통해 자아정체감을 형성한다.	
준비물	음악 CD, PPT, 서약서, 활동지	
진 행 순 서	활 동 내 용	준비물 및 유의점

도 입	◨ **인사노래**
	- 인사노래와 율동
	
	◨ **프로그램 소개**
	- 자기주도 통합프로그램은 학습자가 주체가 되어
	  학습과정을 스스로 이끌어가기 위한 프로그램임
	  을 설명
		* 음악
		  CD
		* ppt

전 개	◨ **별칭 정하기**
	- 스스로 듣고 싶은 별칭을 자신에게 지어준다.
	- 짝꿍에게 별칭을 정한 이유를 말해주고 서로를
	  소개해준다.
	- 그리그 '노르웨이 춤곡'에 맞춰 별명으로 '따라
	  하기' 게임
	◨ **서약서 작성**
	- 기존에 있는 서약서 내용에 더하고 싶은 것이
	  있는지 서로 이야기해서 추가한다.
	◨ **활동지 작성하고 발표하기**
	- 활동지 '나는 어떤 사람일까'를 작성해보고 나에
	  대해 친구들에게 소개한다.
		* 음악
		  CD
		* 서 약 서 ,
		  활동지
		  점검

| 정 리 | ◪ 정리 및 느낀 점 나누기
- 프로그램을 통해 얻고 싶은 것 발표하기.
- 자신에 대해서 새롭게 안 사실들을 이야기해본
  다.
- 나의 다짐에 각자의 이름을 넣어서 외치기
- 과제제시: 장래 희망을 구체적으로 생각해오기
  (대학, 학과, 직업) | * 활동지 |

< 3 회기 >

주 제	꿈 세우기	
목 표	장래희망을 구체적으로 생각해본다.	
준비 물	음악CD, PPT, 활동지	
진 행 순 서	활 동 내 용	준비물 및 유의점

도 입	◪ 인사노래
	- 인사노래와 율동
	
	◪ 스토리텔링
	- '모나리자'를 그린 레오나르도 다빈치를 통한
	  스토리텔링
	  (배경음악: 마르첼로의 '오보에 협주곡')
		*음악
		  CD
		* ppt

전 개	◪ 직업군 탐색 - 직업군을 살펴보고 내가 원하는 직업에 대해서 생각해본다. - 빙고판을 채워보고 직업카드를 분류해본다. - 마르첼로의 '오보에 협주곡'을 듣고 Tutti 부분에서는 모나리자 흉내를 내고 Oboe 연주부분에서는 돌아가면서 자신이 희망하는 직업인의 흉내를 낸다. - 친구들이 알아맞히면 그 직업을 갖기 위해 어떠한 노력을 해야 하는지 구체적으로 이야기해보고 친구들의 의견도 들어본다. ◪ 비전 선언문 작성하기 - 꿈을 이루기 위한 비전 선언문을 작성해 본다.	*음악 CD * 활동지
정 리	◪ 정리 및 느낀 점 나누기 - 프로그램을 통해 느낀 점 발표하기. - 나의 다짐에 각자의 이름을 넣어서 외치기 - 과제제시: 꿈을 이루기 위한 준비에 대해서 　　　　　　고민해보기	* 활동지

< 4 회기 >

주 제	공부의 목적 알기
목 표	왜 공부를 해야 하는지 생각해본다.

준비물	음악CD, PPT, 활동지, 악기(소고)	
진행순서	**활 동 내 용**	준비물 및 유의점
도입	◪ **인사노래** - 인사노래와 율동 ◪ **스토리텔링** - 베토벤 초상화 보면서 스토리텔링 (배경음악: 베토벤의 '엘리제를 위하여')	*음악 CD * ppt

전개	◪ **자신의 공부의 이미지 표현**
	- 베토벤의 '엘리제를 위하여' 들으면서 '공부'하면
	  떠오르는 느낌을 소고로 표현해본다(즉흥연주).
	- 그렇게 표현한 이유에 대해서 이야기해본다.
	◪ **공부하는 이유 찾기**
	- 활동지를 통해 왜 공부를 해야 하는지 이유를 찾고
	  토론하기.
	◪ **나의 프로필 만들기**
	- 나의 미래 프로필을 만들어서 발표한다.
		* 소고
		* 음악 CD
		* 활동지

정리	◪ **정리 및 느낀 점 나누기** - 프로그램을 통해 느낀 점 발표하기. - 나의 다짐에 각자의 이름을 넣어서 외치기 - 과제제시: 내 공부 자세의 문제점에 대해서 생각 해본다.	* 활동지

< 5 회기 >

주 제	학습 진단	
목 표	나의 공부태도의 문제점을 알아보고 개선해야 될 부분을 생각해 본다.	
준비 물	음악CD, PPT, 활동지,	
진 행 순 서	활 동 내 용	준비물 및 유의점
도 입	◪ **인사노래** - 인사노래와 율동 ◪ **스토리텔링** - <u>르보르흐</u> '편지 쓰는 여인' (배경음악: 파헬벨의'캐논') '공부를 잘 하려면 어떻게 해야 할까'에 대해서 이야기 해본다.	* 음악 CD * ppt
전 개	◪ **인터뷰동영상 보기** - 공부 잘하는 학생들 인터뷰를 보고 파헬벨의 '캐논' 에 맞춰 자신이 공부비법을 인터뷰 한다면 어떻게 할 것인지 돌아가면서 이야기해본다. ◪ **박 분할 활동**	* 악기 * 음악 CD * 활동지

도	솔	라	미	파	도	파	솔
수~	학~	영~	어~	국~	어~	과~	학~
수 학	수 학	영 어	영 어	국 어	국 어	과 학	과 학
수 학	영 어	국 어	과 학	수 학	영 어	국 어	과 학
수학	영어	국어	과학	수학	영어	국어	과학

◩ **학습습관 진단검사**
- 활동지를 통해 자신의 학습습관의 강점과 보완해야 할 점등에 대해서 분석한 후 발표한다.

정 리	◩ **정리 및 느낀 점 나누기** - 프로그램을 통해 느낀 점 발표하기. - 나의 다짐에 각자의 이름을 넣어서 외치기 - 과제제시: 어떤 학습 환경에서 공부를 하면 잘 할 수 있을까 생각해 본다.	* 활동지

< 6 회기 >

주 제	학습 환경 만들기	
목 표	집중하기 좋은 학습 환경을 구성한다.	
준비 물	음악CD, PPT, 활동지, 피아노	
진 행 순 서	활 동 내 용	준비물 및 유의점

도 입	◙ **인사노래**
	- 인사노래와 율동
	
	◙ **스토리텔링**
	- 여러 장의 사진을 보고 자신이 원하는 공부방에
	  대해서 이야기해 본다.(배경음악: 고세크의 '탕부랭')
		* 음악
		  CD
		* ppt

전 개	◙ **학습 환경 진단검사**
	- 활동지를 통해 자신의 심리적, 환경적, 신체적, 외부
	  적 환경에 대해서 살펴보고 개선방법도 생각해 본
	  후 발표한다.
	
	◙ **즉흥연주**
	- 정리되지 않은 환경(A)과 정돈된 환경(B)을 악기로
	  표현
	- A사진을 보여주면 정리되지 않은 환경을, B사진을
	  보여주면 정리된 환경을 피아노로 표현한다.
	
	◙ **책상에 있어야 할 것과 없어야 할 것 구분**
	- 고세크의 '탕부랭'에 맞춰서 같은 멜로디에서는
	  다 함께 노래하고 발전부에서는 한 명씩 나와 책상
	  에 있어야 할 것은 책상에, 없어야 할 것은 휴지통
	에 넣는다.
		* 악기
		* 음악
		  CD
		* 활동지

정 리	◙ **정리 및 느낀 점 나누기** - 프로그램을 통해 느낀 점 발표하기. - 나의 다짐에 각자의 이름을 넣어서 외치기 - 과제제시: 나의 하루 시간표(한 시간 간격으로) 써오기	* 활동지

< 7 회기 >

주 제	시간관리	
목 표	시간의 소중함을 알고 우선순위를 생각하며 계획을 세워 실천한다.	
준비 물	음악CD, PPT, 활동지,	
진 행 순 서	활 동 내 용	준비물 및 유의점
도 입	◪ **인사노래** - 인사노래와 율동 ◪ **스토리텔링** - 죠플린의 '엔터테이너'를 눈을 감고 감상한 후 몇 분 정도의 곡인지 알아맞혀 본다.(2분 6초) - 다시 눈을 감고 듣는 중 1분이 되었다고 생각되는 시점에 손을 들도록 한다. - 1분을 1원이라고 했을 때 1시간, 1일, 1달은 얼마인지 맞추어본다. - 모든 사람에게 1분은 1원이 아니다. 사람마다 다른 가치를 가지고 있다는 것을 스토리텔링을 통해 느껴본다.	* 음악 CD * ppt
전 개	◪ **동화를 듣고 우선순위 정하기** - 9가지 일의 우선순위를 정하게 하고 왜 그렇게 했는지 이야기해본다.(배경음악: 죠플린의 '엔터테이너') ◪ **소중한 시간 집중해서 아껴 쓰기(악센트 게임)**	* 음악 CD * 활동지

	- 소고로 '모나리자' 악센트 게임해서 미션을 빨리 이룩한 팀 승리 ◪ **내 생활 속에서 우선순위 정하기** - 활동지를 통해서 해야 할 일과 하고 싶은 일은 우선 나열해보고 급하고 중요한 일, 급하지는 않지만 중요한 일, 중요하지는 않지만 급한 일, 중요하지도 급하지도 않은 일로 정리해 본다. ◪ **한 주 계획 세우기** - 나의 가용공부시간을 알아보고 한 주 계획을 세워 발표한다.	
정 리	◪ **정리 및 느낀 점 나누기** - 프로그램을 통해 느낀 점 발표하기. - 나의 다짐에 각자의 이름을 넣어서 외치기 - 과제제시: 나만의 집중력 높이는 방법 생각해보기	* 활동지

< 8 회기 >

주 제	집중력 키우기	
목 표	집중력을 높이는 전략을 알고 활용하여 학습에 집중한다.	
준비 물	음악CD, PPT, 활동지, 핸드벨	
진 행 순 서	활 동 내 용	준비물 및 유의점

248

도 입	◪ **인사노래**
	- 인사노래와 율동
	
	◪ **스토리텔링**
	- 조플린의 '즐거운 승리'를 들으면서 '앙리루소'의
	  '풋볼하는 사람들' 그림을 감상한다.
	- 그림을 내리고 기억나는 것을 이야기해본다.
	- 집중력이 있으면 왜 좋은지 이야기해본다.
	- 자신이 몰입해 있을 때는 어떤 상황인지 이야기해
	  본다.
		* 음악
		  CD
		* ppt

전 개	◪ **집중력 높이는 방법 알기**
	- 1분 집중력 훈련
	- 시각 고정 훈련
	- 명상(드뷔시의 '아라베스크')
	
	◪ **핸드벨로 연주하기**
	- 집중하고 있다가 자신이 맡은 음이 나올 때 연주
	  한다.
	  (학교 종, 나비야, 비행기 등)
		* 음악
		  CD
		* 활동지

정 리	◪ **정리 및 느낀 점 나누기** - 프로그램을 통해 느낀 점 발표하기 - 나의 다짐에 각자의 이름을 넣어서 외치기 - 과제제시: 기억력을 높이기 위한 나만의 방법은 무엇인지 생각해오기	* 활동지

< 9 회기 >

주 제	**기억력 높이기**	
목 표	기억력을 향상시키기 위한 전략을 알고 활용한다.	
준비물	음악CD, PPT, 활동지, 난타봉	
진 행 순 서	**활 동 내 용**	**준비물 및 유의점**
도 입	◩ **인사노래** - 인사노래와 율동 ◩ **스토리텔링**(차이코프스키의 현을 위한 세레나데 중 '왈츠') - 기억력과 공부의 상관관계에 대해 이야기해본다.	* 음악 CD * ppt
전 개	◩ **동영상 보기** - 동영상(에빙하우스의 망각)을 통해 인간의 기억에 대한 이해를 높인다. ◩ **기억력 훈련** - 오케스트라 배치도를 보고 악기소리도 들어보고 연주 흉내도 내본다. - 배치도를 내리고 어느 위치에 어떤 악기가 있었는지 기억해본다. - 악기소리만 듣고 어떤 악기인지 알아맞혀 본다. - 모션만 보고 어떤 악기인지 알아맞혀 본다. - 자신은 눈으로, 소리로, 모션으로 하는 것 중 어떻게 하는 것이 기억에 남는지 이야기해본다. - 단어장을 보고 기억나는 것을 적어본다. - 분류하여 정리해 본다.	* 음악 CD * 활동지

	◪ **난타봉으로 리듬릴레이** - 1번 친구가 리듬을 연주한다. 2번 친구는 1번 친구가 했던 리듬에 자신만의 리듬을 더해 연주한다. 그다음 3번 친구는 1번, 2번 친구가 연주했던 리듬에 자신만의 리듬을 더해 연주한다.	
정 리	◪ **정리 및 느낀 점 나누기** - 프로그램을 통해 느낀 점 발표하기. - 나의 다짐에 각자의 이름을 넣어서 외치기 - 과제제시: 예습, 수업, 복습의 학습과정을 잘 수행하고 있는지 생각해 본다.(리코더 준비)	* 활동지

< 10 회기 >

주 제	학습과정(예습, 수업, 복습)	
목 표	예습, 수업, 복습의 과정을 자기 주도적으로 계획하고 실천한다.	
준비 물	음악CD, PPT, 동영상, 리코더, 악보	
진 행 순 서	활 동 내 용	준비물 및 유의점
도 입	◪ **인사노래** - 인사노래와 율동	* 음악 CD * ppt

	◪ **명상** - 생상의 동물의 사육제 중 '수족관' - 곡의 느낌을 이야기해본다. ◪ **흥미와 의지를 다질 수 있는 퀴즈타임**	
전 개	◪ **학습과정(예습, 수업, 복습) 인식시키기** - 동영상 보기 ◪ **리코더 연주로 학습과정을 확인한다** **(이 몸이 새라면, 숲속 초막집).** - 예습과정으로 악보를 즉석에서 나눠주고 각자 알아서 익히도록 한다. - 수업과정으로 선생님이 전체적인 수업을 진행한다. - 복습과정으로 각자 연습할 시간을 준다. - 시험 단계는 연주회로 마무리한다.	* 활동지 * 리코더
정 리	◪ **정리 및 느낀 점 나누기** - 프로그램을 통해 느낀 점 발표하기. - 나의 다짐에 각자의 이름을 넣어서 외치기 - 과제제시: 나는 시험 준비를 어떻게 하고 있는지 생각해본다.	* 활동지

252

< 11 회기 >

주 제	시험 준비의 효율적인 방법	
목 표	효과적인 시험대비 전략을 파악하고 학습에 적용할 수 있다.	
준비 물	음악CD, PPT, 활동지, 터치벨	
진 행 순 서	활 동 내 용	준비물 및 유의점

도 입	◤ **인사노래**
	- 인사노래와 율동
	
	◤ **스토리텔링**
	- 시험 치르는 몇몇의 사진이나 그림을 보고
	  시험 전 증후군과 시험 볼 때 드는 생각이나
	  자세 등을 이야기해본다.
	  (배경음악: 모차르트의 '작은 별 변주곡')
		* 음악
		  CD
		* ppt

전 개	◤ **21일 플랜 짜기**
	
	◤ **시험 보는 방법**
	
	◤ **시험 후 할 일**
	
	◤ **집중해서 멜로디 놓치지 않고 연주하기**
	- 모차르트의 '작은 별 변주곡'에 맞춰 주
	  멜로디를 터치벨로 연주한다.
	- 변주되는 여러 형태의 음악 속에서 멜로디를
	  놓치지 않고 집중해서 완수한다.
		* 음악
		  CD
		* 활동지

정 리	◪ **정리 및 느낀 점 나누기** - 프로그램을 통해 느낀 점 발표하기. - 나의 다짐에 각자의 이름을 넣어서 외치기 - 과제제시: 지금까지의 활동을 되돌아보며 　　　　　프로그램시작 전과 후가 어떻게 변화 　　　　　되었는지 생각해오기. 나의 이름으로 　　　　　삼행시 지어오기.	* 활동지

< 12 회기 >

주 제	**사후검사 및 마무리**
목 표	검사를 통해 회기를 마무리하고 추후 각오와 다짐의 시간을 갖는다.
준 비 물	음악 CD, 학습동기 검사지, 자기효능감 검사지, 정서지능 검사지

진 행 순 서	활 동 내 용	준비물 및 유의점
도 입	◪ **인사노래** - 인사노래와 율동 ◪ 검사실시에 대한 간략한 개요를 설명한다.	* 음악 CD

전 개	◪ song Writing(노래에 가사 바꿔 부르기) - '어른이 되면'으로 song Writing 해보기 ◪ 검사지 실시 - 학습동기 검사 - 자기효능감 검사 - 정서지능 검사	* 검사지 점검
정 리	◪ 정리 및 느낀 점 나누기 - 지금까지의 활동을 되돌아보며 프로그램 시작 전과 후가 어떻게 변화되었는지, 또 앞으로의 계획과 각오 발표하기. - 나의 다짐에 각자의 이름을 넣어서 외치기	* 활동지

3. 통합 프로그램 활동 교안(강사용)

< 1회기 >

주 제	사전검사	
목 표	프로그램 준비과정으로 사전검사를 한다.	
준비물	학습동기 검사지, 자기효능감 검사지, 정서지능 검사지	
진 행 순 서	활 동 내 용	준비물 및 유의점
도 입	■ 검사에 대한 긴장 및 방어 해소 - 인사노래와 율동으로 긴장을 풀어준다.	* 음악 CD * 흥미유발
전 개	■ 검사지 실시 - 학습동기 검사 - 자기효능감 검사 - 정서지능 검사	* 검사지 점검
정 리	■ 정리 및 느낀 점 나누기 - 앞으로 진행될 프로그램이 어떤 프로그램 일 것 같은지 각자의 의견을 들어본다.	* 다음시간 이 기대되게 한다.

질문지

안녕하십니까?

질문지에 응해 주셔서 감사합니다.

응답 내용은 오직 프로그램 활동목적으로만 이용되며, 통계로 일괄 처리되므로 개인에 대한 사항은 비밀이 보장됩니다.

답하여 주신 모든 내용은 본 활동에 매우 귀중한 자료이므로 느끼신 그대로 해당란에 O 표시를 해주시기 바랍니다.

이 질문지에는 옳고 그른 답이 없습니다.

정답이 있는 것이 아니므로 자신의 행동이나 생각을 잘 생각해보고 솔직하고 정확하게 하나에만 표시하고, 한 문항도 빠짐없이 답해 주시기 바랍니다.

감사합니다.

프로그램 활동 강사

e-mail:

I. 다음은 자료정리를 위한 기본적인 질문입니다.

1. 성별은?　　① 남　　　② 여

2. 음악학원을 다닌 적이 있습니까?
　① 예　　　② 아니요

3. 보습학원(영어, 수학, 과학 등)에 다닌 적이 있습니까?
　① 예　　　② 아니요

문항번호	문 항 내 용	전혀아니다	아니다	그렇다	매우그렇다
1	나는 좋은 성적을 얻기 위해서 열심히 공부한다.				
2	나는 숙제가 부담스럽지만 수업내용을 잘 이해하기 위해서 충실하게 작성하려고 한다.				
3	나는 수업내용을 그 시간 안에 이해하기 위해서 선생님의 설명을 열심히 들으려고 노력한다.				
4	나는 어떤 교과목이든 높은 점수를 위해 열심히 공부하려고 한다.				
5	나는 어떤 일이 있더라도 일정량의 복습은 반드시 끝내려고 한다.				
6	나는 좋은 성적을 내기 위해 정신을 집중해서 교과내용을 읽고 이해하려고 한다.				
7	나는 좋은 성적을 받아 주위 사람들에게 칭찬을 받기 위해 예습·복습을 열심히 한다.				
8	나는 나쁜 점수를 받은 교과목이라도 포기하지 않고 좋은 성적을 얻기 위해 열심히 노력한다.				
9	나는 교과목 마다 그 학습단원의 목표가 무엇인지 잘 이해하고 공부하려고 한다.				
10	나는 좋은 점수를 받기 위해 내 스스로가 계획한 시간만큼 열심히 공부하려고 한다.				
11	나는 수업 시간에 배운 내용 중 잘 모르는				

		전혀아니다	아니다	그렇다	매우그렇다
	내용은 누구에게 물어서라도 이해하려고 한다.				
12	나는 수업 시간에 시험 볼 시간이 발표되면 보통 때보다 더 열심히 공부할 계획을 세운다.				
13	나는 수업 시간에 배운 내용을 복습할 때 매쪽 마다 이해한 후에 기억하려고 한다.				
14	나는 수업내용이 그 시간에 이해되었더라도 집에 가서 다시 공부하려고 한다.				
15	나는 피곤하더라도 그날 배운 교과내용을 이해하기 위해서 복습을 반드시 하려고 한다.				
16	나는 학교에서 배운 교과내용을 정신을 차려 차분하게 읽고 이해하려고 한다.				
17	나는 학교 밖에서도 수업내용과 관련 있는 사항들을 항상 관심을 두고 살피려고 한다.				
문항번호	문 항 내 용	전혀아니다	아니다	그렇다	매우그렇다
18	나는 언제나 먼저 학습한 내용을 이해한 후 다음 배울 교과내용을 예습하려고 한다.				
19	나는 수업한 내용을 완전히 이해하면 즐겁고 더욱 공부하고자 하는 의욕이 생긴다.				
20	나는 수업내용을 보다 잘 이해하기 위해서 학교 밖 여러 사람들과 계속해서 의논하려고 한다.				
21	나는 교과목의 내용을 보다 효과 있게 공부하는 방법에 대해서 항상 관심을 가지고 있다.				
22	나는 좋은 성적을 얻는 것이 장래에 도움이 되기에 모든 교과목을 열심히 공부하고자 한다.				

번호	문항 내용				
23	나는 수업내용과 관련 있는 TV프로·신문기사·인터넷·잡지 등의 내용을 살펴보고자 노력한다.				
24	나는 학교에서 배운 내용을 잘 이해하고 기억하기 위해서 예습·복습을 꼭 하려고 한다.				
25	나는 어떤 수업시간이든 새로운 정보와 지식을 이해하기 위해서 관심을 가지고 참여한다.				

Ⅲ. 다음은 평소 나의 습관에 대한 질문입니다.

문항번호	문 항 내 용	전혀아니다	아니다	그렇다	매우그렇다
1	나는 큰 문제가 생기면 불안해져서 아무것도 할 수가 없다.				
2	나는 일의 순서를 정해 차례로 처리할 수 있다.				
3	나는 부담스러운 상황에서는 우울감을 느낀다.				
4	나는 어려운 상황을 극복할 수 있는 능력이 있다.				
5	나는 위험한 상황에서 잘 대처할 수 없을 것 같아서 불안하다.				
6	일은 쉬운 것일수록 좋다.				
7	나는 내가 할 수 있는 일과 그렇지 않은 일을 판단할 수 있다.				

8	나는 어떤 일의 원인과 결과를 잘 찾아낼 수 있다.				
9	만일 일을 내가 선택한다면 나는 어려운 일보다는 쉬운 일을 선택할 것이다.				
10	어떤 일을 시작할 때 시작하기도 전에 실패할 것 같은 느낌이 들곤 한다.				
11	나는 위협적이고 어려운 상황에서는 스트레스를 필요이상으로 많이 받는다.				
12	어떤 문제에 대한 나의 판단과 생각은 대체로 정확하다.				
13	주변 친구들이 나보다 모든 일에서 뛰어난 것 같다.				
14	나는 항상 목표를 세우고 목표에 따라서 일의 진행상태를 확인할 수 있다.				
15	좀 실수를 하더라도 나는 어려운 일을 더 좋아한다.				
16	나는 어려운 일이 생기면 당황스러워서 어쩔 줄을 모른다.				
17	나는 주어진 일을 하기위해 정보를 충분히 활용할 수 있다.				
18	어렵거나 도전적인 일에 매달리는 것은 재미있는 일이다.				
19	나는 어려움이 있을 때도 포기하지 않고 계속해서 노력한다.				
20	나는 일이 잘못되고 있다고 생각되면 빨리 바로잡을 수 있다.				
21	아주 쉬운 일보다는 내가 도전할 수 있는 어려운 일이 더 좋다.				
22	어떤 일이 처음에 잘 안되더라도 나는 될 때까지 해 본다.				
23	나는 무슨 일이든 정확하게 잘 처리할 수 있다.				

Ⅳ. 다음은 평소 나의 감정에 대한 질문입니다.

문항번호	문 항 내 용	전혀아니다	아니다	그렇다	매우그렇다
1	길을 잃고 걱정되어 우는 아이를 보면 나도 불안해진다.				
2	나는 선생님의 표정만 보아도 선생님의 기분이 어떤지 알 수 있다.				
3	잘못한 것도 없는데 어른들께 혼나면 화가 나고 억울하지만 참는다.				
4	아파서 조퇴를 하는 친구를 보면 가끔 나는 그 친구를 집에까지 데려다주고 싶어진다.				
5	나는 몸이 약한 친구를 보면 불쌍하고 걱정이 된다.				
6	일이 잘 안되어도 나는 실망하지 않으려고 애쓴다.				
7	다른 사람에게 좋은 인상을 주기 위해 나는 옷차림을 단정히 하려고 애쓴다.				
8	누군가가 나를 도와주었을 때 내가 미안한지, 고마운지 잘 구별할 수 있다.				
9	만들기 숙제가 생각대로 잘 안될 때 답답하고 짜증나지만 나는 참는다.				
10	내 기분이 나쁘더라도 친구가 말을 건네오면 대답해준다.				
11	내가 갖고 싶은 것을 엄마가 안 사주실 때 속상하지만 나는 참고 기다린다.				
12	나는 목소리나 말투만 들어도 그 사람의 기분이 좋은지, 나쁜지 알 수 있다.				
13	화가 나면 나는 화를 빨리 가라앉히려고 노력한다.				

문항 번호	문 항 내 용				
14	친구를 보면 화를 참고 있는 건지, 불안해하고 있는 건지 알 수 있다.				
15	누가 나를 도와주면 나는 그 사람에게 고맙다는 말을 한다.				
16	친구가 나를 비웃어서 화가 났을 때 나는 따지고 싶지만 참는다.				
17	친구가 모르고 내 옷에 물을 엎질렀을 때 친구가 재미있어하는지, 미안해하는지 알 수 있다.				
18	친구에게 좋은 일이 생기면 나는 다가가서 축하해 준다.				
19	시험공부를 해야 하는데 손님들이 계셔서 집이 시끄럽다면, 나는 시끄러워도 할 수 있는 공부를 찾아서 먼저 한다.				
20	다른 사람의 기분이 상하지 않도록 될 수 있으면 나는 웃으면서 생활하려 한다.				
문항 번호	문 항 내 용	전혀 아니다	아니다	그렇다	매우 그렇다
21	마음이 우울할 때면 나는 즐거웠던 기억을 떠올려 보려고 노력한다.				
22	어른들이 바쁘게 움직이시는 것을 볼 때 속상해서인지, 걱정스러워서인지 구별할 수 있다.				
23	나는 기분 나쁜 일은 빨리 잊으려고 노력한다.				
24	나는 내가 외로운지, 심심한지 잘 구별할 수 있다.				
25	친구가 선생님께 야단을 맞고 기분 나빠하고 있을 때 난 기분 좋게 해주려고 노력한다.				
26	좋아하는 선물을 받았을 때 내 마음이 뿌듯한지, 신나는지 잘 구별할 수 있다.				

27	벌받는 친구를 보면 나도 야단맞는 것처럼 기분이 안 좋아진다.				
28	친한 친구와 싸워서 기분이 많이 나쁠 때, 나는 친구가 좋았을 때를 생각하며 기분을 바꾸려고 한다.				
29	나는 부모님께 야단맞았을 때 내가 속상한지, 미안한지 잘 구별할 수 있다.				
30	나에게 화를 내거나 괴롭히는 친구들에게 나는 더 친절하게 대해 주려고 노력한다.				
31	나는 울고 있는 동생을 보면 기분을 바꾸어 주려고 애쓴다.				
32	나는 평소에 기분을 좋게 가지려고 애쓴다.				
33	선생님 기분이 좋으시도록 나는 선생님 말씀을 잘 들으려고 노력한다.				
34	나는 얼굴 표정만 보아도 그 사람이 화가 났는지를 알 수 있다.				
35	친구에게 슬픈 일이 생겼을 때 나는 친구를 위로해 준다.				
36	선생님께 칭찬을 받았을 때 내가 자랑스러워하는지, 고마워하는지 잘 구별할 수 있다.				
37	친구도 없이 외톨이로 혼자 다니는 아이를 보면 나도 슬퍼진다.				
38	선생님께서 좋아하시도록 나는 얌전하고 똑똑하게 행동한다.				
39	내가 동생에게 좋아하는 선물을 주었을 때, 동생이 고마워하는지 기뻐하는지 알 수 있다.				
40	친구가 슬퍼 보이면 나는 기분 좋게 해주려고 노력한다.				
41	육교나 지하철에서 구걸하는 사람을 보면 나는 불쌍해서 마음이 아파진다.				
42	할 일이 있는데 자꾸 심부름을 시키면 나는 짜증을 내기보다는 어떻게 하면 빨리 심부름을 하고서 내 일을 할 수 있나를				

문항번호	문항 내용				
	생각한다.				
43	동생과 내가 둘 다 잘못했는데도 엄마가 나만 야단치실 때, 나는 내 잘못이 무엇인지 생각해 본다.				
44	친구가 선생님께 칭찬을 받고 좋아하면 나도 기분이 좋아진다.				

문항번호	문항 내용	전혀 아니다	아니다	그렇다	매우 그렇다
45	나는 숙제하기가 싫은지, 숙제가 걱정이 되는지 잘 구별할 수 있다.				
46	괴롭고 힘이 들 때도 나는 모든 일이 잘 될 것이라고 생각한다.				
47	나는 상대방이 나를 일부러 괴롭히려고 했는지, 모르고 그랬는지를 잘 구별할 수 있다.				
48	울면서 학교에 가는 아이를 보면 내 기분도 우울해진다.				
49	친구와 내가 똑같이 잘못을 했는데도 선생님이 나만 야단치실 때, 나는 잘못했으므로 선생님의 꾸중을 기꺼이 받아들인다.				
50	내 멋대로 하려고 할 때 친구들이 그것을 싫어하는지, 관심이 있는지를 잘 구별할 수 있다.				
51	싫어하는 친구와 짝이 되면 나는 그 친구의 좋은 점을 찾아보려고 노력한다.				
52	점심시간에 친구가 국을 엎질러 창피해 하고 있을 때 나는 괜찮다고 말해준다.				
53	친구가 좋아하는 물건을 잃어버리고 속상해할 때, 나는 기분을 바꿔주려고 친구에게 웃기는 얘기를 해준다.				
54	내가 좋아하는 물건을 잃어버리고 찾을				

수가 없어서 속상할 때, 나는 자꾸 속상해하지 않고 잊어버리려고 한다.					

학년   반   번   이름

※ 수고하셨습니다.

< 2회기 >

주 제	내 자신 탐색	
목 표	내 자신에 대한 탐색을 통해 자아정체감을 형성한다.	
준비 물	음악 CD, PPT, 서약서, 활동지	
진 행 순 서	활 동 내 용	준비물 및 유의점
도 입	◪ 인사노래 - 인사노래와 율동 ◪ 프로그램 소개 - 자기주도 통합 프로그램은 학습자가 주체가 되어 학습과정을 스스로 이끌어가기 위한 프로그램임을 설명	*음악 CD * ppt
전 개	◪ 별칭 정하기 - 스스로 듣고 싶은 별칭을 자신에게 지어준다.	* 음악 CD *서약서,

266

	- 짝꿍에게 별칭을 정한 이유를 말해주고 서로를 소개해준다. - 그리그 '노르웨이 춤곡'에 맞춰 별명으로 '따라 하기' 게임 ◪ **서약서 작성** - 기존에 있는 서약서 내용에 더하고 싶은 것이 있는지 서로 이야기해서 추가한다. ◪ **활동지 작성하고 발표하기** - 활동지 '나는 어떤 사람일까'를 작성해보고 나에 대해 친구들에게 소개한다.	활동지 점검
정 리	◪ **정리 및 느낀 점 나누기** - 프로그램을 통해 얻고 싶은 것 발표하기. - 자신에 대해서 새롭게 안 사실들을 이야기해본다. - 나의 다짐에 각자의 이름을 넣어서 외치기 - 과제제시: 장래 희망을 구체적으로 생각해오기 (대학, 학과, 직업)	* 활동지

< 서약서 >

1. 저는 이 프로그램에 적극적으로 참여하겠습니다.
2. 저는 다른 사람의 이야기에 귀 기울여 잘 경청하겠습니다.
3. 저는 함께 하는 활동에 협동하겠습니다.
4. 저는 다른 사람을 배려하는 마음을 갖겠습니다.
5. 저는 매일 약속한 목표에 대해 최선을 다하겠습니다.
6. 저는 집단이 함께 정한 규칙을 철저히 준수하겠습니다.

년   월   일   성명

< 나는 어떤 사람일까? >

한글이름		한자이름	
이름의 뜻			
나이		성별	
아버지 직업		어머니 직업	
별명		혈액형	
취미		특기	
좋아하는 음식			
싫어하는 음식			
하루 중 좋아하는 시간대			
기분이 좋을 때			
기분이 나쁠 때			
좋아하는 사람			
좋아하는 색깔			
성격			
친구들은 나를…			
부모님은 나를…			
선생님은 나를…			
자신에게 없지만 갖고 싶은 성격			
고쳤으면 하는 성격			
나의 성격에 맞는 직업			
내가 잘하는 것			

268

```
< 나의 다짐 >
- 나는 대단한 사람이다.
- 나는 무엇이든지 할 수 있다.
- 나는 다른 사람에게는 없는 특별한 능력이 있다.
- 나는 모든 일에 최선을 다한다.
- 나는 성공할 수 있다.
- 나는 위대하다.
- 나는 자랑스러운 사람이다.
- 실패는 성공의 어머니다.
- 나는 좌절하거나 포기하지 않는다.
```

< 3 회기 >

주 제	꿈 세우기	
목 표	장래희망을 구체적으로 생각해본다.	
준비물	음악CD, PPT, 활동지	
진 행 순 서	활 동 내 용	준비물 및 유의점
도 입	■ 인사노래 - 인사노래와 율동	* 음악 · CD * ppt

	◤ 스토리텔링
	- '모나리자'를 그린 레오나르도 다빈치를 통한
	  스토리텔링
	  (배경음악: 마르첼로의 '오보에 협주곡')	

전 개	◤ 직업군 탐색
	- 직업군을 살펴보고 내가 원하는 직업에 대해서
	  생각해본다.
	- 빙고판을 채워보고 직업카드를 분류해본다.
	- 마르첼로의 '오보에 협주곡'을 듣고 Tutti 부분에
	  서는 모나리자 흉내를 내고 Oboe 연주부분에서
	  는 돌아가면서 자신이 희망하는 직업인의 흉내를
	  낸다.
	- 친구들이 알아맞히면 그 직업을 갖기 위해 어떠
	  한 노력을 해야 하는지 구체적으로 이야기해보고
	  친구들의 의견도 들어본다.
	
	◤ 비전 선언문 작성하기
	- 꿈을 이루기 위한 비전 선언문을 작성해 본다.
		* 음악
		  CD
		*활동지

정 리	◤ 정리 및 느낀 점 나누기 - 프로그램을 통해 느낀 점 발표하기. - 나의 다짐에 각자의 이름을 넣어서 외치기 - 과제제시: 꿈을 이루기 위한 준비에 대해서 고민해 보기.	* 활동지

♣ **다음 직업 중에서 25개를 선택하여 빙고판을 채워보세요.**

기자, 마술사, 문화재 보존가, 비행기 조종사, 동물 조련사, 만화가,
국회의원, 응급구조사, 약사, 항공기 승무원, 작곡가, 패션디자이너,
프로게이머, 우편 배달원, 자동차 정비원, 외교관, 사진 작가, 상담

전문가, 경호원, 건축가, 관광 가이드, 사회복지사, 항해사, 변호사, 통역가, 큐레이터, 환경미화원, 요리사, 안경사, 판매원, 화가, 미용사, 교사, 운전사, 공연기획자, 영화감독, 연예인, 번역가, 농부, 의사, 간호사, 선생님.

♣ 직업카드를 살펴보고 분류하여 봅시다.

아는 직업	몰랐던 직업과 하는 일
관심 있는 직업	나랑 안맞는 것 같은 직업

< 비전 선언문 작성하기 >

나의 꿈을 정하고 꿈을 이루기 위한 비전 선언문을 작성해 보세요.

1. 내가 남들보다 뛰어난 부분은 무엇일까요?

2. 나의 장래 꿈은?

3. 꿈을 이루기 위해서 지금까지 노력해 온 일은?

4. 꿈을 이루기 위해서 앞으로 반드시 해야 할 일은?

5. 나의 올해 목표는?

6. 나의 하루 생활 목표는?

< 4 회기 >

주 제	공부의 목적 알기	
목 표	왜 공부를 해야 하는지 생각해본다.	
준비 물	음악CD, PPT, 활동지, 악기(소고)	
진 행 순 서	활 동 내 용	준비물 및 유의점

도 입	◪ **인사노래**
	- 인사노래와 율동
	
	◪ **스토리텔링**
	- 베토벤 초상화 보면서 스토리텔링
	  (배경음악: 베토벤의 '엘리제를 위하여')
		* 음악
		  CD
		* ppt

전 개	◪ **자신의 공부의 이미지 표현**
	- 베토벤의 '엘리제를 위하여' 들으면서 '공부'하면
	  떠오르는 느낌을 소고로 표현해본다(즉흥연주).
	- 그렇게 표현한 이유에 대해서 이야기해본다.
	
	◪ **공부하는 이유 찾기**
	- 활동지를 통해 왜 공부를 해야 하는지 이유를 찾
	  고 토론하기.
		* 소고
		* 음악
		  CD
		* 활동지

	◪ 나의 프로필 만들기 - 나의 미래 프로필을 만들어서 발표한다.	
정 리	◪ 정리 및 느낀 점 나누기 - 프로그램을 통해 느낀 점 발표하기. - 나의 다짐에 각자의 이름을 넣어서 외치기 - 과제제시: 내 공부 자세의 문제점에 대해서 　　　　　　생각해 본다.	* 활동지

< 공부의 의미 알기 >

1. 자신이 생각하는 '공부'란 무엇인지 자유롭게 적어 봅시다.

2. 공부는 왜 해야 하는지 자유롭게 적어 봅시다.

3. '공부'라는 단어를 들으면 어떤 생각이 드는지와 그 이유를 자유롭게
   적어 봅시다.

4. 공부를 하면 좋은 이유는?

< 나의 프로필 만들기 >

	이름 :
사진	

< 5 회기 >

주 제	학습 진단	
목 표	나의 공부태도의 문제점을 알아보고 개선해야 될 부분을 생각해 본다.	
준비 물	음악CD, PPT, 활동지,	
진 행 순 서	활 동 내 용	준비물 및 유의점
도 입	▨ **인사노래** - 인사노래와 율동 ▨ **스토리텔링** - 르보르흐 '편지 쓰는 여인' (배경음악: 파헬벨의 '캐논')	* 음악 CD * ppt

	'공부를 잘 하려면 어떻게 해야 할까'에 대해서 이야기 해본다.	
전 개	◪ 인터뷰동영상 보기 - 공부 잘하는 학생들 인터뷰를 보고 파헬벨의 '캐논'에 맞춰 자신이 공부비법을 인터뷰 한다면 어떻게 할 것인지 돌아가면서 이야기 해본다. ◪ 박 분할 활동 | 도	솔	라	미	파	도	파	솔
---	---	---	---	---	---	---	---
수~	학~	영~	어~	국~	어~	과~	학~
수학	수학	영어	영어	국어	국어	과학	과학
수학 수학	영어 영어	국어 국어	과학 과학	수학 수학	영어 영어	국어 국어	과학 과학 | ◪ 학습습관 진단검사 - 활동지를 통해 자신의 학습습관의 강점과 보완해야 할 점등에 대해서 분석한 후 발표한다.	* 악기 * 음악 CD * 활동지
정 리	◪ 정리 및 느낀 점 나누기 - 프로그램을 통해 느낀 점 발표하기. - 나의 다짐에 각자의 이름을 넣어서 외치기 - 과제제시: 어떤 학습 환경에서 공부를 하면 잘 할 수 있을까 생각해 본다.	* 활동지

< 학습습관 진단검사 >

1	공부를 잘하기 위해서는 예습과 복습이 필요하다고 생각한다.	
2	공부를 하기 전에 공부할 양과 공부를 끝낼 시간을 미리 정한다.	
3	수업이 시작되기 전에 자리에 앉고 다음 수업에 필요한 책을 준비한다.	
4	공부하다가 중요한 부분은 밑줄을 긋거나 표시를 한다.	
5	나는 그날그날 필요한 공책을 잘 준비해 온다.	
6	공부하고 이해한 것 중 중요한 것은 외운다.	
7	공부할 때 TV나 라디오, 컴퓨터, 스마트폰 등은 꺼 놓고 공부한다.	
8	시험 준비를 할 때 어떤 내용이 시험에 나올지 예상하면서 한다.	
9	나는 예습이나 복습을 해 본 적이 있다.	
10	방과 후 집에 와서 놀기보다는 숙제나 해야 할 일을 먼저 한다.	
11	수업 중에 선생님께서 강조하는 내용이 무엇인지 생각하며 듣는다.	
12	책을 읽은 후에 내가 읽은 내용이 무엇인지 정리하며 생각해본다.	
13	나는 공책 정리를 열심히 한다.	
14	외워야 할 부분을 읽은 후에 보지 않고 소리를 내어서 외워본다.	
15	집에서 공부를 시작하기 전에 주변을 정리하고 공부 분위기를 만든다.	
16	시험 문제를 다 푼 후에는 다시 한 번 실수한 것이 있는지 확인한다.	
17	나는 수업 시작 전에 조금이라도 미리 배울 내용을 살짝 본다.	
18	여러 가지 일을 해야 할 때는 우선순위를 정하고 중요한 일부터 한다.	
19	수업 중에 모르는 내용은 질문을 하거나 다른 방법으로 알아본다.	
20	책을 처음 볼 때 전체 내용이 무엇인지 알기 위해 앞부분의 책 순서를 먼저 본다.	
21	공책은 나중에 보아도 알아보기 쉽게 정리되어 있다.	
22	중요한 부분을 외울 때 좀 더 편하게 외울 수 있는 방법을 사용한다.	
23	하루 중 주로 같은 시간에 같은 장소에서 공부하는 편이다.	
24	시험 볼 때 쉬운 문제를 먼저 풀고 풀기 어려운 문제는 나중에 푼다.	
25	나는 공부를 끝낸 후에 내가 공부한 것 중 중요한 내용이 무엇인지 생각해 본다.	
26	내일 규칙적으로 공부한다.	
27	수업 시간에 손들고 발표하기를 좋아한다.	

28	책을 읽을 때 그림이나 그래프, 표 등을 자세히 본다.	
29	선생님이 수업 중 정리해 주신 내용은 공책이나 책에 잘 적는다.	
30	나는 외운 것을 잊어버렸어도 실망하지 않고 다시 외운다.	
31	공부할 때 딴 생각을 하지 않으려고 노력한다.	
32	시험을 보기 전에 시험 범위 내용을 공부하고 시험을 본다.	
33	나는 숙제를 하거나 책가방을 챙길 때 다음 날 배울 내용을 생각한다.	
34	공부를 하기 전에 먼저 공부 계획을 세우고 공부를 한다.	
35	나는 수업 중에 선생님과 눈이 잘 마주친다.	
36	책을 쓴 글쓴이가 무슨 내용을 전하려고 하는지 생각하면서 책을 읽는다.	
37	선생님이 중요하다고 한 것은 따로 표시하거나 메모해 둔다.	
38	중요한 부분을 외우기 전에 먼저 그 내용을 이해하려고 한다.	
39	일단 공부하기 시작하면 오래 앉아서 꾸준히 하는 편이다.	
40	채점이 다 되면 틀린 문제를 다시 풀어보고 틀린 이유를 생각해본다.	

가		나		다		라		마		바		사		아	
1		2		3		4		5		6		7		8	
9		10		11		12		13		14		15		16	
17		18		19		20		21		22		23		24	
25		26		27		28		29		30		31		32	
33		34		35		36		37		38		39		40	
계		계		계		계		계		계		계		계	

가: 예습복습 **나**: 시간관리 **다**: 수업태도 **라**: 책읽기 **마**: 공책 정리 **바**: 기억하기 **사**: 집중하기 **아**: 시험기술

< 6 회기 >

주 제	학습 환경 만들기
목 표	집중하기 좋은 학습 환경을 구성한다.

준비물	음악CD, PPT, 활동지, 피아노	
진 행 순 서	활 동 내 용	준비물 및 유의점

도 입	◪ **인사노래**
	- 인사노래와 율동
	
	◪ **스토리텔링**
	- 여러 장의 사진을 보고 자신이 원하는 공부방에
	  대해서 이야기 해본다.
	  (배경음악: 고세크의 '탕부랭')
		* 음악
		  CD
		* ppt

전 개	◪ **학습 환경 진단검사**
	- 활동지를 통해 자신의 심리적, 환경적, 신체적,
	  외부적 환경에 대해서 살펴보고 개선방법도
	  생각해 본 후 발표한다.
	
	◪ **즉흥연주**
	- 정리되지 않은 환경(A)과 정돈된 환경(B)을
	  악기로 표현
	- A사진을 보여주면 정리되지 않은 환경을, B사진
	  을 보여주면 정리된 환경을 피아노로 표현한다.
	
	◪ **책상에 있어야 할 것과 없어야 할 것 구분**
	- 고세크의 '탕부랭'에 맞춰서 같은 멜로디에서는
	  다함께 노래하고 발전부에서는 한 명씩 나와
	  책상에 있어야 할 것은 책상에, 없어야 할 것은
	  휴지통에 넣는다.
		* 악기
		* 음악
		  CD
		* 활동지

정 리	◪ **정리 및 느낀 점 나누기**	* 활동지

	- 프로그램을 통해 느낀 점 발표하기.	
	- 나의 다짐에 각자의 이름을 넣어서 외치기	
	- 과제제시: 나의 하루 시간표(한 시간 간격으로)	
	써오기	

< 나의 학습 환경 관리 점수 >

(0: 별로 그렇지 않다 1: 보통이다 2: 조금 그렇다 3: 아주 그렇다)

1. 학교 책상 위에는 수업시간에 필요한 물건만 놔둔다.(0. 1. 2. 3)
2. 학교 책상 서랍 속이 정리가 잘 되어있다.(0. 1. 2. 3)
3. 학교 사물함이 항상 정돈되어 있다.(0. 1. 2. 3)
4. 밤에는 잠을 푹 자서 수업시간에 졸지 않는다.(0. 1. 2. 3)
5. 몸에 좋은 음식을 먹으려고 노력한다.(0. 1. 2. 3)
6. 적절한 운동을 해서 공부할 수 있는 체력을 기른다.(0. 1. 2. 3)
7. 집에 있는 책상 서랍은 종류별로 정리가 잘 되어있다.(0. 1. 2. 3)
8. 집 책꽂이의 책은 크기에 맞추어 정리한다.(0. 1. 2. 3)
9. 주변이 지저분하면 눈에 거슬린다.(0. 1. 2. 3)
10. 주변 정리가 되어야 공부할 때 기분이 좋다.(0. 1. 2. 3)

< 주의집중력을 방해하는 환경과 해결책 찾기 >

학습 환경에는 물리적 환경뿐만 아니라 심리적, 신체적, 외부적 환경이 있습니다.

구분	내용	해결책
심리적 요인 (걱정, 두려움, 과도한 의욕, 의욕 부족 등)		
환경적 요인		

(소음, 정리되지 않은 방이나 책상 등)		
신체적 환경 (피로, 수면부족 등)		
외부적 요인 (휴대폰, 텔레비전, 컴퓨터게임, 스마트폰 등)		

< 7 회기 >

주 제	시간관리	
목 표	시간의 소중함을 알고 우선순위를 생각하며 계획을 세워 실천한다.	
준비 물	음악CD, PPT, 활동지,	
진 행 순 서	활 동 내 용	준비물 및 유의점
도 입	▣ **인사노래** - 인사노래와 율동	* 음악 CD

	◪ **스토리텔링**
	- 쇼팽린의 '엔터테이너'를 눈을 감고 감상한 후
	  몇 분 정도의 곡인지 알아맞혀 본다.(2분 6초)
	- 다시 눈을 감고 듣는 중 1분이 되었다고 생각되는
	  시점에 손을 들도록 한다.
	- 1분을 1원이라고 했을 때 1시간, 1일, 1달은 얼마인
	  지 맞추어본다.
	- 모든 사람에게 1분은 1원이 아니다. 사람마다 다른
	  가치를 가지고 있다는 것을 스토리텔링을 통해
	  느껴 본다.
		* ppt

전 개	◪ **동화를 듣고 우선순위 정하기**
	- 9가지 일의 우선순위를 정하게 하고 왜 그렇게
	  했는지 이야기해본다.
	  (배경음악: 쇼팽린의 '엔터테이너')
	
	◪ **소중한 시간 집중해서 아껴 쓰기(악센트 게임)**
	- 소고로 '모나리자' 악센트 게임해서 미션을 빨리
	  이룩한 팀 승리
	
	◪ **내 생활 속에서 우선순위 정하기**
	- 활동지를 통해서 해야 할 일과 하고 싶은 일은
	  우선 나열해보고 급하고 중요한 일, 급하지는 않지
	  만 중요한 일, 중요하지는 않지만 급한 일, 중요하
	  지도 급하지도 않은 일로 정리해 본다.
	
	◪ **한 주 계획 세우기**
	- 나의 가용공부시간을 알아보고 한 주 계획을 세워
	  발표한다.
		* 음악
		CD
		* 활동지

정 리	◪ **정리 및 느낀 점 나누기** - 프로그램을 통해 느낀 점 발표하기. - 나의 다짐에 각자의 이름을 넣어서 외치기 - 과제제시: 나만의 집중력 높이는 방법 생각해보기	* 활동지

♣ 일주일동안 해야 할 일과 하고 싶은 일을 적어보세요.

1. 2. 3. 4. 5. 6. 7. 8.

♣ 이번 주 내가 할 일을 중요도와 긴급도의 기준으로 적어보세요.

나의 시간관리	
A영역: 급하고 중요한 일	B영역: 급하지는 않지만 중요한 일
C영역: 중요하지는 않지만 급한 일	D영역: 중요하지도 급하지도 않은 일

< 8 회기 >

주 제	집중력 키우기	
목 표	집중력을 높이는 전략을 알고 활용하여 학습에 집중한다.	
준비 물	음악CD, PPT, 활동지, 핸드벨	
진 행 순 서	활 동 내 용	준비물 및 유의점
도 입	■ **인사노래** - 인사노래와 율동 ■ **스토리텔링** - 조플린의 '즐거운 승리'를 들으면서 '앙리루소'의 '풋볼하는 사람들' 그림을 감상한다. - 그림을 내리고 기억나는 것을 이야기해본다. - 집중력이 있으면 왜 좋은지 이야기해본다. - 자신이 몰입해 있을 때는 어떤 상황인지 이야기해 본다.	* 음악 CD * ppt
전 개	■ **집중력 높이는 방법 알기**	* 음악 CD

283

	- 1분 집중력 훈련
	- 시각 고정 훈련
	- 명상(드뷔시의 '아라베스크')
	
	◪ **핸드벨로 연주하기**
	- 집중하고 있다가 자신이 맡은 음이 나올 때 연주
	  한다.
	  (학교종, 나비야, 비행기 등)
		* 활동지

정 리	◪ **정리 및 느낀 점 나누기** - 프로그램을 통해 느낀 점 발표하기. - 나의 다짐에 각자의 이름을 넣어서 외치기 - 과제제시: 기억력을 높이기 위한 나만의 방법은 무엇인지 생각해오기	* 활동지

< 1분 집중력 훈련 >

♣ 1분 동안 모음 '아'부터 찾아 동그라미 한다. 바르게 찾은 수가 집중력을 나타내는 수치다.

'아' 10개를 모두 찾으면 다음 오음 '야'를 시작할 수 있다. '아'가 하나라도 부족하면 '야'는 점수에 포함되지 않는다. 이 훈련을 하면 집중력이 비약적으로 발전한다.

아	요	야	오	우	으	어	여	유	이
우	어	여	유	야	아	오	요	이	으
오	으	우	아	요	여	유	야	어	이
유	우	아	여	오	어	요	으	야	이
야	어	요	유	이	우	여	아	오	으

으	우	야	요	여	오	어	아	유	이
이	유	으	야	요	아	여	어	오	우
요	여	아	우	어	오	유	으	야	이
유	야	오	여	우	어	요	아	이	으
이	으	어	요	아	야	오	여	우	유

♣ 다음 표 안에는 1에서 99까지의 숫자가 있습니다. 1분 동안 30
이 넘는 수에 ○표시 해 보세요. 몇 개를 찾았는지 체크해 보세
요.(30 제외)

65	06	91	21	87	59	66	51	18	83
58	93	07	46	50	17	95	29	11	70
32	41	16	72	94	02	10	78	39	45
86	54	98	23	33	71	88	38	60	24
20	28	53	63	85	42	15	97	05	92
12	40	77	47	82	27	67	37	69	19
80	31	01	76	34	99	48	55	04	61
57	00	68	13	96	22	79	43	30	84

< 9 회기 >

주 제	기억력 높이기	
목 표	기억력을 향상시키기 위한 전략을 알고 활용한다.	
준비물	음악CD, PPT, 활동지, 난타봉	
진 행 순 서	활 동 내 용	준비물 및 유의점

도 입	◩ **인사노래**
	- 인사노래와 율동
	◩ **스토리텔링**(차이코프스키의 현을 위한 세레나데
	   중 '왈츠')
	- 기억력과 공부의 상관관계에 대해 이야기해본다.
		* 음악
		  CD
		* ppt

전 개	◩ **동영상 보기**
	- 동영상(에빙하우스의 망각)을 통해 인간의 기억에
	   대한 이해를 높인다.
	◩ **기억력 훈련**
	- 오케스트라 배치도를 보고 악기소리도 들어보고
	   연주흉내도 내본다.
	- 배치도를 내리고 어느 위치에 어떤 악기가 있었는
	   지 기억해본다.
	- 악기소리만 듣고 어떤 악기인지 알아맞혀 본다.
	- 모션만 보고 어떤 악기인지 알아맞혀 본다.
	- 자신은 눈으로, 소리로, 모션으로 하는 것 중 어떻
	   게 하는 것이 기억에 남는지 이야기해본다.
	- 단어장을 보고 기억나는 것을 적어본다.
	- 분류하여 정리해 본다.
		* 음악
		  CD
		* 활동지

	◩ **난타봉으로 리듬릴레이** - 1번 친구가 리듬을 연주한다. 2번 친구는 1번 친구가 했던 리듬에 자신만의 리듬을 더해 연주한다. 그 다음 3번 친구는 1번, 2번 친구가 연주했던 리듬에 자신만의 리듬을 더해 연주한다.	
정 리	◩ **정리 및 느낀 점 나누기** - 프로그램을 통해 느낀 점 발표하기. - 나의 다짐에 각자의 이름을 넣어서 외치기 - 과제제시: 예습, 수업, 복습의 학습과정을 잘 수행하고 있는지 생각해본다.(리코더 준비)	* 활동지

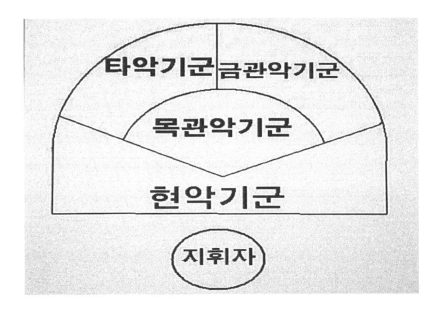

집합의 이름	사물의 이름
가구	
동물	
과일	
채소	
공	

	나의 암기력은 어느 정도 일까요?	예	아니요
1	암기법을 이용해서 암기한다.		
2	암기한 것이 시험 볼 때 기억이 잘 난다.		
3	한 번 암기한 것을 확인해 본다.		
4	암기한 것이 기억에 오래 남는다.		
5	교사가 강조한 것은 특별히 암기한다.		
6	흥미 있는 과목은 암기가 잘 된다.		
7	예습과 복습을 꾸준히 한다.		
8	암기 카드를 만들어 암기한다.		
9	암기할 때 다른 생각이 나지 않는다.		
10	암기하는 방법들을 잘 안다.		
	'예'에 답한 총 개수 ( )개		

이름 : _____

< 10 회기 >

주 제	학습과정(예습, 수업, 복습)
목 표	예습, 수업, 복습의 과정을 자기 주도적으로 계획하고 실천한다.
준비물	음악CD, PPT, 동영상, 리코더, 악보

진 행 순 서	활 동 내 용	준비물 및 유의점
도 입	◩ **인사노래** - 인사노래와 율동 ◩ **명상** - 생상의 동물의 사육제 중 '수족관' - 곡의 느낌을 이야기해본다. ◩ **흥미와 의지를 다질 수 있는 퀴즈타임**	* 음악 CD * ppt

전 개	◩ **학습과정(예습, 수업, 복습) 인식시키기**
	- 동영상 보기
	
	◩ **리코더 연주로 학습과정을 확인한다**
	  (이 몸이 새라면, 숲속 초막집).
	- 예습과정으로 악보를 즉석에서 나눠주고 각자
	  알아서 익히도록 한다.
	- 수업과정으로 선생님이 전체적인 수업을 진행한
	  다.
	- 복습과정으로 각자 연습할 시간을 준다.
	- 시험 단계는 연주회로 마무리한다.
		* 활동지
		* 리코더

정 리	◩ **정리 및 느낀 점 나누기** - 프로그램을 통해 느낀 점 발표하기. - 나의 다짐에 각자의 이름을 넣어서 외치기 - 과제제시: 나는 시험 준비를 어떻게 하고 있는지 생각해본다.	* 활동지

♣ 학습과정 분류

1. 예습
   A. 예습준비 : 예습과 수업을 위한 준비
      활동: 이전 학습 내용 점검 - 교과서, 참고서, 노트 복습
      준비물: 과제 이행 점검. 준비물 확인
   B. 예습과정 : 자기주도 학습을 통한 이해와 질문발견
      예습 4단계 - 1단계 : 소리 내어(혹은 묵독으로)2~3번 읽기
                  2단계 : 어휘 정리
                  3단계 : 핵심개념 정리
                  4단계 : 질문카드 작성

2. 수업 : 수업경청과 질문으로 이해확인
   중간학습 3단계 -1단계 : 수업경청
                  2단계 : 예습한 것을 확인 및 보충, 노트필기
                  3단계 : 질문을 통해 100% 이해라는 목표달성

3. 복습 : 학습내용의 장기기억화
   마무리 학습 3단계 -1단계 : 마인드맵 정리
                  2단계 : 상상 속 학생에게 가르치는 교사 역할 놀이
                  3단계 : 모의시험 출제

학습과정	내용 및 활동
예습	자기주도 학습 이행(예습준비와 예습 4단계)
수업	수업경청, 확인, 보충, 질문
복습	장기기억화: 마인드맵, 가르치기, 모의시험 출제

이 몸이 새 라면

독일 민요

1. 이 몸이 새 라 면 이 몸이 새 라 면
2. 이 몸이 새 라 면 이 몸이 새 라 면

날 아 가 리 저 건 너 보 이 는
날 아 가 리 저 하 늘 높 이 뜬

저 건 너 보 이 는 작 은 섬 까 지
저 하 늘 높 이 뜬 흰 구 름 까 지

숲 속 초 막 집

외 국 곡

숲 속 초 막 집 창 가 에 작 은 아 이 가 섰 는 데

토 끼 한 마 리 가 뛰 어 와 문 두 드 리 며 하 는 말

(대사) 날 좀 살려주세요 날 좀 살려주세요 날 살려주지 않으면 포수가 '빵' 쏜대요

작 은 토 끼 야 들 어 와 편 히 쉬 어 라

<h1 align="center">< 11 회기 ></h1>

주 제	시험 준비의 효율적인 방법	
목 표	효과적인 시험대비 전략을 파악하고 학습에 적용할 수 있다.	
준비물	음악CD, PPT, 활동지, 터치벨	
진 행 순 서	활 동 내 용	준비물 및 유의점
도 입	◤ **인사노래** - 인사노래와 율동 ◤ **스토리텔링** - 시험 치르는 몇몇의 사진이나 그림을 보고 시험 전 증후군과 시험 볼 때 드는 생각이나 자세 등을 이야기해본다. (배경음악: 모차르트의 '작은 별 변주곡')	* 음악 CD * ppt
전 개	◤ **21일 플랜 짜기** ◤ **시험 보는 방법** ◤ **시험 후 할 일** ◤ **집중해서 멜로디 놓치지 않고 연주하기** - 모차르트의 '작은 별 변주곡'에 맞춰 주 멜로디를 터치벨로 연주한다. - 변주되는 여러 형태의 음악 속에서 멜로디를 놓치지 않고 집중해서 완수한다.	* 음악 CD * 활동지

정 리	▣ 정리 및 느낀 점 나누기 - 프로그램을 통해 느낀 점 발표하기. - 나의 다짐에 각자의 이름을 넣어서 외치기 - 과제제시: 지금까지의 활동을 되돌아보며 　　　　　 프로그램 시작 전과 후가 어떻게 변화 　　　　　 되었는지 생각해오기. 나의 이름으로 　　　　　 삼행시 지어오기.	* 활동지

< 21일 플랜 >

○○○의 학기 기말고사 시험계획표 (시험기간:　　~　　)

목표등수	등 / 명		목표평균		점 / 100점		
지난시험 등수	등 / 명		지난 시험 평균		점/ 100점		
요일							
제1주 학습할 내용	D-21	D-20	D-19	D-18	D-17	D-16	D-15
제2주 학습할 내용	D-14	D-13	D-12	D-11	D-10	D-9	D-8
제3주 학습할 내용	D-7	D-6	D-5	D-4	D-3	D-2	D-1

- 1주 차: 교과서, 노트 중심 학습
- 2, 3주 차: 참고서, 문제집, 실전 대비 문제집 중심
- 시험 준비 기간의 초반: 수학, 영어, 과학 등 원리를 이해하는 시간이 많이 필요한 과목에 비중을 둔다.
- 후반: 갈수록 암기가 중점이 되는 과목에 비중을 둔다.
- 수업에 집중하면서 전략적인 노트를 정리 할 수 있어야 시험

준비의 첫 단추를 제대로 끼웠다고 할 수 있다.
- 시험 준비 기간의 초반에는 이해가 필요한 과목을 학습하고 후반 에는 암기과목 위주로 공부하면 도움이 된다.
- 시험 준비는 교과서 ⇒ 노트⇒ 학교에서 나눠준 프린트 ⇒ 참고 서 ⇒ 문제집의 순서로 한다.

♣ 시험보기 방법

1. 우선 모든 문제를 훑어본다.
2. 쉬운 문제를 먼저 푼다.
3. 어려운 문제는 문항 번호 왼쪽에 ✔표시를 하고 뒤로 넘긴다.
4. 시간을 적절히 배분한다.
5. 검토할 수 있는 시간을 남겨 둔다.
6. 쉬는 시간에는 다음 과목 시험 준비를 한다.(정답 맞히기는 모든 과목 시험이 다 끝난 다음에...)

♣ 시험 후 할 일

1. 시험지를 되돌려 받은 후 정답을 쓴 문제라도 자신이 답을 알고 맞힌 것인지 검토한다.
2. 각 시험 문제가 나온 곳이 어디인지를 밝혀 본다.
3. 틀린 답을 분석한다.
4. 풀지 못한 문제가 있는지 살펴본다.

< 12 회기 >

주 제	사후검사 및 마무리	
목 표	검사를 통해 회기를 마무리하고 추후 각오와 다짐의 시간을 갖는다.	
준비물	음악 CD, 학습동기 검사지, 자기효능감 검사지, 정서지능 검사지	
진 행 순 서	활 동 내 용	준비물 및 유의점
도 입	◪ **인사노래** - 인사노래와 율동 ◪ 검사실시에 대한 간략한 개요를 설명한다.	* 음악 CD
전 개	◪ **song Writing**(노래에 가사 바꿔 부르기) - '어른이 되면'으로 song Writing 해보기 ◪ **검사지 실시** - 학습동기 검사 - 자기효능감 검사 - 정서지능 검사	* 검사지 점검
정 리	◪ **정리 및 느낀 점 나누기** - 지금까지의 활동을 되돌아보며 프로그램 시작 전과 후가 어떻게 변화되었는지, 또 앞으로의	* 활동지

	계획과 각오 발표하기. - 나의 다짐에 각자의 이름을 넣어서 외치기	

어른이 되면

김성균 작사 작곡

4. 기타 참고자료
- 회기별 활동 사진자료(7회기~12회기)

7회기 활동사진 자료

8회 활동사진 자료

| 9회기 활동사진 자료 | 10회기 활동사진 자료 |

| 11회기 활동사진 자료 | 12회기 활동사진 자료 |

참고문헌

강효정(2013). 8가지 다중지능을 길러주는 예술융합교육 Smart8.
　　서울: 세광음악출판사.

김동주(2011). 창의적 음악치료 프로그램이 아동의 학습동기 증진에
　　미치는 효과. 단국대학교 대학원 교육과정 및 학습지도
　　전공 박사학위논문.

김계영(1999). 즉흥연주 프로그램이 아동의 자아개념에 미치는
　　효과. 숙명여자대학교 교육대학원 음악교육전공 석사학위논문.

김미애(2004). 초등학생의 부모 자녀 관계와 자기 효능감 및 학업
　　성적과의 관계. 인하대학교 교육대학원 석사학위논문

김상래(2002). 취업모의 자녀 양육태도와 아동의 학업성취도와의
　　관계. 창원대학교 대학원 석사학위논문

김서연(2009). 자기 주도적 학습프로그램이 자기 효능감 및 자기주
　　도 학습 능력에 미치는 영향. 상담심리연구, 2009, Vol. 9,
　　No. pp. 119-133

김수희(2002). 음악요법/치료 효과에 대한 메타분석 연구. 숙명여자
　　대학교 음악치료 대학원 석사학위논문.

김아영·박인영(2001). 학업적 자기효능감 척도개발 및 타당화 연구.
　　교육학연구. Vol. 39 No.1 pp95-123

김연주(2008). 노래동화를 활용한 통합적 유아음악교육 프로그램 개
　　발 및 효과 경희대학교 대학원 아동주거학과 아동학 전공 박
　　사학위논문.

김은선(2008). 음악치료 프로그램이 초등학생의 정서지능과 학교생
　　활적응에 미치는 영향. 경기대학교 대학원 석사학위논문.

김용래(2000). 학교학습동기척도와 학교적응척도의 타당화 및 두 척
　　도 변인간의 관계분석. 교육연구논총, Vol. No17, 3-17

김용수(1998). 자기 조절학습 프로그램의 효과에 관한 실험연구. 박
　　사학위청구논문, 한국교원대학교 대학원.

김정숙(2011). 학습부진아의 자신감과 자아존중감에 미치는 통합예
　　술치료 프로그램효과. 원광대학교 대학원 보건학 전공 박사학
　　위논문.

김현진(2013). 초등학교 학습부진아를 위한 현실용법 적용 자기주도
　　학습능력 증진 프로그램 개발 및 효과 검증. 계명대학교 대학
　　원 교육학 박사학위논문

김희삼(2011). 왜 사교육보다 자기주도학습이 중요한가? KDI 정책
　　포럼 제231호(2011-01)

김혜온(2008). 대학생을 위한 자기주도학습기술 : 학지사

김혜온(1997). 음악치료를 통한 자폐아의 행동수정에 관한 연구. 교
　　육연구 제8집 pp155-178

권정임(2011). 자기조절 학습과 미술치료를 통합한 프로그램이 자기
　　결정 동기, 자기효능감 및 자기조절력에 미치는 영향. 대전대
　　학교 대학원 아동교육 상담학과 박사학위논문.

문용린(1997). 이젠 우리 아이들에게 이런 부모가 필요하다. 서울:
　　프레스빌

문은식(2005). 중학생의 정서지능과 학교생활 적응의 관계. 교육발
　　전 논총. Vol. 26No. 2. pp147-162

민서홍(2012). 집단 음악치료 프로그램이 초등학교 고학년의 자기효
　　능감과 진로성숙도에 미치는 효과. 한세대학교 대학원 석사학
　　위논문.

박성은(2004). 학업능력 자아개념과 본질 동기가 자기조절 학습에
　　미치는 영향. 홍익대학교 대학원 교육 심리 전공 박사학위논문.

박주연(2008) 문제해결방법을 활용한 자기주도학습 모형 개발 및
　　효과 연구. 관동대학교 대학원 박사학위논문

박주연(2013). 자기주도학습, 창의성, 대인관계 능력이 대학생의 진
　　로 결정 수준과 진로 준비 행동에 미치는 영향. 관동대학교 대
　　학원 박사학위논문.

박환영(2013). 노래 중심 음악치료 활동이 초등학생의 정서지능에
　　미치는 영향. 숙명여자대학교 음악치료대학원 석사학위논문

봉갑요(2004). 자기조절 학습 프로그램이 독해 부진아의 자기효능감
　　과 독해력 향상에 미치는 영향. 서울여자대학교 대학원 박사학
　　위논문,

배영주(2008). 학교에서 자기주도학습 구현을 위한 실천적 모형 개
　　발 연구. 교육과정 연구, Vol. 26, No. 3, pp. 97~119

배천웅(1986). 평생교육의 발전을 위한 자기주도학습의 촉진. 한국
　　교육 Vol. 13 No.1

신주연(2011). 이주여성의 정서지능 향상을 위한 음악치료 프로그램
　　의 개발과 효과연구. 한세대학교 대학원 박사학위논문.

양지은(2006). 그룹 음악 심리치료 프로그램이 장애 아동 어머니의
　　양육스트레스와 자기효능감에 미치는 영향. 이화여자대학교 음
　　악치료교육전공 석사학위논문

양애경(2007). 감성지능, 학습동기, 학습자 스트레스 및 자기주도학
　　습이 학업성취도에 미치는 영향. 홍익대학교 대학원 교육학과
　　교육 심리 전공 박사학위논문.

유경호(2004). ARCS 모델 기반 자기조정학습 수업전략이 학습동기
　　자기효능감 학업성취에 미치는 효과. 고려대학교 대학원 교육
　　학 박사학위논문.

윤진근(2001). 동요 부르기 및 학습장애아의 학습동기화에 미치는
　　효과. 한국연구재단 연구물. 특수교육 총연합회. pp1-70

이경주(2014). 초등학교 고학년의 수학 선행학습과 수업 참여도 및
　　학습동기와의 상관관계. 고려대학교 교육대학원 석사학위논문.

이순화(2010). 아동음악치료의 이론과 실제 : 도서출판 한진

이형선(2012). 학습된 무기력 아동을 위한 학습 동기 향상 프로그램
　　및 효과 검증. 서울대학교 교육대학원 석사학위논문.

임재영(2007). 집단 음악치료가 시설 아동의 학업적 자기효능감과

학습동기에 미치는 영향. 석사학위논문, 한세대학교.

임지혜(2009). 뮤지컬 스토리텔링을 위한 여성 영웅신화의 변용에 관한 연구. 한국어국어대학교 대학원 석사학위논문.

임꽃눈(2004). 초등학생의 다중 지능과 정서지능 및 학업성취의 관계연구. 부산대학교 교육대학원. 석사학위논문.

윤현화(2016). 음악치료를 통합한 자기주도 학습 프로그램 개발 및 효과. 목포대학교 대학원 교육 심리 전공 박사학위논문

장봉석·신인수(2011). 자기조절 학습 프로그램이 초등학생의 발달과 학업성취에 주는 효과의 메타분석. 교육과정 연구, Vol. 29, No. 4, pp. 187-211

전윤경(2003). 음악적 경험이 유아의 정서지능에 미치는 영향. 숙명여자대학교 음악치료대학원 석사학위논문.

정판동(2012). 소형 요트 설계·제작 테크니션 양성을 위한 교육과정 모형 연구. 목포대학교 대학원 교육학과 교육과정 전공 박사학위논문.

정현주·김동민(2010). 음악심리치료 : 학지사

정현주 (2005). 음악치료학의 이해와 적용. 서울 : 이화여자대학교출판부

정현주(2006). 음악치료기법과 모델 : 학지사

정현주(2006). 음악의 인지기술과 학습기술과의 관계. 음악치료교육연구, Vol. 3, No.1

주정옥(2009). 예술통합치료 프로그램이 문제행동 아동의 정서에 미치는 효과. 원광대학교 대학원 보건학과 박사학위논문

최성용(2007). 대학생의 정서지능과 자기주도 학습준비도와 진로결정 수준 간의 상관 및 효과에 관한 연구. 경기대학교 대학원 교육 인적자원개발학과 석사학위논문.

최한나(2011). 정서지능 향상을 위한 음악치료가 초등학교 저학년의 정서지능에 미치는 영향. 고신대학교 대학원 석사학위논문.

하명윤(2011). 자기조절 학습 증진 프로그램이 중학생의 학습동기, 학습 효능감 및 학업성취에 미치는 효과. 영남대학교 대학원 교육학과 석사학위논문

한국자기주도학습개발원(2010). 자기주도 학습 이론과 실제

한혜진(2002). 자기주장훈련이 초등학생의 자기 효능감 향상에 미치는 효과. 서울대학교 교육대학원 석사학위논문.

허은영(2009). 방과 후 학교 자기주도학습 프로그램이 중학생의 자기조절 학습전략, 자기효능감, 학업성취도에 미치는 효과. 중등교육연구, 57(2), 209-234

허은영(2010). 창의적 재량활동 자기주도학습 프로그램이 중학생 학업적 자기효능감, 학습동기, 학업성취도에 미치는 효과. 교과교육학 연구, 제14권 1호

현정숙(1999). 초등학교 아동의 자기 주도학습력 향상을 위한 수업모형 개발. 동아대학교 대학원 교육학 박사학위논문.

황미영(2009). 초등학교 아동의 리더십과 학업성취 및 정서지능. 동아대학교 대학원 박사학위논문.

황영진(2006). 초등학생의 수학 선행학습 실태 분석연구. 진주교육대학교 교육대학원 석사학위논문.

황은영(2008). 음악치료 결과에 영향을 미치는 변인들의 구조분석 숙명여자대학교 대학원 음악치료 전공 박사학위논문

Aigen, K. (1996). Being in music: *Foundations of Nordoff-Robbins music therapy*, Nordoff Robbins Music Therapy Monograph Series #1. St. Louis, Missouri: MMB Music.

Anderson, C. S.(1981). The Search for School Climate: *A Review of the Research, Review of Educational Research.*

Ansdell, G. (1995). Music for Life: *Aspect of Creative Music Therapy with Adult Clients. London and Bristol,*

Pennsylvania: Jessica Kingsley Publishers.

Bandura, A. (1977). Self-efficacy: Toward a Unifying Theory of Behaioral chage. *Psychological Review*, 84, 2, 191-215.

Bandura, A. (1993). Perceived Self-efficy in Cogntive Development and Functioning. *Educational Psychologist*, 28(2), 117-148

Bandura, A. (1997). Self-efficacy: *The exercise of control. Freeman & company.*

Brockett, R. G. (1985).The relationship between self-directed learning readiness and life satisfaction among older adults. *Adult Education Quarterly*,35(4),210-219.

Bruscia, K. E. (1989). Improvisational Models of Music Therapy. *St. Louis : Charles Thomas.*

Bruscia, K. E. (1998). Defining Music Therapy. *2nd ed. Gilsum*, NH: Barcelona Publishers.

Corno, L.(1986). The metacognitive control components of self-regulated learning. *Contemporary Educational Psychology*, 27, 108-118.

Eden, D., & Aviram, A. (1993). Self-efficacy Training to Speed Reemployment: *Helping People to Help themselves*, Journal of Applied Psychology, 78, 3, 352-360.

Gardner, H. (1983). Frames of mind: *The theory of multiple intelligence*. New York: Basic Books.(이경희 역. 1993. 마음의 틀. 서울;문음사)

Gardner, H. (1999). Who owns intelligence? *The Athanasia Monthly*, 28(3), 67-76.

Gibbons, M.(2002).The self-directed learnig handbook. *San Francisco*, CA:Jossey-Bass

Goldberg, S. (1989). Music Psychotherapy in Acute Pshchiatric Inpatient and practice settings. *Music therapy perspectives,* 6. 40-43

Goleman, D. (1995). Emotional intelligence, *New York:* Bantam Books.

Houle, C. O. (1961). The inquiring mind. Madison: T*he University of Wisconsin Press.*

Long, H. B. (1987). Item analysis of Guglielmono's self-directed learning readiness scale. International Journal of Lifelong Education,6(4),Dec,331-336.

Long, H.B.(1992). Philosophical, psychological and practical justifications for studying self-directions in learning, In Self-Directed Learning: Application and Research. eds. by H.B. Long & Associates. Norman, OK: Oklahoma Research Center for Continuing Professional and Higher Education, University of Oklahoma, chap. 2, 9-24.

Madsen, C. K. & Alley, J. M.(1979). The Effect of Reinforcement on Attentiveness: A Comparisons for Behaviorally Trained Music Therapists and other Professionals with Implications for Competency-based Academic Preparation. Journal of Music Therapy,

Maslow, A. H. (1970). Motivation and personality (2nd ed.).New York, NY: Harper & Row.

Mason, J. B. (1990). Self-Directed Learning: A Deweyan Reconstruction. Paper presented at the Annual Meeting of the American Educational Research Association

Peterson, C. & Stunk ard, A. J.(1992). Cognates of personal

Control: Lous of Control, *Self-Efficacy and Explanatory Style, Applied & Preventive Psychology*, 1, 111-117.

Pintrich, D. A. (1999). The role of motivation in promoting and sustaining self-regulated learning. *International Journal of Education Research*, 31(6), 459-470.

Pintrich, P. R. & De Groot, E. v. (1990). Motivational and self-regulated learning components of classroom academic performance. *Journal of Educational Psychology*, 82, 33-40.

Schunk, D. H. (1994). Self-regulation of self-efficacy and attributions in academic settings. In D. H. Schunk & B. J. Zimmerman (Eds.), *Self-regulation of learning and performance* (pp.75-99).

Sink, C. A., Barnett, J. E., & Hixen, J. E. (1991). Self-regulated learning and academic performance in middle school children. Paper presented at the annual meeting of the American Education Research Association.

Rogers, C. R.(1961). On becoming a person: *A therapist's view of psychotherapy. Boston*: Houghton Mifflin.

Zimmerman, B. J. (1989). Student difference in self-regulated learning. *Jounal of Education Psychology*, 82(1), 51-59.

Zimmerman, B. J., Bandura, A., & Martinz-Pons, M. (1992). Self-motivation for academic attainment: *The role of self-efficacy beliefs and personal goal setting.* American Educational Research Journal, 29, 663-676.